변화하는 한국유권자 6

촛불집회, 탄핵 정국과 19대 대통령선거

EAI 여론분석연구

변화하는 한국유권자 6

촛불집회, 탄핵 정국과 19대 대통령선거

2017년 12월 26일 발행
2017년 12월 26일 1쇄

엮은이 강원택
펴낸이 하영선
펴낸곳 (재)동아시아연구원
주 소 04548 서울 중구 을지로 158, 909호 (을지로 4가, 삼풍빌딩)
전 화 (02)2277-1683 (代)
팩 스 (02)2277-1684
등록번호 제 2-3612호 (2002.10.7)

편집 · 제작 · 공급 (주)나남
주 소 0881 경기도 파주시 회동길 193
전 화 (031) 955-4601 (代)
홈페이지 www.nanam.net

ISBN 979-11-88772-02-5

책값은 뒤표지에 있습니다.

EAI 여론분석연구 6

변화하는 한국유권자 6

촛불집회, 탄핵 정국과 19대 대통령선거

강원택 편

책을 펴내며

2017년 제 19대 대통령선거는 여러 가지 면에서 매우 중요한 정치적 의미를 갖는다. 우선 2017년 대통령선거는 박근혜 전 대통령의 탄핵으로 인해 예정보다 앞당겨 실시되었다. 2016년 후반 박근혜 대통령의 실정과 최순실에 의한 국정농단 사건이 터져 나왔고, 이로 인한 시민들의 분노와 실망감은 곧 대규모 촛불시위로 이어졌다. 주말마다 계속된 전국적인 대규모 촛불집회는 결국 2016년 12월 9일 국회에서의 탄핵 가결로 이어졌고, 2017년 3월 10일 헌법재판소는 국회의 탄핵 가결을 인용함으로써 여러 달 동안 계속된 정치적 혼란은 결국 박근혜 대통령의 파면으로 마무리되었다. 이에 따라 2017년 5월 9일에 제 19대 대통령선거가 실시되었다. 2017년의 대통령선거는 촛불집회와 대통령 탄핵의 여파 속에 실시된 선거라는 점에서 매우 특별한 의미를 갖는 것이다.

이와 함께 대통령선거를 앞두고 보수 정당은 분열했다. 박근혜 정부하에서 여당이었던 새누리당은 탄핵을 둘러싼 당내 갈등으로 탄핵 찬성파들이 탈당하여 바른정당을 창당했고, 잔류파는 자유한국당으로 당명을 개정했다. 그리고 두 보수 정당은 각각 대통령선거를 앞두고 후보를 내세웠다. 보수 정파의 분열뿐만 아니라 보수 유권자들 역시 투표결정에서 상이한 선택을 했다. 또한 2016년의 국회의원선거에서 호남의 의석을 사실상 석권하고 정당투표에서 더불어민주당에 앞서 돌풍을 일으켰던 국민의당 또한 안철수를 후보로 내세웠다. 이로 인해 정의당을 포함한 5자 대결로 대통령선거가 진행되었다.

시기적으로 2017년은 한국이 민주화를 이룬 지 30년이 되는 해이다. '대통령 직선제'로 대표되는 절차적 민주주의에 대한 요구가 6월 항쟁과 6·29 선언을 통해 실현된 지 한 세대의 세월이 흘렀다. 그리고 30년 만에 다시 촛불집회라고 하는 또 다른 거대한 변혁의 요구가 대통령선거 이전에 일어났던 것이다. 다시 말해 2017년의 대통령선거는 민주화 30년의 세월을 보낸 후 새로운 정치, 새로운 통치 패러다임으로의 변화를 요구하는 시대적 흐름 속에 실시된 선거라고도 할 수 있다.

지난 30년간의 대선 정치는 노태우-김영삼의 보수 정부 10년, 김대중-노무현의 진보 정부 10년, 그리고 이명박-박근혜의 보수 정부 10년과 같이 매 10년마다 정권이 교체되어 온 흥미로운 특성을 보였다. 2017년으로 예정되어 있던 제 19대 대통령선거는 보수 정부 10년 뒤에 치러질 선거라는 점에서 또 다른 진보 정부의 출현 여부에 대한 관심이 탄핵 정국 이전부터 높았다. 이처럼 2017년 대통령선거는 여러 가지 면에서 이전의 대선과는 상이한 속성을 많이 지닌다. 그런 점에서 2017년 대통령선거에 대한 연구는 단지 특정 대통령선거의 특성에 대한 분석뿐만 아니라 한국 정치의 변화의 추이를 파악하게 하는 매우 중요한 의미를 갖는 것이다.

탄핵 정국과 조기 대통령선거로 인해서 사회적인 관심은 매우 높았지만, 연구자들의 입장에서는 과거 선거 때처럼 차분하게 사전에 계획을 짜서 대통령선거의 전 과정을 추적하고 분석할 준비를 하기가 어려웠다. 2006년 지방선거 이래 EAI에서 수행해 온《변화하는 한국 유권자》시리즈는 모두 패널조사 방식을 사용하여 선거 분석을 실시해 왔지만 이번에는 과거와 같은 패널조사를 실시하기 어려웠다. 더욱이 탄핵 정국 속에서 선거운동 초반부터 문재인 후보의 지지율이 높았기 때문에 언론에서도 예전과 달리 선거 추이에 대한 학술적 분석에 크게 관심을 갖지 않았다. 이런 어려운 여건 속에서도 2017년 대통령선거의 중요성을 인식하고 두 차례의 연구조사 실시와 세미나, 그리고 책의 출간까지 이루어 낼 수 있었던 것은 EAI 이숙종 원장의 기여가 무엇보다 컸다. 이 자리를 통해 깊은 감사의 인사를 드린다. 이 책에 실린 글의 대부분은 대통령선거 직후인 2017년 6월 1일 "2017 대통령선거와 한국 민주주의의 미래"라는 주제로 열린 세미나에서 그 초고가 발표된 바 있다. 당시 EAI와 세미나를 공동 주최한 국회 입법조사처 이내영 처장께도 감사의 인사를 전한다.

이 책의 연구 성과가 단지 선거 연구뿐만 아니라, '변화하는 한국 정치', '변화하는 한국 유권자'라고 하는 시대의 흐름을 읽어내는 데 조금이라도 도움이 된다면 더 이상의 기쁨은 없을 것이다.

2017년 10월

연구진을 대표하여 강 원 택

변화하는 한국유권자 6

촛불집회, 탄핵 정국과 19대 대통령선거

차 례

| 제1부 |

보수 정치의 변화

1장

제 19대 대통령선거에서의 보수 정치

몰락 혹은 분화?*

강원택

1. 서론

2017년 제 19대 대통령선거는 그 한 해 전 발생한 촛불집회와 박근혜 대통령 탄핵의 여파 속에 치러진 선거였다. 선거 일정 역시 탄핵으로 인해 원래 예정되어 있던 12월이 아니라 5월에 실시되었다. 그만큼 촛불집회와 탄핵이 선거에 미친 영향은 클 수밖에 없었다. 선거 결과 더불어민주당의 문재인 후보가 41.1%를 득표하여 대통령에 당선되었다. 2007년 이후 10년 만에 다시 진보 정부가 들어서게 된 것이다. 정의당의 심상정 후보도 6.2%를 득표하여 역대 선거의 노동계급 정당 후보 중 가장 많은 표를 얻었다.

이에 비해 보수 정파는 어려움을 겪었다. 보수 정치를 대표했던 새누리당은 대통령 탄핵 과정에서 자유한국당과 바른정당으로 분열했

* 이 글은 〈한국정당학회보〉 16권 2호, 5~34쪽에 실린 글을 수정, 보완한 것이다.

다. 분열뿐만 아니라 보수 정당들은 선거에서 사실상 참패했다. 자유한국당 홍준표 후보는 24%를 득표했고, 바른정당의 유승민 후보는 6.7%를 득표했다. 보수 정당 두 후보의 득표율의 합은 30.7%에 불과했다. 이는 1987년 민주화 이후 대통령선거에서 보수 정당 후보들이 얻은 역대 득표율 가운데 가장 낮은 것이다.

이 글은 이런 사실에 주목하여 2017년 대통령선거에서 나타난 보수 정치의 변화의 양상과 특성에 대해서 분석하고자 하는 것이다. 보수 정치라고 명명하는 까닭은 2017년 대선에서는 보수 정당의 분열, 복수의 보수 후보, 그리고 보수 유권자의 분열과 축소 등이 모두 발견되었기 때문이다. 여기서의 관심은 크게 세 가지이다. 첫째는 분열과 참패를 볼 때 2017년 대선에서 보수 정치가 몰락했다고 할 수 있을까 하는 것이다. 보수 정파 출신의 대통령이었던 박근혜의 탄핵과 정치적 추락이 보수 정치에 대한 유권자의 신뢰와 지지에 매우 부정적인 영향을 미쳤느냐 하는 것이다.

둘째, 2017년 대선에서 나타난 보수 정당 지지자들의 특성에 어떤 변화가 발생했느냐 하는 것이다. 이런 점은 보수 정당의 분열과 일차적으로는 관련이 있다. 보수 후보를 표방하는 홍준표, 유승민 두 후보가 출마했고 또 그에 따라 보수 유권자의 지지 역시 분열했다. 두 후보로 나뉜 보수 유권자들의 특성은 각기 어떻게 다른지 살펴볼 것이다. 특히 탄핵 과정에서 이에 대한 찬반이 세대 간 큰 갈등을 빚었고 그것이 이른바 '박정희 세대' 혹은 '박정희 패러다임'과 관련이 있다는 점을 감안하여, 보수 이념의 정책적, 내용적인 분화가 일어났는지에 대해서 분석할 것이다. 이러한 분석은 자유한국당과 바른정당 등 보수 정당 정치의 미래와 관련해서도 의미 있는 시사점을 줄 것으로 기대한다. 이와 함께 선거운동 기간에 국민의당 안철수 후보 역시 보수 유권자로부터 적지 않은 관심을 끌었다는 점에서 보수 이념 유권자의 안철수 지지의 특성에 대해서도 살펴볼 것이다.

셋째, 이번 대선에서 보수 유권자의 변화에 주목하는 또 다른 이유는 보수 후보에 대한 지지가 크게 위축된 이번 대선에서 여전히 보수 후보에 투표한 유권자들은 정치적 충성도가 강한 보수 유권자들이라고 볼 수 있기 때문이다. 따라서 이들에 대한 분석은 한국의 보수 정치의 특성을 파악하는 데 큰 도움이 될 수 있을 것이다. 보수 유권자들은 어떤 특성을 지니고 있는지 살펴볼 것인데, 특히 계층적인 측면에 주목하여 살펴볼 것이다. 여기서 사용되는 데이터는 동아시아연구원(EAI)이 한국리서치에 의뢰해 실시한 패널조사 결과이다.[1]

2. 한국 정치에서의 보수 이념

한국 선거에서 이념의 영향이 가시적으로 부상한 것은 2002년 대통령 선거 때부터였다.[2] '반미가 뭐가 나쁘냐'고까지 말했던 새천년민주당 노무현 후보의 진보 성향은 한나라당 이회창 후보의 강한 보수 성향과

1) 1차 조사는 대통령선거 전인 2017년 4월 18~20일 1,500명을 대상으로 실시했고, 2차 조사는 선기 직후인 2017년 5월 11~14일 실시했으며 1차 응답자의 77.1%인 1,157명을 대상으로 했다. 전화면접 조사 방식이며 지역별, 성별, 연령별 가중치를 부여한 방식으로 조사했다.

2) 2002년 이전인 1997년 대통령선거에서도 이념에 따른 투표행태는 확인된다. 예컨대, 강원택(2003, 25~61) 참조.

대립하면서 2002년 대통령선거에서 이념적 요인이 투표결정에 큰 영향을 미쳤다(이내영 2009; 김주찬 · 윤성이 2003; 강원택 2003, 287~312).

그런데 대체로 계급정치적 속성이 강한 서구 정치와 비교할 때, 한국 정치에서 사용되는 이념적 의미는 다양하고 복잡하다. 예컨대, 우리 사회에서 사용하는 좌파와 우파라는 용어는 냉전 이데올로기에 대한 입장을 나타내는 의미와 시장에 대한 국가 개입에 대한 태도를 구분하는 의미가 혼재한다. 전자의 경우에 좌파라는 용어는 탈냉전주의와 북한에 대한 관용적 태도를 담고 있는 한편 후자에서 사용되는 좌파라는 용어는 시장에 대한 국가의 적극적 개입을 찬성하면서 신자유주의 경제를 거부하는 입장을 말한다(윤성이 · 이민규 2011, 66).

보수 정치 이념을 중심으로 살펴보면, 한국 정치에서의 '전통적' 보수 이념은 대체로 다음과 같은 몇 가지 특성으로 정리해 볼 수 있다. 첫째, 대북 및 안보 이슈의 중요성이다. 대미 관계를 중시하고 대북 지원에 반대하며 북한과 관련하여 매우 적대적인 태도를 보인다. 국가보안법을 중요하게 생각하며 개성공단이나 금강산 관광과 같은 대북 협력사업에 반대하는 모습을 보인다. 한국의 보수는 반공 이데올로기에 대한 수용성이 강한 특성을 보인다(김무경 · 이갑윤 2005). 둘째, 지역주의와 이념이 어느 정도 연계된 모습을 보이는데(문우진 2009; 최영진 2001) 영남, 특히 대구-경북 지역에서 강한 보수적 특성이 나타나며, 이와 대조적으로 호남에서는 상대적으로 진보적인 특성이 보인다. 셋째, 이념은 세대와도 연계되는데, 장년, 노년층 유권자들이 보수적인 데 비해 20, 30대 젊은 유권자들 사이에서는 진보적인 성향이 강하다(Kang 2008). 그런데 내용적으로 반공 이데올로기, 지역적으로 대구-경북, 그리고 세대적으로 노년층이라는 이념의 특성은 과거 권위주의 냉전기, 보다 구체적으로는 박정희 집권기에 그 기원을 찾을 수 있다.

그러나 이에 비해 경제적인 영역에서 이념 집단 간 시각의 차이는 상대적으로 크지 않거나, 재벌 개혁 등 일부 사안에 국한된 차이를 보인다. 더욱이 계층별 투표행태를 보면, 가구소득을 기준으로 볼 때 저소득층에서 오히려 보수적인 성향을 보이고 선거에서도 보수 정파의 후보를 보다 많이 선택하는 특성을 보인다. 이른바 '계급 배반 투표'가 이뤄졌던 것이다. 2012년 대통령선거에서 저소득층은 정당 일체감, 주관적 이념 성향, 그리고 선거에서의 지지후보 모든 측면에서 보수적인 경향을 보였다(강원택 2013a; 2013b). 계급 배반 투표가 발생하는 주된 원인 중 하나는 세대와 연관되어 있다. 저소득층 유권자 가운데 낮지 않은 비율이 60대 이상의 고령층이었고 이들의 강한 보수성이 저소득층 유권자의 '계급 배반적' 특성을 나타내는 데 영향을 주었다(강원택 2013b, 24). 다시 말해, 경제적인 측면에서 계층적 특성이 확인되지 않는 것 역시 결국 '전통적 보수주의'를 지닌 세대적 요인 때문으로 볼 수 있다.

그런 점에서 볼 때 2017년 대통령선거에서는 보수 이념의 변화를 예상해 볼 수 있다. 최순실 사태 이후 박근혜 대통령 탄핵까지의 과정을 거치면서 '전통적 보수'에 대한 실망감이나 거부감이 커졌고, 이와 관련하여 박정희 전 대통령에 대한 평가도 크게 달라졌다. 〈그림 1-1〉과 〈그림 1-2〉는 박정희, 노무현 두 전직 대통령을 '가장 잘한 대통령'으로 선택한 응답을 정리한 것이다. 두 차례의 조사 가운데 첫 번째는 2012년 국회의원선거 직후에 동아시아연구원에서 조사한 결과이며, 두 번째 조사는 촛불집회와 국회에서의 탄핵 소추 이후인 2016년

12월 말 한국정치학회-KBS가 조사한 결과이다. 두 조사의 결과가 크게 다르다는 것을 알 수 있다.

2012년 조사에서는 박정희를 가장 잘한 대통령으로 선택한 응답이 매우 높다는 것을 알 수 있다. 세대별로 응답의 차이가 있어서 연령대가 높아질수록 응답의 비율이 높았다. 60대 이상에서는 무려 72.8%, 50대에서도 66.5%로 매우 높았다. 한편, 20대에서 28.6%, 30대에서는 37.5%, 40대에서는 49.3%로 나타났다. 그러나 2016년 말 조사에서 박정희에 대한 응답률은 〈그림 1-1〉에서 보듯이 크게 줄어들었다. 19~49세 집단에서는 응답률이 10%에도 크게 미치지 못했으며, 50대에서도 28.9%, 그리고 60대 이상에서도 절반에 못 미치는 48.7%로 나타났다.

한편, 노무현을 가장 잘한 대통령으로 선택한 응답은 박정희와 완전히 대조되는 모습을 보인다. 〈그림 1-2〉에서 보듯이, 2012년 조사에서는 19~49세층에서 대략 20%를 넘는 비율, 그리고 50대 이상에서는 한 자릿수의 지지에 머물렀지만, 2016년 말 조사에서 노무현을 가장 잘한 대통령으로 선택한 응답의 비율은 크게 높아졌다. 30대에서 그 비율은 72.4%로 가장 높았으며, 40대에서 62.6%, 그리고 19~29세 집단에서 58.6%로 나타났다. 상대적으로 50대에서 그 비율이 가장 낮았지만, 〈그림 1-1〉과 비교하면 박정희보다 비율이 높다는 사실을 알 수 있다. 60대 이상의 층에서도 거의 절반에 육박했으며, 박정희와 노무현의 비율이 동일하게 나타났다. 즉, 촛불집회와 탄핵을 거치면서 박근혜뿐만 아니라 박정희를 바라보는 우리 사회의 시각에 변화가 발생한 것이다. 한국 보수 정치의 상징적 존재라고 할 수 있는 박정희에 대한 변화된 평가는 불가피하게 보수 이념에도 적지 않은

〈그림 1-1〉 역대 대통령 중 가장 잘한 대통령: 박정희

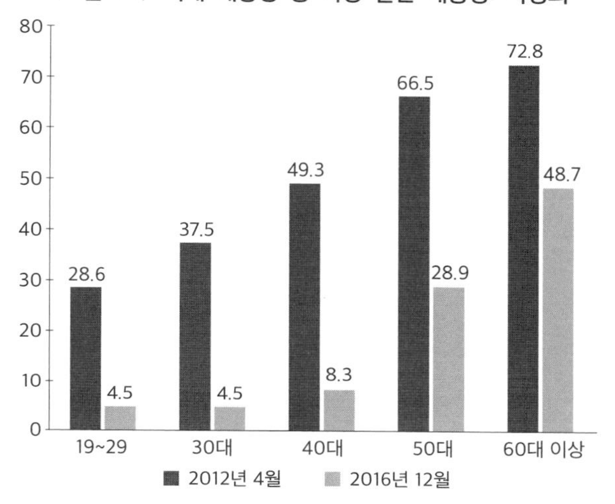

〈그림 1-2〉 역대 대통령 중 가장 잘한 대통령: 노무현

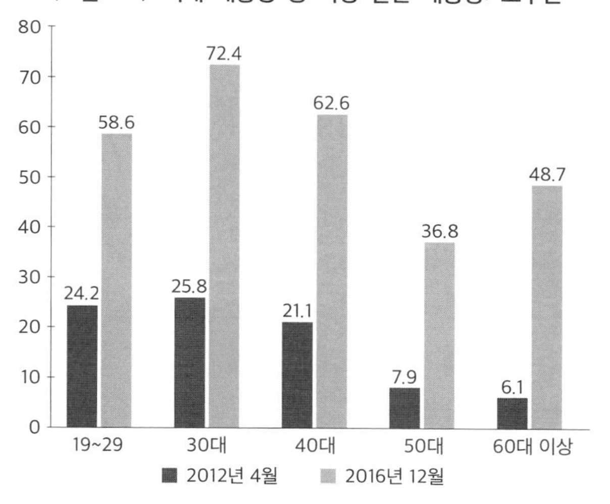

영향을 미칠 수밖에 없을 것이다.

이와 함께 2017년 대통령선거에서는 거주 지역에 따른 투표행태의 차이가 나타났다. 다음의 두 신문 기사에서 보듯이, 이른바 '부자 동네'와 그렇지 않은 동네 간 지지하는 후보가 다르게 나타났다.

> '강남 3구' 서울 강남, 서초, 송파에서도 문재인 대통령에게 준 표가 많았지만 초고가 주택지역이 몰려 있는 강남구 압구정동, 청담동 등은 사정이 달랐다. 10일 중앙선거관리위원회 선거통계시스템에 따르면, 강남구 압구정동, 청담동, 삼성1동, 대치1동, 도곡2동, 서초구 서초2동, 반포2동, 송파구 잠실7동에서는 홍준표 자유한국당 후보가 더 많은 표를 받았다. 특히 압구정동에서 홍 후보의 득표수는 문 대통령의 득표수보다 2배가량 많았다. 문 대통령이 3,234표, 홍 후보는 6,449표를 얻었다. 청담동은 문 대통령이 4,877표, 홍 후보가 5,452표를 얻었다. 대치1동은 문 대통령이 3,839표, 홍 후보가 4,305표를 득표했다.
>
> —〈경향신문〉 2017. 5. 10.
> "서울에서 홍준표가 문재인보다 2배 많은 표 얻은 동네는?"

> 서울은 아파트 가격과 후보별 득표율의 상관관계가 뚜렷했다. 아파트 가격이 높은 지역에서는 자유한국당 후보였던 홍준표 전 경남도지사의 득표율이, 반대 지역에선 더불어민주당의 후보였던 문재인 대통령의 득표율이 높았다. 특히 도드라진 지역은 강남 3구(서초·강남·송파)였다. 문 대통령과 홍 전 지사는 이들 지역에서 각각 38%, 25%를 득표했다. 문 대통령의 득표율은 서울 평균(42%)보다 낮았고, 홍 전 지사는 그(21%)보다 높았다. 특히 강남구에선 문 대통령은 서울 내 가장 낮은 득표율(25%)을, 홍 전 지사는 가장 높은 득표율(27%)을 기록했다.
>
> —〈중앙일보〉 2017. 5. 18.
> "'1m^2당 650만 원' 아파트값 따라 갈린 19대 대선"

이러한 특성은 물론 2017년 대선에서 처음 나타난 현상이라고 보기는 어렵다. 그러나 2017년 대선에서는 탄핵 정국으로 인해 보수 정파가 선거 전부터 수세적이었고 지지율에서도 어려움을 겪었다. 이런 정치적 분위기에서도 특정 지역에서 보수 정당 후보에 대한 지지가 높게 나타났다고 하는 것은 보수 정치와 계층 간의 관련성을 생각해 보게 한다. 이는 특히 그동안 한국 선거에서 나타났던 '계급 배반 투표'를 부정하는 사례가 된다는 점에서 주목할 필요가 있다.

이러한 점을 고려하여 2017년 대통령선거에서 보수 정파 후보들에게 투표한 유권자들을 중심으로 보수 이념의 변화 여부와 보수 정치와 계층 요인과의 관련성에 대해 분석하기로 한다.

3. 분석

1) 두 개의 보수?

2017년 대통령선거는 사실상 양자 대결이었던 2012년과 달리 5명의 주요 후보들이 경쟁을 벌였다. 이 가운데 두 명의 보수 정당 후보가 존재했다. 새누리당이 탄핵을 거치면서 자유한국당과 바른정당으로 분열했고, 두 정당이 모두 후보를 내면서 두 명의 보수 후보가 생겨난 것이다. 따라서 보수적 유권자 입장에서 2017년 대통령선거는 보수와 진보 정치 간의 경쟁뿐만 아니라, 보수와 보수 간의 경쟁이라는 이중적 의미를 지녔던 셈이다. 그렇다면 보수 이념을 가진 유권자들은 5명의 후보 가운데 누구를 선택했을까? 〈표 1-1〉은 주관적 이념에 따라

〈표 1-1〉 주관적 이념 집단과 후보 지지

	문재인	홍준표	안철수	유승민	심상정	n
진보	74.8	1.7	11.2	4.2	8.0	401
중도	52.3	14.8	17.9	8.5	6.5	413
보수	27.5	39.9	21.0	9.4	2.2	276
Pearson $\chi^2 = 242.3$ $p < 0.000$						

보수, 중도, 진보의 세 집단으로 구분하고,[3] 각 이념 집단별 후보 지지의 패턴을 정리한 것이다.

〈표 1-1〉에서는 유권자의 이념에 따른 후보 지지율의 분명한 차이를 확인할 수 있다. 진보 정파의 후보인 더불어민주당의 문재인, 정의당의 심상정은 보수에서 진보 집단으로 갈수록 지지도가 상승하는 패턴을 보인다. 자유한국당의 홍준표, 바른정당의 유승민은 그와 반대로 진보 집단에서 보수 집단으로 갈수록 지지도가 상승하는 패턴을 보인다. 이 가운데 문재인과 홍준표 두 후보는 매우 대조적인 모습을 보였는데 두 후보 모두 이념 집단 간 지지의 격차가 매우 컸다. 문재인은 진보 집단에서 74.8%, 중도 집단에서 52.3%, 그리고 보수 집단에서는 27.5%를 득표한 것으로 나타났다. 문재인에 대한 보수와 진보 집단의 지지의 격차가 무려 47.3%에 달했다. 홍준표는 보수 이념 집단에서는 39.9%의 지지를 얻었지만, 중도에서는 14.8%, 그리고 진보 집단에서는 1.7%를 얻었다. 홍준표에 대한 보수와 진보 집단의 지지의 격차는 38.2%였다. 흥미롭게도 진보 정파라고 간주되는 국민

3) 조사에서 주관적 이념의 측정은 0(가장 진보)~5(중도)~10(가장 보수) 중 자신의 이념 위치를 정하도록 했는데, 여기서는 0~4까지를 진보로, 6~10을 보수로, 그리고 5를 중도로 간주했다.

의당의 안철수 후보에 대한 지지 패턴은 홍준표, 유승민 등 보수 후보들의 득표 패턴과 비슷한 모습을 보였다. 안철수 역시 진보 집단에서 가장 낮고, 보수 집단에서 가장 높은 득표를 했다. 유력한 보수 후보가 없는 상황에서 적지 않은 수의 보수 성향의 유권자들이 안철수 후보를 선택했음을 알 수 있다. 이념 집단별로 지지후보가 뚜렷하게 구분되는 패턴을 보인 〈표 1-1〉의 결과는 한국 선거에서 이념의 커다란 영향을 다시 확인시켜 주는 것으로 볼 수 있다.

이러한 특성을 보다 상세히 살펴보기 위해서 각 후보를 지지한 유권자들의 주관적 이념의 평균값을 구해 보았다. 〈표 1-2〉에서 보듯이, 각 후보별로 이념 평균값의 차이가 뚜렷하게 구분된다는 것을 알 수 있다. 홍준표 지지자들의 평균은 6.88로 나타나 이들이 매우 강한 보수적 이념 성향을 갖고 있음을 알 수 있다. 유승민 지지자들 역시 5.62로 나타나 이들이 보수 이념을 가진 유권자들이라는 것을 알게 해 준다. 그러나 유승민 지지자들은 홍준표 지지자들에 비해 상대적으로 온건한 보수 성향을 가진 이들로 나타났다. 즉, 두 보수 후보에게 표를 던진 보수 유권자들이 서로 다르다는 것을 알 수 있다. 보수 정치가 두 후보로 분화된 것이다. 안철수 후보의 지지자들 역시 5.10으로 보수적인 것으로 나타났다. 문재인, 심상정 두 진보 후보의 지지자들과 안철수 후보 지지자들 사이에는 이념 평균의 격차가 매우 크고, 또 이번 조사에서의 주관적 이념의 전체 평균이 4.78이라는 점을 감안할 때, 안철수 지지자들이 중도 성향에 가까운 보수 이념을 가진 이들이라는 것을 알 수 있다. 〈표 1-1〉과 〈표 1-2〉의 결과를 종합해 볼 때, 2017년 대통령선거에서 보수 이념 성향의 유권자들은 홍준표, 유승민 두 보수 정당 후보들뿐만 아니라 안철수 후보까지 포함하는 3명의 후

〈표 1-2〉 각 후보 지지자의 주관적 이념 평균

지지후보	이념 평균	ANOVA
홍준표	6.88	$F = 291.8$ $p < 0.000$
유승민	5.62	
안철수	5.10	
심상정	4.11	
문재인	4.01	
전체 평균	4.78	

보 사이에서 지지가 갈렸다.

그런데 이러한 보수 후보 지지층의 이념 평균이 갖는 의미를 알아보기 위해서 이전 선거에서 보수 후보, 보수 정당을 선택했던 유권자들의 이념 평균과 비교해 보았다. 2012년 대통령선거에서 박근혜를 지지했던 유권자의 이념 평균은 5.93이었다. 당시는 박근혜-문재인의 양자 대결이었기 때문에 중도적 유권자를 지지자로 끌어들이는 것이 중요했고, 실제로 박근혜 후보는 진보적 공약인 경제민주화와 복지 확대를 내세웠다. 보다 보수 정파에 충성심이 강한 이들의 이념 성향을 보기 위해서, 이번에는 2012년 대통령선거에서 박근혜에게 투표하고, 2016년 국회의원선거의 정당투표에서 새누리당에게 표를 던진 이들만을 대상으로 이념 평균을 살펴보았다. 그 이념 평균값은 6.47이었다. 2016년 국회의원선거 결과가 여소야대였고, 새누리당은 제 1당도 되지 못했다는 점을 감안할 때, 2012년, 2016년 두 차례 선거에서 모두 보수 정파를 선택한 이들은 매우 충성심이 강한 보수 이념 집단임을 예상할 수 있다. 그런데 주관적 이념 성향의 평균값에서 볼 때, 홍준표 지지층의 이념 평균이 좀더 큰 값으로 나타났다는 것은 홍 후보의 지지층이 매우 강한 보수 성향임을 의미한다. 보수 유권자들 가운데 매우 강한 보수 성향의 유권자들은 홍준표에게, 상대적으로 온건 보수 성향의 유권자들은 유승민에게, 그리고 중도에 가까운 보수층은 안철수에게 투표했던 것이다. 보수 유권자들은 2017년 대통령선거에서 이렇게 분열했다.

그렇다면 보수 유권자들의 분열은 보수 정치 혹은 보수 세력에 대한 불신과 실망을 드러내는 것일까? 즉, 보수 정치는 2017년 대통령선거에서 '몰락'했다고 봐야 할 것인가?

〈표 1-3〉은 이전 선거에서 보수 정파에 투표한 이들이 2017년 대통령선거에서 선택한 후보별 비율을 정리한 것이다. 2016년 국회의원선거에서 새누리당에게 투표한 이들의 51.6%는 홍준표를 선택했고, 9.9%는 유승민을 선택했다. 두 후보를 지지한 비율을 합하면 61.5%에 달한다. 그런데 앞의 표에서 본 대로, 안철수 역시 2017년 대선에서 보수 유권자들의 지지를 받았기 때문에, 안철수에게 표를 던진 17.9%를 합하면, 2012년 박근혜 투표자의 79.4%가 '보수 성향 후보'에게 표를 던진 셈이다. 이러한 비율은 2012년 박근혜 지지자 중 2016년 총선에서 새누리당을 선택한 이들을 대상으로 해도 비슷한 결과가 나타난다. 두 선거에서 잇달아 보수 정파를 선택한 유권자의 56.1%가 홍준표를 선택했고, 8.4%는 유승민을 선택했다. 또한 16.5%는 안철수를 선택했다. 이 세 후보에 대한 지지를 합하면 81%에 달한다.

2017년 대통령선거에서 보수의 열세, 진보의 강세라는 정치적 상황을 감안할 때, 안철수 지지층의 다소 애매함을 고려하더라도 과거 보수 지지층의 70~80%가 여전히 '보수 후보' 중 한 명을 선택했다는 사실은 흥미롭다. 즉, 보수 유권자의 대다수는 여전히 보수 후보에 대한

〈표 1-3〉 이전 선거에서의 보수 지지자들의 2017년 투표선택

	문재인	홍준표	안철수	유승민	심상정	n
2012년 대선 박근혜-2016년 총선 새누리당	15.2	56.1	16.5	8.4	3.8	237
2016년 총선 새누리당	16.5	51.6	17.9	9.9	4.0	273

지지를 유지했고 이탈자의 비율은 매우 낮았다. 이는 보수 유권자층이 여전히 견고한 세력으로 남아 있음을 보여 주는 것이다. 2017년 대선에서 보수 정파가 정치적으로 어려움을 겪은 것은 분열되었기 때문이지 보수 지지자들이 이탈했거나 다른 정파로 전향했기 때문은 아닌 것이다.

그렇다면 보수 정치는 왜 분열했을까? 물론 외형적인 이유는 박근혜 전 대통령에 대한 탄핵의 찬반 여부였다. 여기서 궁금한 것은 보수 지지자의 어떤 특성에 따라 각각 홍준표, 유승민, 안철수의 지지로 나뉘었을까 하는 점이다.

〈표 1-4〉는 각 보수 후보에 대한 지지율을 연령별로 정리한 것이다. 세대 변수는 2002년 이후 한국 정치에서 중요한 영향을 미쳤고, 특히 박근혜 전 대통령에 대한 탄핵 과정에서 젊은 세대와 노령 세대 간에는 뚜렷한 입장의 차이를 보였다.[4] 그런 점에서 세대별 후보 선택의 패턴을 살펴보는 것은 필요하다. 〈표 1-4〉에서는 매우 흥미로운 패턴이 확인되었다. 세 명의 '보수 후보'를 선택한 이들 가운데, 홍준표 지

4) 한국갤럽이 헌법재판소의 탄핵 판결 직전인 2017년 3월 3일 발표한 여론조사 결과에 의하면, 19~29세층은 92%, 30대는 95%, 40대는 89%, 50대는 67%, 그리고 60대 이상은 50%가 탄핵에 찬성하는 것으로 나타났다(〈한국갤럽 데일리 오피니언〉 제248호, 2017년 3월 1주).

〈표 1-4〉 보수의 세대 분화

단위: %

	홍준표	안철수	유승민	n
19~29세	19.4	30.6	50.0	36
30대	16.4	45.9	37.7	61
40대	21.3	62.3	16.4	61
50대	47.0	41.0	12.0	117
60대	53.3	37.0	9.8	92
70대 이상	65.0	28.8	6.2	80
지지자 평균 연령(세)	60.3	52.3	42.9	54.0

지자의 경우에는 젊은 층에서 노령층으로 갈수록 지지율이 높아지는 추세를 보였다. 19~39세의 젊은 유권자층에서 홍준표에 대한 지지도는 20% 미만의 수준에 머물렀지만, 60대 이상에서는 53.3%, 그리고 70대 이상에서는 65%에 달했다. 이에 비해 유승민에 대한 지지는 홍준표와 정반대의 패턴을 보였다. 유승민 지지는 노령층에서 가장 낮아 10%에도 미치지 못했지만, 연령이 낮아질수록 지지도가 높아지는 추세를 보였다. 안철수는 40대에서 가장 높은 지지를 얻었고, 이를 정점으로 양쪽으로 갈수록 낮아지는 모습을 보였다. 세 후보 지지자의 평균 연령을 보면, 홍준표 지지자들이 가장 나이가 많은 60.3세로 나타났고, 안철수가 52.3세, 그리고 유승민 지지자들의 평균 연령이 42.9세로 가장 젊었다. 이상의 논의를 요약해 보면, 60대 이상 고령 유권자층은 홍준표, 20~30대 젊은 층은 유승민, 그리고 40대는 안철수 지지로 보수 지지가 분열되었다는 것을 알 수 있다.

이번에는 보수 후보를 지지한 유권자들의 보수 정치 정체성이라는 측면에서의 차이에 대해 살펴보았다. 역대 대통령 중에서 가장 좋아하는 대통령에 대한 응답을 분석했다.

〈표 1-5〉에서 보듯이, 세 명의 후보 지지자들 간 좋아하는 역대 대통령은 매우 큰 차이를 보였다. 홍준표 지지자들의 71.3%는 박정희를 그들이 가장 좋아하는 대통령으로 선택했다. 다른 역대 대통령들은 모두 10% 미만의 낮은 비율을 보였다. 홍준표 지지층에서 박정희에 대한 강한 애정과 선호를 확인할 수 있다. 그러나 유승민 지지층에서 박정희에 대한 응답은 15.6%에 그쳤으며, 진보적인 노무현 대통령에 대한 응답이 51.6%로 가장 높게 나타났다. 홍준표와 유승민 지지자들 간 박정희에 대한 평가가 극명한 차이를 보였다. 안철수 지지

〈표 1-5〉 후보 지지별 좋아하는 역대 대통령

	홍준표	안철수	유승민
이승만	3.4	3.7	0.0
박정희	71.3	29.3	15.6
전두환	5.7	1.2	6.2
노태우	1.1	0.0	1.6
김영삼	3.4	4.3	6.2
김대중	0.6	19.5	7.8
노무현	7.5	39.6	51.6
이명박	3.4	2.4	9.4
박근혜	3.4	0.0	1.6
계	100.0	100.0	100.0
Pearson $\chi^2 = 149.6$ $p < 0.000$			

〈표 1-6〉 박근혜 선호도 및 탄핵 찬반

		홍준표	안철수	유승민	
박근혜 선호도		3.89	1.40	1.04	ANOVA F = 16.2 $p < 0.000$
탄핵 찬반	찬성	36.7	90.9	94.8	$\chi^2 = 358.5$ $p < 0.000$
	반대	63.3	9.1	5.2	

주: 선호도는 0(가장 낮은 선호) ~ 10(가장 높은 선호)의 평균값이다.

층에서는 노무현에 대한 평가가 39.6%로 가장 높기는 했지만, 박정희를 선택한 경우도 29.3%, 그리고 김대중을 선택한 경우도 19.5%로 나타나 대체로 전임 대통령에 대한 분명한 선호도가 확인되지는 않았다.

〈표 1-5〉에서 본 대로 후보 지지자에 따라 박정희에 대한 평가가 달라진다는 점에서, 이번에는 박근혜 대통령에 대한 선호도와 탄핵에 대한 태도에 대해 살펴보았다. 〈표 1-6〉에 정리한 대로, 여기에서도 세 후보 지지자들 간의 차이를 확인할 수 있다. 박근혜에 대한 선호도는 홍준표 지지층에서 3.89로 나타났다. 그러나 유승민 지지자들의 평균은 1.04로 매우 낮았다. 안철수 지지자들도 1.40으로 비교적 낮게 나타났다. 홍준표 지지층과 유승민, 안철수 지지층 간에 박근혜 선호도에서 큰 차이를 보인 것이다.

이러한 태도는 탄핵에 대한 입장에서도 유사한 형태로 확인된다. 홍준표 지지층에서 탄핵에 대한 찬성은 36.7%, 반대는 63.3%로 나타났다. 홍준표 지지자들 중 세 명 중 두 명은 탄핵에 반대하는 입장인 것이다. 그러나 유승민 지지자들 중 탄핵에 반대한다고 응답한 비율은 5.2%에 불과했다. 94.8%가 탄핵 찬성의 태도를 보였다. 안철수 지지층에서도 탄핵 찬성이 90.9%로 나타났다.

〈표 1-5〉와 〈표 1-6〉에서 나타난 결과는 매우 주목할 만하다. 한국 보수 정치에서 박정희 전 대통령이 지닌 상징적 의미와 정치적 비중을 감안할 때, 홍준표 지지층과 유승민 지지층 간에 박정희에 대한 평가가 극명하게 갈리는 것은 오늘날 한국 보수 정치가 실질적으로 분화되었음을 극적으로 보여 주는 것이기 때문이다. 박정희의 딸 박근혜에 대한 선호도나 그녀에 대한 탄핵을 바라보는 태도의 차이 역시 이와

마찬가지의 연장선에서 살펴볼 수 있다. 박정희에 대한 강한 선호를 드러낸 홍준표의 지지층이 '전통적 보수'를 대표한다면, 오히려 노무현을 선호하는 유승민의 지지층은 이들 '전통적 보수'들과 구분되는, 상이한 정체성을 가진 '새로운 보수'의 등장을 보여 주는 것이라고 할 수 있다.

보수 지지층의 정체성의 분화를 다시 확인해 보기 위해서 이번에는 몇 가지 쟁점 정책 사안에 대한 각 후보 지지자들의 태도를 분석했다. 〈표 1-7〉에는 논란이 되었던 사드(THAAD, Terminal High Altitude Area Defense), 즉 고고도 미사일 방어체계 배치, 그리고 문재인 후보가 내세웠던 적폐 청산, 그리고 오랫동안 정치적 갈등의 대상이었던 대북정책, 복지 대 성장 등 네 가지 쟁점에 대한 태도의 차이를 보았다. 네 가지 쟁점에서 모두 후보 지지자들 간 태도의 차이가 확인되었다. 문재인 지지자들과 나머지 '보수 후보' 지지자들 사이에 입장의 차이가 우선 뚜렷하게 나타났다. 흥미로운 점은 보수 후보 지지자들 사이에서도 상당한 시각 차이가 확인된다는 점이다. 사드 배치에 대해서는 홍준표 지지자들의 경우 95.1%가 찬성한 반면, 유승민 지지자들 사이에서 그 비율은 72.7%로 낮았다. 안철수 지지자들은 유승민 지지층과 대체로 비슷한 비율을 보였다. 적폐 청산 대 국민 통합 이슈에 대해서는 홍준표, 안철수 지지층이 비슷한 응답 패턴을 보였는데, 적폐 청산보다 국민 통합이 중요하다는 응답이 79.6%와 73.3%로 나타났다. 이에 비해 유승민 지지자들 가운데 그 비율은 64.1%로 상대적으로 낮았다. 대북정책에서 보면, 홍준표 지지자들은 적대적 대북정책을 선호하는 비율이 80.6%인 것에 비해, 유승민 지지층에서 그 비율은 70.9%로 다소 낮았다. 그러나 큰 틀에서 보면, 두 보수 후

〈표 1-7〉 후보 지지별 정책 태도

	사드 배치		적폐 청산 대 국민 통합		대북정책		복지 대 성장	
	반대	찬성	청산	통합	대화	대립	복지	성장
문재인	57.3	42.7	57.9	42.1	71.9	28.1	64.2	35.8
홍준표	4.9	95.1	20.4	79.6	19.4	80.6	22.4	77.6
안철수	24.4	75.6	26.7	73.3	43.2	56.8	39.2	60.8
유승민	27.3	72.7	35.9	64.1	29.1	70.9	48.7	51.3
χ^2 검정	31.9 $p < 0.000$		6.9 $p < 0.05$		23.7 $p < 0.000$		20.5 $p < 0.000$	

보 지지층 사이에 대북정책의 방향에 대한 공감대는 존재하는 것으로 볼 수 있다. 이에 비해 안철수 지지층은 대화정책 대 강경정책 간의 비율이 43.2% 대 56.8%로 홍준표, 유승민의 지지층의 응답과는 상이한 결과를 보였다. 한편, 복지 대 성장에서는 홍준표와 유승민 지지자들 간 시각의 차이가 가장 확연하게 나타났다. 홍준표 지지층의 77.6%가 성장을 중시한 반면, 유승민 지지층에서 그 비율은 51.3%로 크게 낮고 대신 복지가 중요하다는 응답이 48.7%에 달했다. 안철수 지지층의 응답은 두 후보의 중간 정도에 놓였다.

〈표 1-7〉의 결과는 의미심장해 보인다. 세 후보 지지자들 간 입장의 차이가 정책적인 측면에서도 뚜렷하게 나타났기 때문이다. 홍준표 지지층은 '전통적 보수'의 태도를 보였다. 이들은 과거 2012년 대선에서 박근혜를 지지했고, 그리고 2016년 총선에서 새누리당을 지지했던 충성스러운 이들 가운데서도 강경한 입장의 보수층이라고 할 수 있다.[5] 이에 비해 유승민 지지층은 이들과 상당히 다른 속성을 가진 보

5) 다음의 표와 비교할 때, 홍준표 지지자들 사이에서 보수적인 응답의 비율이 보다 높

수 유권자들이라고 할 수 있다. 과거와 같은 성장 중시와는 다르게 복지를 강조하는 태도를 보였고, 사드 배치나 적폐 청산과 같은 현안에 대해서도 홍준표 지지자들과는 뚜렷이 다른 입장을 보였다. 대북정책에 대해서 큰 틀에서는 전통적 보수와 같은 흐름이었지만 상대적으로 유연한 태도를 보였다. 이에 비해 안철수 지지층은 하나의 틀로 설명되기 어려운 응답 패턴을 보였다. 홍준표와 유승민의 지지층이 나름대로 구분될 수 있는, 그러나 상이한 보수의 정체성을 가진 데 비해 안철수 지지층은 그런 점에서 애매함을 보였다.

지금까지 논의한 대로, 스스로 보수로 자리매김을 하거나 혹은 '보수 후보'를 지지했다고 해도 홍준표, 유승민 두 후보의 지지층 간에는 매우 뚜렷한 차이가 존재함을 알 수 있다. 홍준표 지지층이 '전통적' 보수를 대표한다면, 유승민 지지층은 그와 다른 새로운 정체성을 지닌다. 한국 보수의 상징성이 큰 박정희에 대한 평가의 차이에서나, 그와 관련된 성장주의에 대한 시각의 차이 등은 두 후보의 지지자들이 보수 이념의 내용적 측면에서 서로 다른 입장을 갖고 있음을 보여 주었다. 이런 점에서 볼 때 2017년 대통령선거에서 보수의 분열은 단순히 자유한국당과 바른정당 간, 혹은 홍준표와 유승민 간의 분열이 아

다는 것을 알 수 있다.

2012년 대선/ 2016년 총선	사드 배치		적폐 청산 대 국민 통합		대북정책		복지 대 성장	
	반대	찬성	청산	통합	대화	대립	복지	성장
박근혜/새누리	9.0	91.0	24.0	76.0	25.2	74.8	30.8	69.2
기타	49.4	50.6	50.3	49.7	61.3	38.7	78.3	21.7
χ^2	128.8 $p < 0.000$		53.4 $p < 0.000$		99.4 $p < 0.000$		56.6 $p < 0.000$	

니라, 보수주의 내부에서의 이념적, 정책적 분화가 반영된 결과인 것이다.

2) 계급 배반 혹은 부자 보수?

앞에서 보수의 분화를 확인했다. 그렇다면 이번에는 보수의 분화가 단지 정체성 및 정책의 분화에 그치지 않고 계층적 속성까지 반영하는지에 대해 살펴보고자 한다. 서구에서는 주로 직업적 측면을 고려한 계급적 특성에 따른 투표행태의 차이에 주목해 왔다. 특히 1970년대 이전까지는 계급이 투표행태에 강한 영향을 미친다는 연구가 적지 않았다(예를 들어 Rose & Urwin 1970; Rose 1974; Crewe 1986; Bartolini & Mair 1990 등). 그러나 최근에는 전통적인 노동계급이 축소되고 소득의 불평등이 커졌기 때문에 직업보다 소득이 정치적 선택에서 더 중요해졌다는 연구 결과도 제시되었다(Clark 2001).

한국 선거를 분석한 기존 연구에서는 이념적 태도와 계층적 요인 간 연계가 잘 드러나지 않았다. 이갑윤과 이지호, 김세걸(2013)의 연구에 따르면, 소득의 차이가 아니라 재산의 차이가 교육과 문화생활의 격차를 낳고 계급의식의 차이를 낳았다. 그러나 재산의 차이가 계급의식의 형성에 크게 영향을 미치는 데 반해 정당지지 및 투표결정에는 커다란 영향을 미치지 못하는데, 그 이유는 정당이 계급 이슈를 강력하게 제기하지 않았기 때문으로 보았다. 소득이 낮고 빈곤한 계층일수록 오히려 보수 성향이 강하고 보수 후보나 정당에 대한 지지의 강도가 강한 이른바 '계급 배반적'인 모습을 보였다(강원택 2013b). 그리고 그런 현상이 나타난 원인 중 하나는 연령 문제와 관련이 있다. 즉,

노인 빈곤율이 높은 상황에서 노령 유권자의 보수 정치에 대한 강한 충성심이, 저소득층 유권자들이 오히려 보수 정파를 지지하는 '계급 배반적' 특성을 나타나게 한 것이다.

그런데 앞에서 신문 기사를 인용한 대로, 2017년 대통령선거에서 아파트값에 따라 투표 패턴이 다르게 나타났다는 것은 단지 가구소득보다 부동산 등 자산이 보다 중요한 것이 아닌가 하는 추정을 가능하게 한다. 부유한 이들이 많이 모여 사는 서울 '강남'의 의미 역시 부동산 가격 등 자산과 보다 관련이 크다고 볼 수 있다. 그런 점에서 여기에서는 가구소득과 함께 자산에 따른 후보별 지지에 대해 살펴보았다.

〈표 1-8〉에서는 가구소득별로 다섯 명의 주요 후보에 대한 지지 비율을 살펴본 것과, 동산, 부동산 등을 모두 포함한 자산을 기준으로 한 후보 지지 비율을 비교해 보았다. 흥미롭게도 두 가지 기준에 따라 서로 대조적인 결과가 나타났다. 월 가구소득을 기준으로 볼 때, 홍준표-유승민-안철수 등 보수 유권자들이 선호한 후보의 지지율은 소득이 낮은 층에서 가장 높고 소득이 올라갈수록 낮아지는 패턴을 보인다. 즉, 월 가구소득을 기준으로 낮은 소득부터 높은 소득까지 비교해 보면 세 후보의 지지율의 합은 52.8%에서 41.2%, 38.8%, 31.3%, 39.7%로 변화한다. 700만 원 이상 소득층에서 다시 지지율이 높아지지만 대체적인 경향은 '계급 배반 투표'로 간주할 수 있다. 소득이 낮은 유권자들이 보수 후보를 보다 선호하는 경향은 2017년 대선에서도 이전과 마찬가지로 확인되었다.

그런데 자산을 기준으로 하면 그 결과가 다소 다르게 나타난다. 홍준표-유승민-안철수 세 후보에 대한 지지율의 합은 자산이 낮은 층에서 낮고 자산이 높아질수록 지지율이 상승하는 패턴을 보인다. 즉,

〈표 1-8〉 가구소득 및 자산별 후보 지지

		문재인	홍준표	안철수	유승민	심상정	n	χ^2 검정
월 가구 소득	200만 원 미만	44.9	28.1	21.3	3.4	2.2	178	60.1 p < 0.00
	200~300만 원 미만	49.3	20.9	14.2	6.1	9.5	148	
	300~500만 원 미만	57.2	15.2	15.2	8.4	4.1	369	
	500~700만 원 미만	63.5	10.9	15.2	5.2	5.2	230	
	700만 원 이상	50.9	11.1	17.0	11.7	9.4	171	
자산	1억 원 미만	52.7	12.7	19.6	7.8	7.3	245	45.5 p < 0.00
	1~2억 원 미만	62.7	15.1	13.0	3.8	5.4	185	
	2~3억 원 미만	59.6	16.0	13.3	5.9	5.3	188	
	3~5억 원 미만	54.3	18.8	15.7	5.1	6.1	197	
	5억 원 이상	39.3	24.2	20.1	12.8	3.7	219	

자산에 따라 세 후보의 지지의 합계는 40.1%에서 31.9%, 35.2%, 39.6 %, 57.1%로 변화한다. 다시 말해, 계급 배반이 아니라, 부유한 이들일수록 보수 후보에게 표를 더 많이 던지는 '부자 보수'의 특성이 나타나는 것이다. 특히 5억 원 이상의 가장 많은 자산을 가진 집단에서 보수 후보들에 대한 지지율이 크게 상승하는 모습을 보였다. 한국 선거에서도 소득이 아닌 자산을 기준으로 할 때 계층의 이해관계에 부합하는 계층 투표의 양상이 확인되는 것이다.

이런 특성을 다시 확인하기 위해서 이번에는 주택 소유 여부와 후보 지지의 관계에 대해서 살펴보았다. 자산을 구성하는 데에는 여러 가지 요인이 있을 수 있지만, 한국의 상황에서 부동산, 특히 주택의 소유는 일반적으로 가구의 자산 구성에 매우 커다란 비중을 차지한다. 그런 점에서 주택 소유에 따른 정치 행태의 차이는 경제적 계층에 따른 상이한 투표선택, 곧 '부자 보수'의 특성을 보여 주는 것으로 간주할 수 있다. 지역별 부동산 가격의 차이에 따라 주거 유형이 유권자의

〈표 1-9〉 주택 소유 여부와 후보 지지

	문재인	홍준표	안철수	유승민	심상정	n	χ^2 검정
2채 이상 소유	45.3	23.8	18.8	8.5	3.6	223	28.7 $p < 0.00$
1채 소유	55.1	17.1	14.9	6.9	6.0	666	
무주택	60.2	8.2	18.2	5.6	7.8	231	

정치의식과 투표에 영향을 미칠 수 있는 것이다(손낙구 2010). 〈표 1-9〉에 주택 소유에 따른 후보 지지의 패턴을 정리해 두었다.

분석 결과, 주택 소유별로 지지후보의 차이가 분명하게 구분되었다. 홍준표, 유승민 두 보수 후보에 대한 지지율은 2채 이상 소유 > 1채 소유 > 무주택의 순으로 나타났으며, 이에 비해 문재인, 심상정 두 진보 후보에 대한 지지율은 보수 후보들과는 반대로 무주택 > 1채 소유 > 2채 이상 소유로 나타났다. 특히 진보, 보수 진영의 유력 후보였던 문재인, 홍준표에 대한 지지의 패턴은 매우 뚜렷하게 구분되며 상호 대조적이었다.

〈표 1-8〉과 〈표 1-9〉에서 나타난 결과는 한국 선거에서도 이제 계층이 중요하다는 것이다. 그런데 주목할 점은 한국 사회에서의 계층은 월 소득에 의한 것보다 재산이 중요하다는 사실이다. 일반적으로 월 가구소득의 경우 당사자의 경제적 역량과 관련이 깊다면, 재산 내지 자산의 경우에는 본인의 역량 이외에도 부모나 조부모 등의 경제적 역량, 그리고 재산 상속과도 관련이 있을 것이다. 가구소득보다 자산이 '계층의 정치'에 영향을 미치고 있다는 것은 한국 사회에서 이른바 '있는 집 대 없는 집' 간의 정치적 시각의 차이, 정치적 이해관계의 차이가 부상하고 있음을 보여 주는 것이다.

강원택(2014)은 가구소득에 의한 계층 구분과는 달리, 주관적으로 자신이 소속되어 있다고 생각하는 주관적 평가에 의한 계층 구분에서 '계급 정합적인' 태도가 확인되었다고 분석했다. 가구소득에서 나타나지 않은 계급 정합적 태도가 주관적인 계층의식에서는 나타나는 까닭은 그것이 아마도 자산과 관련이 있기 때문일 수 있다. 즉, 나의 개인적 소득이나 가구소득은 낮더라도 '우리 집이 잘 살기 때문에', 혹은 '우리 부모님이나 조부모님이 재산이 많기 때문에' '나는 상위 계층'이라고 판단하는 이들이 있을 수 있기 때문이다. 그런 점에서 주관적 계층의식과 후보 지지의 관계에 대해서도 살펴보았다.

〈표 1-10〉에서 보듯이, 주관적 계층의식에서도 〈표 1-9〉와 대체로 유사한 패턴이 나타났다. 문재인 지지의 경우, 지지의 패턴이 매우 일관된 경향을 보이는 것은 아니지만, 적어도 상위 계층에서의 낮은 지지율과 중층, 하층에서의 높은 지지율 간에는 뚜렷한 대조가 확인된다. 심상정에 대한 지지 역시 주관적 상층 유권자의 지지가 상대적으로 낮고 중층과 하층에서 높았다. 홍준표와 유승민 두 보수 정당 후보에 대한 지지는 이와 반대되는 모습을 보였다. 두 후보에게 모두 주관적으로 상층으로 속한다고 생각할수록 지지가 높아졌다. 특히 상층 유권자의 지지의 비율이 중층, 하층과 구분되게 높았다. 안철수에 대한 지지는 여기서도 분명한 패턴이 나타나지는 않았지만, 홍준표, 유승민과 마찬가지로 상층에서 높은 지지를 받았다. 〈표 1-10〉에서도 계층소속감과 정당 지지 혹은 이념 입장이 중첩되는 경향이 확인되었다.

〈표 1-8〉, 〈표 1-9〉, 〈표 1-10〉의 분석을 종합할 때, 계층에 따른 투표행태가 확인되었다. 특히 상층, 부유층 유권자의 보수 정치에 대한 뚜렷한 선호가 확인되었다. 더 이상 계급 배반이 아니라, 계급 정합적인 '부자 보수'의 특성이 나타난 것이다. 그렇다면 이러한 특성이

〈표 1-10〉 주관적 계층의식과 후보 지지

주관적 계층의식	문재인	홍준표	안철수	유승민	심상정	n	χ^2 검정
상층	40.0	20.0	21.8	15.5	2.7	110	26.3 $p < 0.01$
중층	57.6	16.9	13.0	6.4	6.2	455	
하층	54.2	15.6	17.8	6.0	6.4	550	

주: 조사에서는 상위, 중상위, 중간 정도, 중하위, 하위 등 5개 범주로 구분했다. 여기서는 상위와 중상위를 합쳐 상층으로, 중간 정도를 중층으로, 그리고 중하위와 하위를 하층으로 재분류했다.

주요 정책 쟁점에 대한 태도에서도 나타나는지 살펴볼 필요가 있다. 〈표 1-11〉과 〈표 1-12〉는 앞에서 계층 정합적 투표의 경향이 확인된 자산의 정도와 주택 소유 여부에 따른 주요 쟁점에 대한 태도를 비교 분석한 것이다.

우선 자산의 정도에 따른 차이를 보면, 사드 배치나 적폐 청산과 같은 정치적 현안에 대해서는 명확한 차이가 확인되지 않았다. 그런데 '복지 대 성장'에 대해서는 재산 정도에 따른 정치적 태도의 차이가 뚜렷하게 나타났다. 재산이 적은 쪽일수록 복지를 강조하고, 재산이 많을수록 성장을 강조하는 경향이 확인되었다. 특히 5억 원 이상의 층에서 복지에 대한 매우 낮은 선호를 볼 수 있다. 90% 유의수준에서 본다면, 대북정책도 어느 정도의 차이가 확인되었다. 응답의 패턴도 대체로 일정했는데, 1억 원 미만이나 1~2억 원 미만의 층에서는 대화정책에 대한 선호가 높았던 반면 그 이상의 층에서는 보다 강경한 정책을 선호하는 것으로 나타났다.

주택 소유 여부에 따른 분석에서도 자산에 따른 응답 패턴과 대체로 비슷한 모습이었다. 여기서도 '복지 대 성장'에서 가장 뚜렷한 차이가 확인되었다. 무주택자의 경우 복지에 대한 선호가 높았던 반면, 2채 이상 소유자층에서는 성장의 비율이 높았다. 1채 소유자층에서도 성

〈표 1-11〉 자산에 따른 주요 쟁점에 대한 태도

	사드 배치		적폐 청산 대 국민 통합		대북정책		복지 대 성장	
	반대	찬성	청산	통합	대화	대립	복지	성장
1억 원 미만	31.1	68.9	27.4	72.6	45.3	54.7	57.8	42.2
1~2억 원 미만	19.6	80.4	29.8	70.2	44.7	55.3	43.5	56.5
2~3억 원 미만	24.4	75.6	30.0	70.0	26.2	73.8	36.6	63.4
3~5억 원 미만	9.3	90.7	32.6	67.4	31.0	69.0	38.1	61.9
5억 원 이상	22.5	77.5	28.2	71.8	26.2	73.8	24.1	75.9
χ^2 검정	7.3 $p = 0.12$		0.4 $p = 0.98$		9.4 $p = 0.052$		17.4 $p < 0.01$	

〈표 1-12〉 주택 소유 여부에 따른 주요 쟁점에 대한 태도

	사드 배치		적폐 청산 대 국민 통합		대북정책		복지 대 성장	
	반대	찬성	청산	통합	대화	대립	복지	성장
2채 이상 소유	15.9	84.1	31.1	68.9	28.6	71.4	32.8	67.2
1채 소유	22.5	77.5	26.8	73.2	33.9	66.1	36.5	63.5
무주택	28.6	71.4	40.0	60.0	43.2	56.8	63.6	36.4
χ^2 검정	2.5 $p = 0.29$		3.1 $p = 0.22$		2.5 $p = 0.29$		12.5 $p < 0.01$	

장에 대한 선호가 높았다. 즉, 주택을 소유하고 있느냐의 여부에 따라 복지와 성장의 강조점이 서로 다르다는 것이다. 통계적으로 유의미한 것으로 입증되지는 않았지만, 사드 배치나 대북정책 등 '전통적인' 이념 갈등의 대상에서도 무주택자의 경우 좀더 진보적인, 그리고 1채 소유, 2채 이상 소유의 순으로 점차 보수적인 정책에 대한 선호가 높아졌다. 〈표 1-11〉과 〈표 1-12〉의 결과는 대북정책 등 전통적인 보수의 이슈보다 세금, 복지 등과 관련된 경제영역에서 각 계층별 시각 차이가 분명해지고 있음을 알게 해 준다. 예전의 보수 대 진보의 갈등이 대북정책 등 냉전적 과거에 기반을 두고 있다면 향후 보수-진보의 갈

등은 경제정책을 둘러싸고 보다 계급 정합적인 형태로 전개될 것으로 보인다.

여기서 한 가지 던질 수 있는 질문은, 계층에 따른 이념적 차이가 왜 이제야 드러나게 되었을까 하는 점이다. 앞에서 언급한 이갑윤과 이지호, 김세걸의 논문(2013)에서는 재산에 따라 계급의식을 갖게 되었지만 그것이 정당 지지, 투표선택으로 이어지지는 않았다고 밝혔다. 그런 특성을 보인 이유는 그간의 '전통적 보수'를 구성하는 핵심은 역시 반공주의, 성장주의를 비롯한 비계급적인 박정희 시대의 가치였기 때문일 것이다. 노령층 유권자의 '계급 배반 투표' 역시 이런 차원에서 이해할 수 있다. 그러나 박근혜 전 대통령 탄핵을 거치면서 '전통적 보수'의 가치로부터 이탈하게 된 보수 유권자들이 등장하게 되었고, 바로 그런 점 때문에 그동안 제대로 부각되지 않았던 보수 정치의 계급적 특성이 드러나게 되었다고 볼 수 있다.

3) 종합 논의

이상에서의 논의를 토대로 홍준표와 유승민 두 보수 후보 간 지지의 차이에 대해서 종합적으로 살펴보기로 한다. 이를 위해서 이항로지스틱 분석을 행했다. 종속변수는 홍준표와 유승민에 대한 지지이다. 독립변수로는 앞에서의 논의에 따라 다섯 부류의 독립변수를 설정했다. 첫째, 연령이다. 보수의 세대적 분화의 측면을 살펴보기 위함이다. 둘째, 가구소득과 자산이다. 앞에서 본 대로, 자산이 많을수록 보수 후보에 대한 지지가 높아졌기 때문에 두 후보 간 지지의 차별성이 나타나지 않을 것으로 생각할 수도 있겠지만, 복지 대 성장과 같은 측면에서 시각의 차이가 확인되었고, 또 '계급 배반 투표'가 빈곤한 노령 유권자의 보수 성향과 어느 정도 관련되어 있다는 점에서 홍준표 지지자와 유승민 지지자 간의 차이가 확인될 수도 있을 것으로 보았다. 셋째, 정치 이념이다. 같은 보수 정파의 후보들이라고 하더라도 나름대로의 이념적인 차별성을 갖는지 보고자 했다. 정치 이념 변수는 자기의 주관적 이념위치(*self-placement*) 뿐만 아니라, 홍준표, 유승민 두 후보와의 이념거리도 고려했다. 네 번째는 이념적 특성을 보다 구체적으로 살펴보기 위해 구체적인 정책에 대한 입장을 포함했다. 앞에서 논의했던 사드 배치 찬반, 적폐 청산 대 국민 통합, 대북정책, 그리고 복지 대 성장의 네 항목을 포함했다. 다섯 번째는 박근혜 전 대통령과 관련된 항목이다. 2017년 대선을 둘러싼 상황적 요인에 대한 것이라고 할 수 있다. 박근혜 전 대통령에 대한 호감도, 탄핵 찬반 여부, 그리고 선거 때 고려한 주된 이슈가 탄핵인지 아니면 다른 것인지 등 세 가지를 포함했다. 분석 결과가 〈표 1-13〉에 정리되어 있다.

〈표 1-13〉에서는 몇 가지 흥미로운 특성이 나타났다. 우선 연령은 통계적으로 유의미한 차이가 확인되었다. 젊은 유권자일수록 홍준표보다 유승민을 선호하는 것으로 나타났다. 이념에서는 주관적 자기이념에 대해서는 두 집단 간 통계적으로 유의미한 차이도 확인되지 않았고 계수 B값도 0에 가까운 값으로 나타났다. 두 집단 간 주관적 이념의 차이는 거의 없다고 볼 수 있는 것이다. 이에 비해 홍준표 후보와의 이념적 거리의 영향은 두 집단 간 차이를 만들어 냈다. 홍준표와의 이념거리가 멀다고 느낄수록 유승민에 대한 지지의 확률이 높아졌다. 주목할 만한 점은 정책에 대한 시각 차이이다. 사드 배치 건과 복지-성장 건에 대해서 두 보수 후보의 지지자들 사이에 입장 차이가 존재하는

〈표 1-13〉 이항로지스틱 모델: 홍준표(0)와 유승민(1)에 대한 지지

	독립변수	B	Exp(B)
연령	연령	-0.05**	0.95
재산	소득	0.10	1.10
	자산	0.15***	1.16
이념	주관적 자기이념	0.00	1.00
	홍준표와의 이념거리	0.34**	1.40
	유승민과의 이념거리	-0.20	0.82
정책	사드 배치 반대(1) 찬성(0)	1.59**	4.92
	적폐 청산(1), 국민 통합(0)	-0.62	0.58
	대북 화해(1) 대립(0)	-0.79	0.45
	복지(1) 성장(0)	0.88***	2.42
탄핵	박근혜 호감도	-0.08	0.92
	탄핵 찬성(1) 반대(0)	2.55*	12.75
	투표 영향 이슈 탄핵(1) 기타(0)	1.13**	3.10
상수		-2.10	
-2Log 우도 = 127.1 Nagelkerke R^2 = 0.63 분류정확도 88.6%			

주: * p < 0.01, ** p < 0.05, *** p < 0.1

것으로 나타났다. 유승민의 지지자들이 이들 사안에 대해 보다 진보적인 입장을 취할 확률이 높은 것으로 확인되었다. 단순히 연령의 차이뿐만 아니라 정책적 선호도에서도 두 후보 지지자들 간 시각 차이가 존재한다는 것을 확인할 수 있다.

그런데 역시 가장 큰 차이를 보인 것은 탄핵의 찬반 여부였다. 탄핵에 찬성하는 경우 홍준표보다 유승민을 지지할 확률이 12.75배나 높은 것으로 나타났다. 투표결정에 영향을 미친 이슈가 박근혜 전 대통령 탄핵이라고 응답한 이들 역시 유승민을 선택할 확률이 3배 이상 높았다. 〈표 1-13〉에서 한 가지 흥미로운 점은 자산이 많을수록 유승민 지지의 확률이 다소 높게 나타난 것이다. 이는 홍준표의 지지층이 '전

통적 보수층'이어서 계층적 특성보다 세대적 특성을 강하게 갖고 있기 때문일 것으로 추정된다. 이에 비해 유승민의 지지층은 이와 같은 기존 보수층의 특성에서 다소 벗어나면서 계층적 속성이 상대적으로 드러난 것으로 볼 수 있을 것이다.

4. 결론

지금까지 2017년 대통령선거에서 보수 정치를 둘러싸고 나타난 현상에 대해 분석했다. 분석을 토대로 모두(冒頭)에서 제시한 질문에 대한 답을 정리해 보고자 한다. 2017년 대선에서 홍준표, 유승민 두 보수 정당의 후보는 30%를 겨우 넘는 득표율에 그쳤다. 보수 후보들이 거둔 역대 최악의 성적이다. 그러나 이 글에서의 분석 결과, 그것을 보수의 몰락이나 약화로 보기는 어렵다. 보수적인 유권자들이 대규모로 진보로 '전향'하거나 혹은 보수 정파로부터 완전히 '이탈'했다고 보기는 어렵다. 그보다는 보수 유권자들의 지지가 홍준표, 유승민, 그리고 국민의당의 안철수까지 세 후보로 나뉜 것이라고 할 수 있다.

이 세 후보에 대한 지지는 단순히 각 후보의 공약이나 리더십, 역량에 대한 판단뿐만 아니라, 보다 근원적으로 상이한 보수의 정체성에 영향을 받았다. 홍준표는 '전통적' 보수 유권자의 지지를 받았지만, 유승민은 보수라고 해도 이들과는 전혀 다른 가치관과 정체성을 가진 유권자들의 지지를 받았다. 여기에는 세대적 차이가 반영되었다. 그러나 세대적 차이는 단지 연령의 높고 낮음이 아니라 전통적 보수 가치를 유지하려는 이들과 보수 가치의 변화를 요구하는 이들 간 보수 정치의 정체성에 대한 입장 차이를 담고 있다. 그런 점에서 보수는 2017년 대선에서 분화했다고 할 수 있다. 물론 두 보수 후보의 지지율에는 상당한 격차가 있어서 이러한 차이를 강조하는 데는 조심할 필요가 있다.

그러나 중요한 점은 2017년의 대통령선거가 과거의 선거, 과거의 보수 정치와 다르게 바로 이와 같은 새로운 보수의 가치가 부상했다는 점이다. 그것은 현실적으로 탄핵으로까지 간 박근혜 전 대통령의 무능과 실정에 대한 반응에서 비롯된 것이지만, 보다 본질적으로는 이제 시대적으로 '전통적 보수 가치'의 약화, '박정희 세대의 보수'의 한계가 드러난 것으로 볼 수 있다. 박정희에 대한 평가가 홍준표 지지자와 유승민 지지자 간에 극명한 차이를 보인 것이 이런 의미를 잘 보여준다. 이러한 차이가 시대적, 세대적 변화를 담았다는 점에서 이러한 보수의 분화와 보수 정당들 간의 경쟁은 앞으로도 상당 기간 지속될 것으로 보인다.

이와 함께 2017년 대통령선거에서는 경제적 계층에 따른 보수성이 분명하게 확인되었다. 본인의 경제적 역량의 영향을 받는 가구소득보다 '물려줄 수 있는 재산'에 의한 차이, 혹은 자산에 따라 정치적 태도의 차이가 보다 분명하게 나타났다. 서구에서의 계급 투표가 산업사회의 중산층과 노동자 간의 갈등 속에서 나타난 것이라면, 우리 사회에서의 계층 투표는 자산의 소유 여부, 즉 '있는 집안과 없는 집안' 간의 대립에서 좀더 두드러진 특성을 보인다. 즉, 자산의 유무(*haves vs have-nots*)에 따른 정치 갈등은 이제 한국 정치에서도 본격적으로 나타나기 시작했다. 더욱이 기존의 계급 배반 투표가 빈곤한 '박정희 세대의 노령 유권자'의 존재와 관련이 있었던 만큼, 2016~2017년의 정치적 격변을 통해 박정희에 대한 재평가가 내려져 향후 계층 정치는 더욱 두드러질 것으로 예상해 볼 수도 있다. 그러나 서구에서와 같이 노동자 정당이나 계급 정당을 중심으로 계층 정치가 펼쳐지기보다는 기존의 정당 정치의 틀 속에서 전개될 가능성이 커 보인다. 이처럼 계층 갈등이 이념 갈등과 중첩되는 모습을 보이면, 향후 세금, 국가 개입, 시장, 대기업 등 경제정책을 둘러싼 갈등이 정치적으로 좀더 큰 중요성을 갖게 될 것으로 보인다.

참고문헌

강원택. 2003. 《한국의 선거정치: 이념, 지역, 세대와 미디어》. 서울: 푸른길.

_____. 2013a. "사회 계층과 투표 선택", 박찬욱 · 강원택 편. 《2012년 국회의원 선거 분석》, 111~138. 파주: 나남.

_____. 2013b. "한국 선거에서의 '계급 배반 투표'와 사회계층", 〈한국정당학회보〉, 12(3), 5~28.

_____. 2014. "사회 계층과 정치적 갈등: 객관적 계층과 주관적 계층", 강원택 · 김병연 · 안상훈 · 이재열 · 최인철. 《당신은 중산층입니까》, 61~106. 파주: 21세기북스.

김무경 · 이갑윤. 2005. "한국인의 이념정향과 갈등", 〈사회과학연구〉 13(2), 6~31. 서울: 서강대학교.

김주찬 · 윤성이. 2003. "2002 년 대통령선거에서 이념 성향이 투표에 미친 영향", 〈21세기 정치학회보〉 13(2), 1~17.

문우진. 2009. "지역주의와 이념 성향", 〈한국정당학회보〉 8(1), 87~113.

박찬욱 · 김경미 · 이승민. 2008. "제 17대 대통령선거에서 유권자의 사회경제적 특성과 이념정향이 후보 선택에 미친 영향", 박찬욱 편. 《제 17대 대통령 선거를 분석한다》, 193~250. 파주: 생각의 나무.

손낙구. 2010. 《대한민국 정치사회 지도》. 서울: 후마니타스.
윤성이 · 이민규. 2011. "한국사회 이념측정의 재구성", 〈의정연구〉 17(3), 63~82.
이갑윤 · 이지호 · 김세걸. 2013. "재산이 계급의식과 투표에 미치는 영향", 〈한국정치연구〉 22(2), 1~25.
이내영. 2009. "한국 유권자의 이념 성향의 변화와 이념 투표", 〈평화연구〉 17(2), 42~72.
최영진. 2001. "제16대 총선과 한국 지역주의 성격", 〈한국정치학회보〉 35(1), 149~165.

Bartolini, S. & Mair, P. 1990. *Identity, Competition, and Electoral Availability: The Stabilization of European Electorates, 1885~1985*. Cambridge: Cambridge University Press.
Clark, T. 2003. "The breakdown of class politics", *The American Sociologist*, *34*(1/2), 17~32.
Crewe, I. 1986. "On the death and resurrection of class voting: Some comments on how Britain votes", *Political Studies*, *34*(4), 620~638.
Kang, W. T. 2008. "How ideology divides generations: The 2002 and 2004 South Korean elections", *Canadian Journal of Political Science*, *41*(2), 461~480.
Rose, R., & Urwin, D. 1970. "Persistence and change in Western party systems since 1945", *Political Studies*, *18*(3), 287~319.

| 2장 |

제 19대 대통령선거에서 보수의 표심

한정훈

1. 서론

제 19대 대통령선거는 이전 선거와 달리 현직 대통령이 탄핵되면서 조기에 실시된 선거이다. 이번 대선이 조기선거였다는 점은 유권자와 정당 모두에게 선거의 불확실성을 강화하는 효과를 주었다. 후보를 공천해야 하는 정당은 예정보다 일찍 진행해야 하는 공천 과정으로 인해 철저한 후보 검증과 경쟁력 있는 후보 공천에 어려움을 겪을 수 있다. 또한 유권자 선호를 파악하기 위한 충분한 시간을 갖지 못해 적절한 선거 전략을 수립하는 것이 쉽지 않다. 각 정당이 선출한 후보 역시 많지 않은 시간 내에 지지자를 동원할 수 있는 정책을 개발하고 홍보해야 하는 난관에 직면한다. 유권자의 입장에서는 후보들이 겪는 위와 같은 불확실성 때문에 선거의 실질적인 경쟁자를 파악하는 데 상대적으로 더 많은 비용을 지불해야 할 뿐 아니라 누구를 선택해야 할 것인지에 대한 확신이 떨어진다.

또한 현직 대통령이 탄핵된 결과로 실시되는 선거라는 측면은, 유권자와 후보가 겪는 불확실성의 강도가 서로 다를 가능성을 내포한다. 현직 대통령의 소속 정당 및 해당 정당을 지지했던 유권자들은 그렇지 않은 이들에 비해 상대적으로 더욱 심각한 혼란에 직면할 가능성이 높은 것이다. 새누리당을 전신으로 한 자유한국당과 바른정당은 탄핵된 대통령을 보좌했던 것에 대해 책임져야 한다는 비판에 노출되며, 그 결과 기존에 새누리당을 지지했던 유권자들이 이번 대선에서 직면하는 불확실성은 강화된다. 이는 제 19대 대통령선거에서 보수적 이념 성향을 지닌 유권자 집단은 진보적 이념 성향을 지닌 유권자 집단과 비교할 때 상대적으로 후보 선택의 자율성이 떨어질 수 있음을 의미한다. 보수 후보에 대한 지지의 이탈 또는 기권의 증가가 선거 결과로 나타날 가능성이 높은 것이다.

제 19대 대통령선거의 배경이 되었던 이와 같은 특수한 정치적 환경은 한국의 유권자들이 정규적으로 치르는 선거에서와 다른 행태를 보일 것인지에 대한 흥미로운 질문을 제기한다. 특히 보수 성향의 대통령 탄핵에 따른 보수층 유권자들의 행태가 어떻게 변화할지에 대해 관심이 증대했다. 이 연구는 이와 같은 제 19대 대통령선거의 특수성에 주목하고, 이번 선거에서 보수층 유권자의 지지행태를 분석하고자 한다. 특히 현직 대통령 탄핵에 따른 조기선거가 결정된 직후 보수층의 표심이 지지유권자 동원이라는 선거캠페인 과정을 거친 이후 달라졌는지, 그리고 달라졌다면 그러한 보수층 표심의 변화에 영향을 미친 요인이 무엇이었는지를 분석하고자 한다. 이를 위해 동아시아연구원에서 대통령선거일 2주 전과 선거일 직후 두 차례에 걸쳐 시행한 제 19대 대통령선거에서의 유권자 의식 및 행태에 관한 패널조사 자료[1]를 활용한다.

그러면, 다음에서는 우선 제 19대 대통령선거에서 보수층 유권자가 처한 상황을 고려할 때 어떠한 선택을 할 수 있는 것인지와 관련된 일반 이론적 논의를 살펴보도록 하겠다. 또한 이러한 일반 이론과 비교할 때, 한국의 보수층이 제 19대 대통령선거의 특수성에 근거하여 후보자를 선택하는 것과 관련된 가설을 제시하도록 한다. 다음으로 패널조사 자료를 활용하여 일반 이론에 따른 가설과 제 19대 대통령선거의 특수성에 근거한 가설의 타당성을 비교, 검증하도록 한다. 마지막으로 분석 결과를 요약하고, 그 함의를 생각해 보면서 결론을 대신한다.

2. 전략투표, 선거캠페인 그리고 대통령 탄핵

이론적으로 개별 유권자가 안정적(*stable*)으로 특정 후보를 지지하는 이유는 유권자 개인의 인구통계학적 요인 이외에 세 가지 요인이 작용하는 것으로 알려진다. 인물, 정책, 정당이 그것이다. 인물론에 따르면 유권자들은 후보자의 리더십 또는 대중성에 대한 평가에 따라 누구

---

1) 본 패널조사는 동아시아연구원이 한국리서치에 의뢰하여, 대통령선거일 전후 전국의 만 19세 이상 성인 남녀를 대상으로 두 차례에 걸쳐 면접원에 의한 전화면접 조사로 시행되었다. 제 1차 설문조사는 2017년 4월 18일부터 20일까지 3일에 걸쳐 이루어졌으며, 제 2차 조사는 5월11일부터 14일까지 4일에 걸쳐 이루어졌다. 제 1차 조사의 표본은 1,500명이었으며, 제 2차 조사는 1,157명이 참여하여 77.1%의 패널 유지율을 보였다. 표집오차는 95% 신뢰수준에서 제 1차 조사는 최대 ±2.5%, 제 2차 조사는 최대 ±2.9%이다.

에게 투표할 것인지를 선택한다(Cain & Fiorina 1987). 유권자 개인이 후보의 리더십을 통해 형성한 개인적 호감이 선거 과정에서 특정 후보에 대한 지지를 유지시킬 뿐 아니라 최종적으로 해당 후보를 선택하게 한다는 것이다. 정책을 중시하는 주장은 후보 개인에 대한 호감이 아니라 유권자가 후보가 제시하는 정책 또는 공약을 선호하기 때문에 해당 후보를 지지한다고 주장한다. 특히 이와 같은 정책선거가 가능하기 위해서는 중요한 안건이 선거 과정에서 제시되고, 그러한 안건에 대해 유권자가 인지하고 있을 뿐 아니라 상이한 선호를 지녀야 하며, 동시에 각 후보가 해당 안건에 대해 어떠한 선호를 지니고 있는지를 유권자가 인식하고 있어야 한다는 조건이 만족되어야 한다(Brody & Page 1972). 마지막으로 유권자들이 특정 정당에 대해 지니고 있는 소속감 또는 일체감(*identification*)에 따라 해당 정당의 후보에 대한 안정적인 지지를 보낸다는 것이다. 1950년대 후반 미시간 학파를 중심으로 주장된 정당일체감에 대한 논의는 캠벨과 그의 동료들(Campbell et al. 1960)에 의해 발전되었으며 이후 많은 학자들에 의해 유권자의 정당일체감이 선거에서 유권자의 선택에 중요한 영향력을 미친다는 사실이 경험적으로 검증되었다.

그러나 유권자가 특정 후보에 대한 지지로부터 이탈하거나 변경하는 것을 막는 위와 같은 세 가지 요인의 영향력은 유권자가 선거 과정에서 얻게 되는 새로운 정보 등에 의해 수정되고 변형될 수 있다. 우선 유권자들은 선거 과정에서 후보가 전개하는 선거캠페인을 통해 후보에 대한 기존의 평가를 변경할 수 있다. 후보들은 선거캠페인을 전개해 자신의 개인적 특성뿐만 아니라 정책적 선호, 그리고 정당과의 관계 등에 관한 정보를 전달한다. 유권자는 후보들이 제시하는 정보를 통해 그전에 자신이 지녔던 인물, 정책, 정당에 관한 평가를 갱신하는 것이다. 후보가 선거캠페인을 통해 유권자와 소통하는 이와 같은 과정은 특히 유권자가 후보에 대해 지녔던 선입관이나 편견 등을 개선하는 데 영향을 미칠 것으로 보인다. 이에 대해 일부 학자들은 유권자들은 자신이 원하는 정보만을 취사선택하는 경향이 강하기 때문에 선거캠페인 과정을 통해 전달되는 다양한 정보 가운데 유권자가 기존에 지닌 선입관, 편견 또는 지지를 강화할 수 있는 정보만을 선택하고 소비한다고 주장한다(Lang & Lang 1984). 그 결과 선거캠페인 과정에서 유포되는 새로운 정보는 유권자가 특정 후보에 대한 기존의 지지를 철회, 변경하는 요인이 되기보다는 오히려 기존의 지지를 강화하는 요인으로 작용한다는 것이다. 그러나 다수의 학자는 때때로 선거캠페인을 통해 갱신된 후보에 대한 정보가 일부 유권자들의 지지후보를 변경할 정도의 영향력을 지닌다고 주장한다. 특히 TV토론회를 통해 후보가 유권자들의 선호를 강화할 수 있을 뿐 아니라 기존의 지지후보를 철회 또는 변경하도록 설득할 가능성도 존재한다는 사실이 증명되었다(Ansolabebere et al. 1994; Benoit et al. 2001).

결국 선거캠페인의 효과에 대한 이와 같은 상이한 주장은 선거캠페인의 영향력이 유권자가 특정 후보에 대해 기존에 형성한 지지의 강도에 따라 달라질 수 있음을 함의한다. 선거캠페인을 통해 후보에 대한 정보가 강화되기 이전 시점에서 이미 특정 후보를 강하게 지지하고 있던 유권자들은 선거캠페인이 전달하는 새로운 정보에도 불구하고 기존의 지지를 유지하거나 강화할 가능성이 높다. 반면, 특정 후보에 대한 기존의 지지가 불안정하거나 약한 유권자들은 선거캠페인이 전달하는 새로운 정보를 통해 후보에 대한 지지를 변경할 가능성이 높은 것이다.

선거캠페인이 지닌 위와 같은 효과를 고려할 때, 제 19대 대통령선거에서 각 후보가 전개한 캠페인은 보수층 유권자 집단에 더욱 강한 영향력을 발휘했을 것으로 예상해 볼 수 있다. 우선 장기간에 걸쳐 형성된 보수적 이념 성향을 지닌 유권자들은 이번 대선에서 단순히 자신의 이념적 선호에 따라 투표하는 데 상당한 어려움을 겪었을 것으로 생각된다. 왜냐하면 보수 성향의 대통령이 탄핵되면서 사회 전체적으로 보수 정치인들이 책임을 지거나 비난받아야 할 대상으로 간주되었기 때문이다. 반면, 진보적 이념 성향을 지닌 유권자들은 탄핵이라는 초유의 사태를 유발한 보수 성향의 대통령을 대체할 수 있는 대안이 진보 성향의 후보라는 주장을 효과적으로 전개할 수 있는 환경에 놓여 있었다. 제 19대 대선을 2주 앞두고 이루어진 설문조사에서 주요 후보들의 당선 가능성에 대한 유권자의 평가는 이와 같은 보수 성향의 유권자와 진보 성향의 유권자의 차이를 잘 드러낸다. 조사 결과를 요약한 〈그림 2-1〉에서, 진보 성향을 지닌 유권자는 압도적으로 높은 비율로 진보 성향의 후보자로 평가되는 문재인 후보의 당선을 예상한 반면, 보수 성향을 지닌 유권자는 6.3%만이 보수 성향의 후보자로 평가되는 홍준표 후보의 당선 가능성을 점쳤다. 보수 성향 대통령의 탄핵으로부터 예상되었듯이 보수 성향의 유권자들이 자신의 이념적 선호에 근거하여 후보를 평가하는 데 어려움을 겪었음을 알 수 있는 지점이다.

인물, 정책, 정당을 중심으로 형성되는 특정 정당 또는 후보에 대한 안정적인 지지행태에 변화를 가져오는 또 다른 요인은 전략투표에서 찾아볼 수 있다. 전략투표란 다양한 조건 아래서 유권자가 여러 대안

〈그림 2-1〉 후보의 당선 가능성에 대한 유권자 평가 비율

단위: %

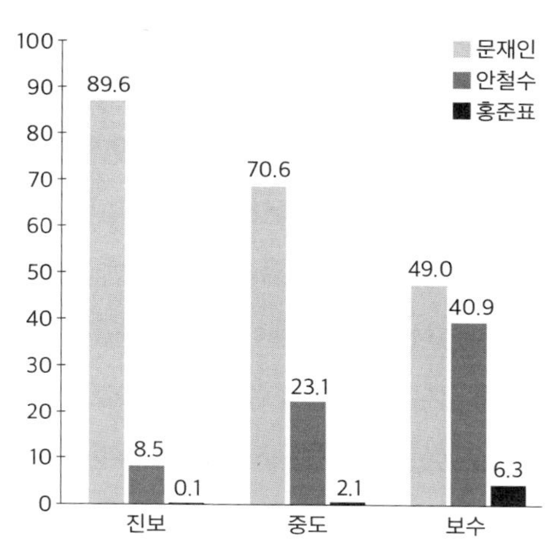

출처: 2017년 EAI 패널 선거 2주 전 제 1차 조사자료.

에 대한 자신의 선호만을 고려하여 선택하기보다는 타인의 선호나 투표행태를 고려한 후 그에 대한 대응 과정에서 자신에게 가장 좋은 결과를 가져다 줄 것으로 예상되는 대안에 투표하는 것을 의미한다. 예를 들어 유권자가 후보들에 대해 자신의 선호 순위(*ranks*)를 정한 상태에서 가장 선호하는 후보를 선택하지 않고 차선의 후보를 선택하는 행위가 대표적인 사례이다. 뒤베르제(Duverger 1954, 226)는 이와 같은 전략투표가 자신의 표가 사표(*wasted vote*)가 되는 것을 방지하고자 하는 유권자의 심리에서 기인하다고 주장한다. 다시 말해, 선거에서 승리하기 힘든 정당의 후보를 가장 선호하는 유권자를 가정할 때, 해당 유권자가 자신이 가장 선호하는 후보에게 투표하는 경우 자신의 표가 선거에서 승리자의 선출에 직접적인 영향력을 지니지 않는다는 것을 인식하고, 가장 선호하는 후보에게 투표하기보다는 차선의 후보임에

도 불구하고 승리할 가능성이 높은 상위 후보자에게 투표한다는 것이다. 유권자의 전략투표는 이와 같이 사표를 방지하기 위한 고려 이외에도 정당 간 세력균형(*balancing power*)을 위해 행사되기도 한다. 의회제 국가에서 연립정부 구성을 위한 전략적 고려를 통해 군소정당에게 투표하는 경우나, 대통령제 국가에서 대통령이 소속된 정당이 아닌 정당에게 의회 내 다수당의 지위를 부여하기 위해 투표하는 경우 등이 이러한 사례에 속한다(Fiorina 1992; Gschwend 2007).

제 19대 대통령선거에서는 특정 정당 또는 후보에 대한 안정적인 지지행태의 변화와 관련된 위와 같은 논의에 맥락적 특수성을 고려할 필요성이 강하게 제기된다. 왜냐하면 이번 대선은 보수 성향 대통령의 탄핵이라는 초유의 사태를 배경으로 이루어졌기 때문이다. 이는 만일 이번 선거에서 일부 유권자들의 후보 지지행태가 기존의 행태와 차이를 보인다면 그러한 차이가 전적으로 이번 대선이 지닌 맥락적 특수성을 반영한 것인지, 아니면 맥락적 특수성에도 불구하고 선거 과정에서 유권자들이 접하게 되는 선거캠페인이나 전략적 고려 등이 영향을 미쳤던 것인지를 세분화할 필요가 있음을 의미한다. 따라서 다음에서는 선거캠페인, 전략투표에 대한 고려, 그리고 대통령 탄핵이라는 맥락적 특수성과 같은 요인들이 유권자들의 후보 지지에 대한 안정성에 미친 영향력을 세분화하고, 각 변수가 지닌 설명력을 비교·검토하도록 하겠다.

3. 자료, 변수와 가설

이번 대선에서 유권자들마다 지지후보에 대해 보인 지지의 안정성(*stability*)이 상이한 원인을 분석하기 위해 이 연구는 동아시아연구원이 대선 기간 동안 두 차례에 걸쳐 실시한 패널조사 자료를 활용한다. 우선 이 연구의 종속변수는 제 1차 조사의 "귀하께서는 이번 선거에서 누구에게 투표할 생각이십니까?"라는 문항과 제 2차 조사의 "귀하께서는 이번 선거에서 누구에게 투표하였습니까?"라는 문항에 대한 응답의 일치 여부이다. 특히 제 1차 조사에서 지지의향을 밝힌 후보와 제 2차 조사에서 실제 투표한 후보가 일치하는 경우는 1로, 그렇지 않은 경우를 0으로 코딩하였다.

제 1차 조사에서 밝힌 지지의향과 제 2차 조사에서 밝힌 실제 투표행태 간의 일치 여부를 보여 주는 〈표 2-1〉에 따르면, 두 차례의 설문조사에 모두 응답한 1,157명의 유권자 가운데 지지의향과 투표행태가 일치했던 유권자는 68.5%, 그렇지 않은 유권자는 31.5%에 해당한다. 흥미로운 점은 평균을 기준으로 보수와 중도의 유권자는 지지의향과 투표행태가 불일치하는 경향이 높은 반면, 진보의 유권자는 지지의향과 투표행태가 일치하는 경향이 높다는 점이다. 특히 지지의향과 투표행태가 일치한 보수층 유권자의 비율은 전체 평균보다 4.5% 정도 낮고, 지지의향과 투표행태가 불일치한 보수층 유권자의 비율은 전체 평균보다 5.5% 정도 높다. 또한 〈표 2-1〉의 유의미성 검증 결과는 카이제곱값을 통해 집단별 차이가 유의수준 0.05 아래서 통계학적으로 유의미한 차이임을 보여 준다.

이 연구는 특히 보수층 유권자에 초점을 두고 왜 지지의향과 지지행

〈표 2-1〉 후보에 대한 지지의향과 실제 투표행태 사이의 일치 빈도

	의향/행태 불일치	의향/행태 일치	총합	유의미성 검정
진보	100(24.9)	302(75.1)	402(100)	χ^2 = 13.5 pr = 0.00**
중도	135(34.5)	256(65.5)	391(100)	
보수	97(37.0)	165(63.0)	262(100)	
총합	332(31.5)	723(68.5)	1,055(100)	

출처: 2017년 EAI 패널 제 1차, 제 2차 조사자료.

태의 일치 여부에 차이가 발생했는지를 살펴보고자 한다. 이때 과연 한국의 보수층을 어떻게 규정할 것인가의 문제가 우선 고려될 필요가 있다. 사실 최근 한국 유권자의 이념 성향을 타당하게 규정하는 방안에 대해 활발한 논의가 전개되고 있다는 점을 고려할 때(예를 들어 한정훈 2016; 구본상 2016), 보수층을 개념적으로 어떻게 규정할 것인지에 대한 풍부한 논의가 필요할 것으로 보인다. 그러나 이러한 논의는 이 연구의 목적을 넘어서기 때문에, 여기서는 이념 성향 규정에 관한 신뢰성이 높은 방안을 마련할 필요성이 있다는 이들의 주장에 동의함과 동시에 분석의 단순화를 위해 설문조사에 드러난 자기규정적 이념 성향을 그대로 활용한다. 특히 0점부터 10점까지 11점 척도로 이루어진 이념 성향에 대한 규정 척도를 기반으로 0점부터 4점까지에 자신의 이념 성향을 규정한 유권자를 진보, 5점에 자신의 이념 성향을 규정한 유권자를 중도, 6점부터 10점에 자신의 이념 성향을 규정한 유권자를 보수로 간주하였다. 이러한 범주화에 따르면, 자신을 진보라고 규정한 응답자가 41.1%, 중도라고 규정한 응답자가 32.2%, 보수라고 규정한 응답자가 26.7%였다. 기존의 설문조사를 통해 드러난 한국 유권자들의 이념 성향 분포를 고려할 때, 촛불 정국을 거치면서 진보 성향의 유권자가 과다대표(*overrepresentation*) 된 상황이거나 또는 일정

수준 한국 유권자의 이념 성향이 진보 쪽으로 전체적으로 이동하였음을 보여 주는 결과다.

대안적으로 11점 척도로 이루어진 이념 성향 자기규정에 대하여 4, 5, 6점에 자신을 규정한 유권자를 중도로 간주할 수 있을 것이다. 이 경우 진보는 27.5, 중도가 54.5, 보수가 17.8의 비율로 분포된다. 이는 촛불 정국을 통해 중도 성향의 유권자가 증가할 가능성을 적절히 반영한다고 볼 수 있으나, 기존 설문조사에 나타난 보수층의 비율을 고려할 때, 보수층이 상대적으로 너무 과소대표(*lowerrepresentation*)되는 편향을 내포한다. 특히 이 연구가 이번 대선에서 보수층의 표심에 대한 분석을 시도하고자 한다는 점에서 이와 같은 과소대표 현상은 일정한 이념 성향을 지닌 기존의 보수층을 체계적으로 논의에서 배제할 가능성을 내포한다. 다시 말해, 보수층이면서 중도에 근접해 있던 대부분의 보수층 유권자가 분석에서 배제될 가능성이 크다. 이러한 문제를 해소하기 위해 자신의 이념 성향을 5점에 규정한 유권자만을 중도 성향의 유권자로 간주하고 보수층을 6점부터 10점에 위치한 유권자로 규정한다.

그러면, 이번 대선에서 한국의 보수층 유권자의 특정 후보에 대한 지지의향과 실제 지지행태 사이에 차이가 발생한 원인은 어디에서 찾을 수 있는가? 이에 대한 해답을 찾기 위해 이 연구는 앞에서 기존 연구를 검토하면서 논의하였던 이론적 논거에 따라 다음과 같은 세 가지 주요 가설을 제시한다. 첫째, 선거캠페인 효과에 관한 가설이다. 선거캠페인을 통해 지지후보를 변경할 수 있는 가능성을 고려할 때, 지지의향과 지지행태의 불일치는 선거캠페인 과정에서 보수층 유권자가 접하게 되는 후보자에 대한 새로운 정보와 그에 따라 후보에 대한 선호가 갱신되었기 때문이라고 볼 수 있다. 여기서는 위와 같은 선거캠페인의 효과를 검증하기 위해 TV토론회에 대한 유권자의 평가를 선거캠페인에 대한 경험적 지표로 활용하고자 한다. 선거캠페인은 거리연설회 등 직접적인 유권자 접촉의 방식, 현수막 또는 홍보물 등을 통한 간접적인 유권자 접촉의 방식 등 다양한 방식을 통해 이루어진다. 이 가운데 TV토론회는 간접적인 유권자 접촉방식에 속하면서도 최근 전 세계적으로 중요하게 간주되는 캠페인 방식이다. 지난 대선 기간 중 이루어진 5차례의 TV토론회를 적어도 1번 이상 시청한 유권자는 전체 응답자의 대략 89%에 이른다. 여기서는 TV토론회 시청자들 가운데 후보에 대한 평가와 관련하여 '지지후보를 변경'하거나 '지지후보를 새로 갖게 되었다'고 응답한 이들을 선거캠페인의 영향력을 강하게 받은 유권자로 간주하여 1로 코딩하고, 그렇지 않은 유권자를 0으로 코딩하고 'TV토론회 평가'라는 이항변수로 측정하였다.

TV토론회에서의 후보에 대한 평가와 관련하여 지지후보를 변경하거나 새로운 지지후보가 생겼다는 평가가 직접적으로 기존의 지지의향과 실제 투표한 후보가 달라졌음을 의미하지는 않을 것이다. TV토론회를 시청하는 과정에서 빈번한 지지후보 변경이 있었음에도 불구하고 최종적으로 지지의향과 실제 투표한 후보는 일치할 수 있기 때문이다. 따라서 TV토론회 시청 이후 후보자에 대한 유권자의 평가는 결국 특정 후보 및 정당에 대한 유권자의 안정된 지지가 선거캠페인 과정을 통해 변화한 강도를 측정하는 것이라고 할 수 있다. 이와 같이 측정된 TV토론회에 대한 평가와 관련된 변수는 275명의 보수층 응답자 가운데 73.1%에 해당하는 201명이 TV토론회 시청으로부터 지지후보를 변경할 정도의 강한 영향력을 받았다고 응답한 반면, 26.9%에 해당하는 74명은 그렇지 않다고 응답하고 있다. 이러한 변수를 통해 다음과 같은 가설을 검증할 수 있다.

가설 1: TV토론회 평가 효과

보수층 유권자를 비교하는 경우, TV토론회 시청이 지지후보 결정에 강한 영향을 주었다고 응답한 유권자는 그렇지 않은 유권자에 비해 선거 이전 후보자 지지의향과 선거 당일 후보자 지지행태가 불일치할 경향이 강하다.

두 번째 주요 독립변수는 전략투표 효과와 관련이 있다. 제 19대 대선에서 한국의 보수층 유권자는 다른 시기와 비교할 때 전략투표를 선택할 가능성이 높았다고 볼 수 있다. 보수 성향 대통령의 탄핵은 보수 정당에 대한 지지의 정당성을 약화시키는 데 기여하였고, 그 결과 자신의 이념적 성향에 근거할 때 최선의 후보인 보수 정당 후보를 지지하는 것을 회피할 유인을 증대시켰다고 볼 수 있다. 그리고 이러한 유인은 보수층 유권자들이 상대적으로 기권 또는 차선의 대안에 투표하는 데 기여하였을 것으로 보인다. 또한 차선의 후보를 선택했을수록 기존의 지지의향과 실제 투표한 후보가 상이했을 것을 함의한다.

위와 같은 전략투표행태를 경험적으로 측정하기 위해 여기서는 다음과 같은 측정방법을 활용하였다. 우선 유권자의 자기규정적(*self-identified*) 이념 성향과 유권자가 평가한 각 후보의 이념 성향 차(*difference*)의 절댓값을 구하고, 절댓값이 가장 적은 후보를 가장 선호하는 후보로 간주하였다. 다음으로 대선 당일 투표한 후보가 유권자의 이념 성향상 가장 선호하는 후보가 아닌 경우를 전략투표의 사례로 간주하여 1로 코딩하였으며, 그렇지 않은 사례를 0으로 코딩하였다. 이와 같은 측정방법에 따르면, 281명의 보수층 응답자 가운데 65.5%에 해당하는 184명은 전략투표를, 나머지 97명은 진정 선호(*sincere preference*)에 따라 가장 선호하는 후보를 선택한 것으로 나타났다. 이와 같은 측정결과는 이론적 논의를 통해 드러나듯이 이번 대선에서 과반 이상의 보수층이 사표를 방지하려는 심리를 강하게 느꼈다는 점을 알 수 있다. 이와 같은 집합 수준의 전략투표 현상이 개인 수준에서도 특정 후보에 대한 지지의향과 지지행태의 일치 또는 불일치에 기여하였는지를 알아보기 위하여 위와 같이 측정된 변수를 '전략투표'로 명명하고 아래와 같은 가설을 통해 그 효과를 검증한다.

가설 2: 전략투표의 효과

보수층 유권자를 비교하는 경우, 이념적으로 최근접 거리의 후보를 선택하지 않은 유권자는 그렇지 않은 유권자에 비해 선거 이전 후보자 지지의향과 선거 당일 후보자 지지행태가 불일치할 경향이 강하다.

마지막으로 이 연구에서 주목한 독립변수는 제 19대 대선의 맥락적 특수성을 반영한, 대통령 탄핵에 대한 유권자의 평가이다. 특히 시기상 대통령의 탄핵 이후 몇 개월 후 대선이 이루어졌기 때문에 탄핵과정에서 특정 정당에 대한 유권자의 지지 선호가 불안정하게 되는 변화를 겪었는지를 고려하였다. 그리고 탄핵과정에서 이러한 유권자의 변화를 측정하기 위해 "최순실 사태 직전에 지지하던 정당은 무엇이었습니까?"라는 질문에 대한 응답과 "선생님께서는 다음 중 어느 정당을 지지하십니까"라는 질문에 대한 응답의 일치 여부를 고려하였다. 다시 말해 최순실 사태 직전에 지지하던 정당과 현재 지지하는 정당이 일치하는 경우 대통령의 탄핵으로 통해 자신의 정당 지지 또는 정치적 선호가 불안정하게 변하지 않은 경우로 간주하고 0으로 코딩하였으며, 서로 상이한 정당을 지지한 것으로 나타난 경우를 해당 유권자의 정치적 선호가 불안정하게 변한 것으로 간주하여 1로 코딩하고 '탄핵과 정당 지지'라는 변수로 명명하였다. 자료에 따르면 보수층 유권자 가운데 지지정당을 유지한 경우가 275명의 보수층 응답자 가운데 62.6%인 172명, 지지정당이 변한 경우가 37.5%인 103명이었다. 이러한 변수를 활용하여 탄핵이 유권자의 지지의향과 투표행태의 일치 여부에 미친 영향과 관련된 가설은 다음과 같이 제시할 수 있다.

가설 3: 탄핵 효과

보수층 유권자를 비교하는 경우, 최순실 사태를 전후하여 지지정당을 변경한 유권자는 그렇지 않은 유권자에 비해 선거 이전 후보자 지지의향과 선거 당일 후보자 지지행태가 불일치할 경향이 강하다.

4. 제 19대 대선에서 보수층의 후보 지지에 대한 안정성

여기서는 앞의 세 가지 주요 독립변수가 보수층 유권자의 후보 지지에 대한 안정성에 미치는 영향력을 로지스틱 회귀분석을 이용하여 검증하고자 한다. 로지스틱 회귀분석은 종속변수가 지지의향과 투표행태가 일치한 사건을 의미하는 1과 그렇지 않은 사건을 의미하는 0의 값을 갖는 변수에 대하여, 다양한 요인들이 사건을 발생시키지 않을 가능성에 비해 사건을 발생시킬 가능성의 비율에 미치는 영향력을 검증하는 확률 모형이다. 회귀분석은 세 가지 주요 독립변수와 관련된 각각의 모형과 세 변수의 영향력을 동시에 고려한 통합 모형에 활용하였다. 또한 각각의 모형에는 보수층 유권자의 성별, 연령, 자산, 이념과 정당일체감의 영향력만을 통제변수로 활용하였다. 일반적으로 이용되는 소득의 변수를 통제하지 않고 자산을 활용한 이유는 소득이 은퇴와 함께 감소하면서 실제 상당한 자산을 소유한 중산층 이상의 개인들이 월별 소득에 대해서는 오히려 낮게 보고하는 오류를 해소하기 위함이다. 또한 설문조사 자료의 한계로 인해 여기서는 유권자의 선거행태에 영향을 미치는 주요 요인 가운데 후보자의 인물적 요인과 정책적 요인의 효과는 고려하지 않는다.

〈표 2-2〉의 세 가지 모형과 통합 모형의 분석 결과는 우선 세 가지 주요 독립변수 가운데 TV토론회와 같은 선거캠페인의 영향력이 가장 크다는 점을 보여 준다. 각 모형의 로그우도는 값이 클수록 해당 모형의 설명력이 높다는 점을 의미한다. 세 모형을 비교할 때, 동일한 수의 변수를 각 모형에 포함하기 때문에 로그우도값의 상대적 비교만으로도 어느 모형의 설명력이 높은지를 알 수 있다. 선거캠페인 모형 분석 결과는 해당 모형이 상대적으로 다른 두 모형에 비해 높은 로그우도값을 지닌, 설명력이 높은 모형임을 보여 준다. 사실 선거캠페인 모형의 이와 같은 강한 설명력은 'TV토론회 평가'라는 선거캠페인의 한 측면을 측정한 변수가 지닌 강한 영향력 때문이다. 'TV토론회 평가' 변수는 가설 1에서 제시한 것과 마찬가지로 음(-)의 회귀계수를 통해, TV토론회가 지지후보를 변경할 정도로 강한 영향력을 미쳤다고 평가하는 보수층 유권자일수록 이번 대선에서 특정 후보에 대한 지지 의향

〈표 2-2〉 후보에 대한 지지의향과 지지행태의 일치 여부

종속변수 일치 = 1 불일치 = 0	전략투표 모형		선거캠페인 모형		탄핵 모형		통합 모형	
	회귀계수 (오차)	승산비	회귀계수 (오차)	승산비	회귀계수 (오차)	승산비	회귀계수 (오차)	승산비
나이	-0.14 (0.12)	0.87	-0.26 (0.14)*	0.77	-0.15 (0.12)	0.86	-0.24 (0.15)	0.79
성별	0.21 (0.31)	1.23	0.21 (0.36)	1.23	0.19 (0.30)	1.21	0.09 (0.37)	1.10
자산	0.02 (0.08)	1.02	-0.01 (0.09)	0.99	0.03 (0.08)	1.03	0.01 (0.10)	1.01
이념	0.17 (0.12)	1.19	0.33 (0.13)**	1.40	0.27 (0.11)**	1.31	0.26 (0.14)*	1.30
더민주당	0.80 (0.47)*	2.22	0.64 (0.54)	1.89	0.39 (0.46)	1.48	0.96 (0.57)*	2.62
자유한국당	-0.80 (0.45)*	0.45	-0.29 (0.51)	0.75	-1.04 (0.49)**	0.35	-0.60 (0.59)	0.55
국민의당	1.33 (0.65)**	3.78	1.30 (0.72)*	3.67	1.47 (0.65)**	4.34	1.48 (0.76)*	4.38
바른정당	-1.03 (0.57)*	0.36	-0.78 (0.64)	0.46	-1.02 (0.56)*	0.36	-0.97 (0.69)	0.38
정의당	0.19 (0.65)	1.21	-0.03 (0.73)	0.97	0.02 (0.65)	1.02	0.14 (0.76)	1.14
전략투표	1.14 (0.35)**	3.12					1.06 (0.42)**	2.89
TV토론회 평가			-2.69 (0.41)**	0.07			-2.78 (0.43)**	0.06
탄핵과 정당 지지					-0.75 (0.37)**	2.11	-0.30 (0.43)	0.74
상수	-0.95 (1.06)		-0.71 (1.18)		-0.83 (1.06)		-0.35 (1.25)	
분석대상	240		232		242		230	
로그우도	-140.4		-112.8		-145.6		-105.7	

* p < 0.1, ** p < 0.05

과 달리 실제 선거일에 다른 후보를 선택하는 경향이 있었음을 보여 준다. 그리고 이러한 효과는 전략투표 유인과 탄핵의 특수성을 통제한 통합 모형에서도 여전히 강하게 나타난다.

둘째, 탄핵 모형의 '탄핵과 정당 지지' 변수는 매우 흥미로운 결과를 보여 준다. 해당 변수는 이번 대선을 가져온 최순실 사태로 인해 정당에 대한 기존의 지지가 흔들린 유권자들이 이번 대선 과정에서 과연 특정 후보를 일관되게 지지했는지를 검증하기 위한 것이었다. 탄핵 모형에서 해당 변수의 음(-)의 회귀계수는 최순실 사태로 인해 정당에 대한 기존의 지지를 변경한 보수층 유권자일수록 이번 대선에서 특정 후보에 대해 지지의향과 지지행태가 상이했다는 점을 의미한다. 따라서 회귀계수의 방향은 가설 3에서 제시한 것에 부합하다는 점을 알 수 있다. 그러나 통합 모형에서 해당 변수의 통계학적 유의미성이 사라지고 있다는 점은, 이번 제 19대 대통령선거를 다른 시기의 대통령선거와 전적으로 상이한 성격을 지닌 특수한 선거로 취급하게 했던 최순실 사태가 유발한 정당 지지에 관한 유권자의 불안정성이 실제 선거과정을 거치면서 특정 후보에 대한 지지의향을 이후 실제 투표일 투표과정에서 변경할 정도로 강한 영향력으로 발현되지 않았다는 점을 보여 준다.

셋째, 보수층 유권자들의 전략투표 가능성 역시 매우 흥미로운 부분이었다. 분석 결과는 가설 2의 예측에 부합한다. 양(+)의 회귀계수는 전략투표를 하지 않고 이념적으로 가장 선호하는 후보를 뽑은 보수층 유권자일수록 이번 대선에서 특정 후보에 대한 지지의향이 선거일 당일에도 동일한 후보에 대한 투표로 발현했다는 점을 보여 준다. 또한 통합 모형을 살펴보면, 이와 같은 전략투표를 하려는 행위 유인의 영향력은 선거캠페인의 효과와 탄핵의 특수성이 지닌 효과를 통제한 이후에도 통계학적으로 유의미하다. 구체적으로 전략투표의 회귀계수가 보이는 2.89라는 승산비는 전략투표를 하지 않은 보수 유권자와 전략투표를 한 보수 유권자를 비교할 때, 전략투표를 하지 않은 보수 유권자가 특정 후보에 대한 지지의향과 지지행태가 일치할 확률이 전략투표를 한 보수 유권자가 동일한 행태에 대해 지닐 확률의 2.89배에 해당한다는 것이다.

위와 같은 주요 변수 이외에도 정당일체감과 관련하여 흥미로운 점은 자유한국당과 바른정당에 대해 정당일체감을 지닌 유권자들은 음(-)의 회귀계수를 보인다는 점이다. 이는 자유한국당 또는 바른정당에 정당일체감을 지닌 보수 유권자는 그렇지 않은 유권자에 비해 이번 대선에서 선거 초기에 지지하고자 했던 후보와는 다른 후보를 선거 당일 투표했을 가능성이 높다는 점을 함의한다. 이는 상당한 보수층 유권자가 홍준표 후보에게 투표했다는 점을 고려할 때, 선거 초기 다른 후보에 대한 관심이 점차적으로 홍준표 후보에 대한 투표로 귀결되었을 가능성을 내포한다.

그러나 〈표 2-2〉의 로지스틱 회귀분석의 회귀계수들은 사건의 발생 확률과 미발생 확률의 비율을 보여 주는 것이기 때문에 그 의미가 내용적으로 쉽게 이해되지 않는 경향이 있다. 따라서 여기서는 통합모형의 분석결과를 활용하여 두 가지 주요 독립변수가 지지의향과 투표행태가 일치할 확률에 미치는 한계 효과(*marginal effect*)를 그림으로 제시한다. 〈그림 2-2 A〉는 보수층 유권자 가운데 TV토론회를 시청한 후 영향을 강하게 받은 유권자와 그렇지 않은 유권자 각각이 이념적으로 더욱 보수화될수록 특정 후보에 대한 지지의향과 투표행태가 일치했을 확률의 변화를 보여 준다. 또한 〈그림 2-2 B〉는 보수층 유권자 가운데 최순실 사태로 인해 지지정당을 변경한 경험이 있다는 유권자와 그렇지 않은 유권자 각각이 이념적으로 더욱 보수화될수록 특정 후보에 대한 지지의향과 투표행태가 일치했을 확률의 변화를 보여 준다.

우선 〈그림 2-2 A〉의 선거캠페인 효과를 살펴보면, 보수층 유권자 가운데 TV토론회 시청 이후 강한 영향력을 받은 경우와 그렇지 않은 경우의 차이가 이번 대선에서 특정 후보에 대한 지지의향과 실제 투표행태가 일치했을 확률에 미치는 효과가 큰 차이가 있음을 알 수 있다. 보수 성향의 유권자를 대상으로 한 분석이기 때문에 이념 성향을 나타내는 x축에서 상대적으로 보수 성향이 강하지 않은 것을 의미하는 6점과 극단적 보수 성향을 의미하는 10점을 기준으로 비교하면, TV토론회로부터 강한 영향력을 받은 보수층 유권자는 지지의향과 지지행태가 일치했을 확률이 두 경우 모두 0.1%이하였음을 보여 준다. 이에 비해 TV토론회로부터 약한 영향력을 받은 보수층 유권자는 상대적으로 약한 보수층인 경우 0.35% 정도, 극단적 보수층인 경우 0.45% 정도의 확률로 특정 후보에 대한 지지의향과 지지행태가 일치했을 것임을 보여 준다. 다시 말해, TV토론회는 특정 후보에 대한 보수층 유권자의 지지의향과 지지행태를 일치시키는 데 유의미한 영향력을 미쳤을 뿐 아니라 그러한 영향력이 보수적 이념 성향이 강화될수록 더욱 커졌다는 것을 함의한다.

〈그림 2-2 B〉의 최순실 사태로 인한 지지정당 변경의 경험이 이번 대선에서 보수층 유권자들의 특정 후보에 대한 지지의향과 지지행태의 일관성에 미친 영향력을 살펴보면, 선거캠페인의 효과보다는 미비

〈그림 2-2〉 선거캠페인과 탄핵이 지지의향과 투표행태의 일관성에 미치는 효과

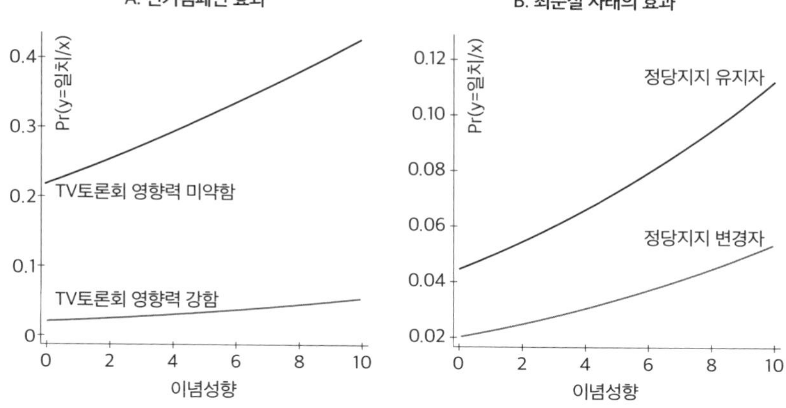

한 효과가 있었음에도 불구하고 선거캠페인의 효과와 유사하게 지지정당을 변경한 경험이 있었던 유권자와 그렇지 않은 유권자 사이에 유의미한 차이가 관찰된다. 선거캠페인 효과의 그림에 대한 해석과 유사하게 이념 성향을 나타내는 x축에서 상대적으로 보수 성향이 강하지 않은 것을 의미하는 6점과 극단적 보수 성향을 의미하는 10점을 기준으로 비교하면, 최순실 사태로 인해 지지정당을 변경한 경험이 있는 유권자는 지지의향과 지지행태가 일치했을 확률이 각각 0.04와 0.06%에 근접한 수치를 보인다. 이에 비해 최순실 사태로 인해 지지정당을 변경한 경험이 없는 보수층 유권자는 각각 0.08과 1.1% 정도로 특정 후보에 대한 지지의향과 지지행태가 일치했을 것임을 보여 준다. 이는 이번 대선에서 최순실 사태 및 대통령 탄핵이 특정 후보에 대한 보수층 유권자의 지지의향과 지지행태가 일치시키는 데 유의미한 영향력을 미쳤을 뿐만 아니라 그러한 영향력이 보수적 이념 성향이 강화될수록 더욱 커졌다는 것을 함의한다.

5. 결론

이 연구는 제 19대 대통령선거에서 보수 성향의 대통령이 탄핵됨으로써 겪게 된 보수 성향 유권자들의 선거행태를 분석하였다. 특히 선거과정을 통해 지지하고자 했던 후보자에 대한 지지의향이 최종적으로 선거 당일 투표행태로 이어졌는지를 살펴보았다. 정치학 이론은 일반적으로 후보자의 인물, 정책, 그리고 유권자의 정당일체감 등이 선거과정에서 유권자들이 특정 후보를 안정적으로 지지하는 데 영향력이 있음을 주장한다. 이에 반해 선거과정에서 각 후보들에 의해 이루어지는 선거캠페인이나 유권자 개개인이 직면한 전략적 상황으로부터 발생하는 행위 유인 등은 때때로 유권자 개인들의 지지의향에 변화를 가져오고 투표일에 원래 지지하던 후보와는 다른 후보를 선택하는 데 기여한다. 이번 대선은 특히 최순실 사태부터 대통령의 탄핵까지 일련의 사건이 발생하면서 보수층 유권자들에게 선거 초반 특정 후보에 대한 확고한 지지 성향을 형성하기 어려운 배경을 제시하였다. 따라서 다른 유권자들과 비교할 때는 물론이고 보수층 유권자 내에서도, 대통령의 탄핵 또는 최순실 사태를 통해 어떤 경험을 발전시켰는가에 따라 특정 후보를 일관되게 지지하거나 그렇지 못한 차이가 발생했을 것을 예상해 볼 수 있었다.

이 연구는 이와 같이 제 19대 대통령선거에서 보수층 유권자가 직면한 선거 국면에 관심을 두고 보수층 유권자들이 지닌 특정 후보에 대한 지지의향과 투표행태 사이의 일치 여부를 분석하였다. 분석 결과, 최순실 사태로 인해 지지정당의 불안정성을 경험한 유권자들은 예상만큼 이번 대선과정에서 특정 후보에 대한 지지의향과 지지행태가 상이했던 것은 아니었음을 보여주었다. 최순실 사태에 의해 특정 정당을 계속 지지할 것인가에 대해 회의를 지녔던 유권자와 그렇지 않았던 유권자는 실제 대선에서 어떤 후보를 지지해야 할 것인가의 문제에서 약간의 차이를 보였던 것은 사실이다. 다시 말해 최순실 사태로 인해 특정 정당을 계속 지지할 것인가에 대해 회의를 지녔던 유권자들이 이번 대선과정에서 상대적으로 한 후보를 일관되게 지지하지 않은 것이다. 그러나 이러한 행태는 전략투표 유인이나 선거캠페인의 효과를 동시에 고려할 경우 오히려 유의미성이 사라졌다. 전략투표 유인이나 선거캠페인과 같은 일상적인 선거과정이 선거의 시작을 가져왔던 최순실 사태보다 유권자의 후보 선택에 더욱 강하고 유의미한 영향력을 주었던 것이다.

특히 흥미로운 점은 보수층 유권자들이 이번 대선에서 보수 성향의 후보에 대한 투표의 정당성이 약했기 때문에 사표 방지의 측면에서 중도 성향의 후보에게 전략적으로 투표했을 것이라는 일반적인 예상에 상당히 부합되는 결과일 뿐 아니라 흔들리던 보수 성향 유권자들이 TV토론회로부터 상당한 영향력을 받았음을 보여 주는 결과라는 점이다. 전자의 분석 결과는 최근 한국 유권자의 선거행태가 지역 중심의 선거행태에서 벗어나 이념, 세대가 집합 수준에서 차별성을 보이는 주요한 요인으로 등장하고 있다는 점과 밀접한 연관을 지닌다. 왜냐하면 이와 같은 결과는 한국의 보수층 유권자가 이념적 성향을 기준으로 차선의 후보를 선택하는 경험적 사례를 보여 주고 있기 때문이다. 또한 후자의 분석 결과는 TV토론회를 통해 갱신된 후보자에 대한 정보가 유권자에게 미치는 영향은 동질적이지 않다는 기존의 연구결과에 부합한다. 다시 말해 후자의 분석결과는 진보 성향의 유권자와 비교할 때 상대적으로 보수 성향의 유권자가 이번 대선에서 TV토론회의 영향을 더욱 강하게 받았음을 함의한다.

참고문헌

구본상. 2016. "서베이 기반 정치 엘리트 이념 측정 방식에 대한 비판적 고찰: 국회의원 이념지수 측정 사례", 〈한국정치학회보〉 50(4), 127~150.

한정훈. 2016. "한국 유권자의 이념 성향: 통일의 필요성 인식에 미치는 효과에 관한 사례 분석", 〈한국정치학회보〉 50(4), 105~126.

Ansolabehere, S., Iyengar, S., Simon, A., & Valentio., N. 1994. "Does Attack Advertising Demobilize the Electorate?", *American Political Science Review*, *88*(4), 829~838.

Benoit, W. L., McKinney, M. S., & Holbert, R. L. 2001. "Beyond learning and persona: Extending the scope of presidential debate effects", *Communication Monographs*, *68*(3) 259~273.

Brody, R. A., & Page, B. L. 1972. "Comment: The assessment of policy voting", *American Political Science Review*, *66*(2), 450~458.

Cain, B., Ferejohn, J., & Fiorina, M. 1987. *The Personal Vote: Constituency Service and Electoral Independence*. Cambridge: Harvard University Press.

Campbell, A., Converse, P. E., Miller, W. E., & Stokes, D. E. 1960. *The American Voter*. New York: Willey

Duverger, M. 1954. *Political Parties: Their Organization and Activity in the Modern State*. New York: Willey.

Fiorina, M. P. 1992. "An era of divided government", *Political Science Quarterly*, *107*(3), 387~410.

Gschwend, T. 2007. "Ticket splitting and strategic voting under mixed electoral rules: Evidence from Germany", *European Journal of Political Research*, *46*(1) 1~23.

Lang, G., & Lang, K. 1984. *Politics and Television Re-viewed*. Beverly Hills: Sage Publication.

| 3장 |

콘크리트 보수의 균열

스윙 보수층의 등장 원인과 결과

정한울 · 강우창

1. 콘크리트 보수층은 무너졌는가?

2017년 제19대 대통령선거는 몇 가지 점에서 이전 선거에서 찾아보기 힘든 중요한 특징과 함의를 가진다. 이번 선거는 한국 민주주의 역사상 첫 대통령 탄핵으로 예정보다 약 7개월 앞당겨진 보궐선거였다. 대통령의 탄핵이 가결된 데에는 최순실 게이트가 불거진 2016년 10월 말부터 2017년 3월 헌법재판소의 탄핵 인용 결정까지 매주 열린 촛불시위에 연인원 1,500만 명의 넘는 시민의 참여가 있었다. 이 과정에서 대통령 지지율이 한 자릿수 대로 떨어지고 분당 이전 새누리당 지지율 역시 10%대까지 하락했다. 보수층의 지지 이탈이 두드러졌던 선거였다.

이러한 보수층의 이탈은 보수 정당 및 지지자들의 균열로 이어졌다. 19대 대선은 2000년대 이후 야권은 물론 보수 진영 역시 유의미하게 분열된 조건에서 치러진 첫 선거였다는 점도 주목할 만하다. 그 결과 보수 본류를 자처하는 홍준표 자유한국당 후보는 최종 결과에서 24%라는 역대 최저 득표율을 기록했다. 1987년 직선제 개헌 이후 이번 선거 이전까지 민자당-신한국당-한나라당-새누리당으로 이어진 보수 정당 후보가 40% 이하의 득표율을 기록한 것은 보수 후보가 당시 여당인 한나라당 이회창 후보와 탈당한 무소속 이인제 후보로 분열했던 1997년 선거가 유일했다.

19대 대선에서 홍준표 후보는 득표율이 20%대까지 떨어졌을 뿐 아니라 특히 보수의 지역기반이라고 할 수 있는 영남지역에서조차 과반 득표에 실패했다. 이는 정치권과 언론에서 통념처럼 자리 잡은 이른바 '보수로 기울어진 운동장'론과 '콘크리트 보수층'론에 근본적인 균열이 발생했음을 의미한다. 한국 선거정치 분석과 이론화 과정에 중요한 함의를 던져 주는 일대 사건이다(〈표 3-1〉).

그러나 이러한 해석에 대한 반론도 만만치 않았다. 탄핵 인용 결정 이후에 탄핵 찬성 촛불집회의 동력은 급격하게 하락한 반면 대통령 탄핵에 반대하는 이른바 태극기집회에 보수층 결집 현상이 두드러졌다. 또한 노골적으로 보수 표심을 자극하며 선거에 임한 홍준표 후보의 막판 선전을 두고 보수층의 재결집론이 공공연하게 유포되기도 했다.[1)]

관점과 기준에 따라 보수층의 균열론과 재결집론이 맞섰던 것이 사

---

1) 최순실 게이트 정국하에서의 박근혜 대통령 탄핵을 위한 촛불시위 참여 정국과 이후 선거 국면에서의 여론 변동에 대해서는 정한울(2016a; 2017)을 참조할 것. 태극기 집회의 참여자의 경우 탄핵 인용 결정 전까지 주최 측의 참가자 수 과대 발표가 이어지면서 경찰 측에서 논란을 없애기 위해 아예 공식 발표 자체를 중단했다. 탄핵 인용 이후에는 태극기집회 참가자의 급증이 체감되었고 촛불집회 참가자와 태극기집회 참가자 규모의 역전이 있었던 것으로 알려졌지만, 태극기 집회 주최 측의 과도한 과장 발표로 인해 공신력 있는 통계는 확인하기 어렵다.

〈표 3-1〉 보수 정당 대통령 후보의 최종 득표율

연도	1987(13대)	1992(14대)	1997(15대)	2002(16대)	2007(17대)	2012(18대)	2017(19대)
후보 정당 (득표율)	노태우 민주정의당 (36.6%)	김영삼 민주자유당 (42.0%)	이회창 한나라당 (38.7%)	이회창 한나라당 (46.6%)	이명박 한나라당 (48.7%)	박근혜 새누리당 (51.6%)	홍준표 자유한국당 (24.0%)
유력 경쟁 후보 (3% 이상)	김영삼 통일민주당 (28.0%) 김대중 평화민주당 (27.0%) 김종필 공화[1] (8.1%)	김대중 민주당 (33.8%) 정주영 통일국민당 (16.3%) 박찬종 신정당 (6.4%)	김대중 국민회의 (40.3%) 이인제 국민신당 (19.2%)	노무현 민주 (48.9%) 권영길 민주노동당 (3.9%)	정동영 통합신당 (26.1%) 이회창 무소속 (15.1%) 문국현 창조한국당 (5.8%) 권영길 민주노동당 (3.0%)	문재인 민주통합당 (48.0%)	문재인 더민주당 (41.1%) 안철수 국민의당 (21.4%) 유승민 바른정당 (6.8%) 심상정 정의당 (6.2%)
등록 후보 수	8	8	7	7	10	6	13
투표율	89.2%	81.9%	80.7%	70.8%	63.0%	75.8%	77.2%

주: 1) 정당명 약칭: 공화(신민주공화당), 국민회의(새정치국민회의), 민주(새천년민주당), 통합신당(대통합민주신당), 더민주당(더불어민주당).

출처: 중앙선거관리위원회

실이다. 2017년 대선에 나타난 유권자의 표심과 선거정치에 미친 영향을 분석함에 있어 보수층의 표심 변동이야말로 그 출발점이 된다는 것을 의미한다. 민주화 이후 대선의 핵심 쟁점은 결집된 보수 정당 지지층에 맞서 야권 지지층이 얼마나 결집할 것인가에 맞춰졌던 이전 선거와 달리 이번 선거에서는 보수층이 '상수'가 아닌 선거결과를 좌우한 '변수'였다는 점에는 큰 이견이 없을 것이다.

이 글은 2017년 5월에 치른 19대 대선에서 나타난 보수 정당 지지층의 균열의 원인과 그 정치적 함의를 살펴보는 것을 목적으로 한다. 보수 정당 지지층의 균열 원인과 균열이 가져온 정치적 효과를 제대로 이해하기 위해서는 우리는 다음과 같은 질문에 대한 답변을 필요로 한다.

- 스윙 보수층은 누구이며, 실제 얼마나 이탈하고 얼마나 재결집이 이루어졌는가?
- 이탈한 스윙 보수층의 정당 지지와 투표 표심은 어떻게 변화했는가? 이들이 무당파로 이동했는가(*demobilization*), 아니면 경쟁정당 지지자로 개종하거나 대선에서 상대당 후보에게 투표할 정도로 변심했는가(*conversion*)?
- 이들의 이탈과 투표선택에 영향을 미친 요인은 무엇이며, 반대로 보수 정당 지지를 유지한 잔류자나 복귀파와는 어떤 차이가 있는가?

이러한 질문에 답변하기 위해서는 우선, 과연 이번 대선에서 보수 정당 지지기반이 얼마나 이탈하고 얼마나 지지를 유지했는지에 대한 실증적인 검증이 필요하다. 국회 탄핵 결정을 두고 230만 명의 인파가 촛불시위에 몰리고, 그 과정에서 새누리당이 자유한국당과 바른정당으로 분열하는 정국에서 보수의 균열은 기정사실처럼 보였다. 그러나 이후 태극기집회에 보수층의 결집이 이루어지고, 홍준표 후보 지지율이 급상승하는 과정에서 '보수층의 재결집' 경향이 일부 나타난 것이 사실이다. 영남 및 고연령 세대, 이념적 보수층에서 홍준표 후보의 지지율 상승 현상이 나타나면서 '콘크리트 보수층'론도 재기하는 양상을 보여 주었다.

다음으로 선거결과의 변수로 보수 정당 지지기반의 이탈이 발생했다면 무엇보다 '보수 정당 지지 유지층'(*consistent conservatives*)과 '보수 정당 지지 이탈층'(*swing conservatives*, 이 글에서는 '스윙 보수층') 사이의 차이가 무엇인지에 대한 규명이 중요하다. 우선, 이들의 대선 지지 변동의 방향에서 나타나는 차이가 존재하는지, 즉 지지 이탈층의 표심이 반대 당 지지로까지 이어졌는지〔이른바 개종(*conversion*) 효과〕, 아니면 무당파로 정당 지지로부터의 이탈(*demobilization*)하는 데 그친 것인지 살펴볼 필요가 있다. 정당 지지의 근본적인 재편(*critical election*) 여부의 가능성에 주목하지 않을 수 없다(Darmofal & Nardulli 2010; Hawley & Sagarzazu 2011; Norpoth & Rusk 2007).

여기서 기존 보수 정당 지지층의 투표선택에서 지지 유지와 이탈을 가져온 요인이 무엇인지에 대한 확인도 중요하다. 스윙 보수층의 이탈이 이념적 정체성과 같은 장기적인 투표 결정 요인의 변동에서 비롯된 것이라면 이번 선거에서 나타난 정당-유권자 지지 재편(*party-electorate realignment*)은 장기적이고 구조적인 변동으로 해석할 수 있을 것이다. 반대로 보수층의 이탈 요인이 '최순실 게이트'와 같은 단기적인 요인에 영향을 받은 것이라면 일시적, 점진적 재편 현상으로 이해할 수 있다(이내영·정한울 2007; Abramowitz & Sanders 1998; Key

1955; Önnudóttir et al. 2017; Silver 2015).

이러한 질문에 답하기 위해 이 장에서는 보수층의 이탈 추이를 집합적 차원에서 살펴보고(2절), EAI·한국리서치의 패널조사를 기본 분석 데이터로 하여 개인적 수준에서의 정당 지지 재편 현상을 분석한다(3절). 이어 이들 사이의 사회경제적 배경과 정치적 태도의 차이를 분석함으로써 이들 사이의 차이를 가져온 요인을 분석하고 투표행태에 미친 영향을 분석한다(4절). 마지막 절에서는 분석결과를 종합하고, 향후 한국 정당체제 및 선거 지형에 미치는 영향에 대한 함의를 정리한다.

2. 콘크리트 보수층의 균열 과정: 스윙 보수층의 등장과 표심 이동

1) 콘크리트 보수층 균열의 전조: 20대 총선에서의 지지율 하락과 복원

사실 '콘크리트 보수층' 가설의 균열 조짐은 2016년 4월 20대 총선과정에서 나타난 바 있다. 당시 선거 당일까지 언론과 정치권에서는 기존의 보수층의 강한 응집력을 전제로 하여, 더불어민주당(이하 더민주당)과 국민의당으로 야권이 분열함으로써 당시 집권당인 새누리당의 어부지리 과반의석을 기정사실화하고 있었다. 친더민주당 성향의 언론인이나 정치인들은 새누리당이 180석에서 200석까지 얻을 것이라고 주장하며 패배의 책임을 야권의 분열에서 찾고자 하는 경향도 발견되었다(〈노컷뉴스〉 2016. 3. 30; 〈오마이뉴스〉 2016. 3. 27; 〈연합뉴스〉 2016. 3. 30; 〈이데일리〉 2016. 4. 3; 〈한겨레신문〉 2016. 3. 30; 2016. 4. 10; JTBC 2016. 4. 7). 물론 당시에도 새누리당 지지율의 급락과 정권 심판론의 상승, 1인 2표의 분할투표 효과 등에 주목하며 새누리당 과반의석이 쉽지 않다는 주장도 있었지만, 소수의견에 불과했다(〈한국일보〉 2016. 4. 8; 정한울 2016a; 2016b; 2016c; 2016d).

〈그림 3-1〉을 보면, 총선 직후 조사(4월 15~16일)에서 새누리당 지지율은 26.2%까지 떨어지며 2당으로 전락했고, 30.0%를 기록한 더민주당이 1당, 19.5%를 기록한 국민의당이 만만치 않은 3당으로 올라섰다.[2] 그러나 새누리당 지지층의 이탈 현상은 일시적 현상으로 간주되었고, 대선에서는 다시 재결집할 것이라는 전망이 지배적이었다. 실제로 총선을 거치면서 2당으로 전락했던 새누리당은 불과 몇 개월 지나지 않아 1당의 위치를 회복했다. 잠시 수위를 차지했던 더민주당이나 총선의 비례의석에서 선전하며 강한 제 3 정당으로 떠올랐던 국민의당 지지율은 최순실 게이트가 발생하기 전까지 총선 이전 수준으로 회귀하는 양상을 보여 주었다. 9월 조사결과를 보면 새누리당은 30% 중반대의 지지율을 회복했고, 더민주당보다 10%p 이상 앞서고 있었다.

새누리당 지지율 복원의 주역은 이탈했던 '콘크리트 보수층'의 재결집에 있었음은 주지의 사실이다. 포스트 박근혜 대안이 뚜렷하게 없

2) 2016년 4월 15~16일에 실시한 〈한국일보〉·한국리서치 조사에서 더민주당은 30.0%, 새누리당은 26.2%, 국민의당이 19.5%의 정당 지지율을 기록했다. 2주 전인 3월 29~30일 조사에서는 새누리당 30.9%, 더민주당 22.7%, 국민의당 11.8%였다. 총선 국면 전인 2월 21~23일 조사에서는 새누리당 38.3%, 더민주당 15.9%, 국민의당 7.1%에 그쳤다.

〈그림 3-1〉 20대 총선에서 19대 대선까지의 정당 지지율 변화

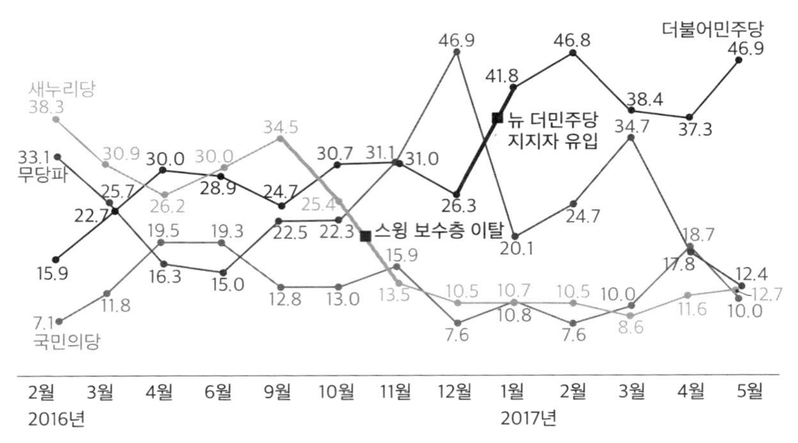

출처: 〈한국일보〉 · 한국리서치(2016년 2월 21~22일, 3월 29~30일, 4월 15~16일, 6월 5~6일, 10월 25~26일, 12월 9~10일, 2017년 2월 24~25일, 4월 24~25일), 〈한겨레〉 · 한국리서치(2016년 10월 25~26일), 〈서울신문〉 · 한국리서치(2017년 3월 10~11일), 〈조선일보〉 · 미디어리서치(2016년 9월 23~24일), KBS · 미디어리서치(2016년 11월 26~27일).

었던 보수층에게 장외에 있던 반기문 UN사무총장은 보수의 재집권을 이루어 줄 다크호스였고, 적지 않은 중도층이 호응하면서 역시 최순실 게이트 이전까지 각종 여론조사에서 대세 후보로 자리 잡았다(정한울 2017).

2) 스윙 보수층의 등장과 보수층의 균열

총선 후 복원된 보수 정당 지지층에서 근본적인 균열이 일어난 것은 역시 최순실 게이트와 박근혜 대통령 탄핵 정국을 거치면서였다. 다시 〈그림 3-1〉을 보면 2016년 9월 조사에서 34.5%의 정당 지지율을 기록했던 새누리당은 10월 24일 JTBC의 '태블릿 PC' 보도를 계기로

대통령 지지율과 정당 지지율이 급락하여 12월 9일 박근혜 대통령에 대한 탄핵소추안이 국회에서 가결된 시점에서는 10%대까지 떨어졌다(두꺼운 선). 촛불시위가 불붙기 시작한 11월로 접어들면서 최순실 게이트 전 새누리당 지지자의 70%가량이 지지를 이탈한 셈이다. 대부분의 조사에서 대통령 지지율은 한 자릿수로 떨어졌다. 새누리당 지지를 뒷받침하던 5060세대, 영남, 이념적 보수의 이른바 '콘크리트 보수층'이 3분의 1로 감소하고 정당 지지에서 이탈한 '스윙 보수층'(*swing conservatives*)이 탄생한 셈이다. 이 시기 이탈한 보수 정당 이탈층은 선거가 끝날 때까지 온전히 복원되지 않았다.

이러한 보수 정당 지지층의 균열과정에는 무엇보다 촛불민심이 크게 작용했다. 10월 29일 첫 촛불집회에 2만여 명이 참석한 이래 11월 12일 3차 촛불집회에 전국에서 100만 명이 참여했고, 12월 3일 6차 촛불집회에는 무려 232만 명이 거리로 나왔다.[3] 10월 24일 대통령의 임기 내 개헌 발표, 11월 2일 김병준 총리 내정 발표에 이어 이루어진 대통령의 세 차례의 대국민담화도 탄핵의 열기를 잠재우지 못했다.[4] 최순실 게이트와 대통령 탄핵소추안 가결과정에서, 1990년 민자당 합당으로 영남을 기반으로 한 보수 정당의 적통을 이어 온 보수 정당이 새누리당 잔류파인 자유한국당과 탄핵 가결에 찬성한 바른정당으로 분열하였다. 대선과정에서 이탈했던 바른정당 의원들 일부가 다시 자유한국당으로 복귀하기는 했지만, 영남을 기반으로 한 보수 정당의 본류가 분당에까지 이른 것은 이례적이다.[5]

---

3) 주최 측 추산 결과.

4) 국회 탄핵소추안 가결 이전까지 10월 25일(대국민 사과), 11월 4일(특검 수용), 11월 29일(임기단축 국회 위임) 등 세 차례의 대통령 담화가 이루어졌다.

3) 스윙 보수층, 어디로 갔을까?

정당 지지의 이동은 크게 ① 개종(*conversion*): 특정 정당 지지에서 다른 정당으로 지지 교체, ② 탈동원(*demobilization*): 특정 정당 지지에서 무당파로 이전, ③ 동원(*mobilization*): 무당파에서 특정 정당 지지로 전환하는 세 가지 경우로 나누어 볼 수 있다(Darmofal & Nardulli 2010; Kang & Jeong 2017). 이 글의 관심은 보수 정당 지지자의 이탈 방향에 관심을 두고 있기 때문에 크게 개종 효과와 탈동원 효과 두 차원을 집중적으로 검토하기로 한다. 〈그림 3-1〉의 집합적 차원에서의 정당 지지율 변화 추이를 보면 스윙 보수층의 지지 이전과 관련하여 중요한 시사점을 얻을 수 있다. 최순실 게이트와 탄핵 국면, 선거 예선 국면, 본선 국면별로 특징적인 변화가 나타난다.

(1) 최순실 게이트 및 탄핵소추안 가결 국면: 무당파 강세

그렇다면 이렇게 빠진 보수 정당 이탈층의 정당 지지 선호는 어떻게 변했을까? 보수 정당 지지율은 9월에서 12월 국회 탄핵소추안 가결 시점까지 급격하게 빠지고 이후로는 10% 전후로 안정화되었다. 이 시기에는 더민주당 지지율의 급격한 변동은 보이지 않는다. 대신 무당파

---

5) 1992년 통일국민당의 창당, 1995년 민자당 3당 연합에서 공화계가 이탈하여 자유민주연합 창당, 1997년 이인제 후보의 탈당과 무소속 출마, 2007년 이회창 전 한나라당 총재의 무소속 출마 등 보수 정당의 분열이 처음은 아니다. 그러나 이는 보수 정당 내 비주류 세력의 이탈로 볼 수 있으며, 이번 대선에서의 분열은 1990년 민자당 합당 이래 영남(TK + PK)을 기반으로 한 보수 정당의 본진이 분열한 첫 사례로 볼 수 있다.

규모의 증가 현상이 두드러진다. 12월 9~10일 탄핵소추안 가결 직후 조사에서 무당파 비율은 46.9%까지 치솟았고, 더민주당 지지율은 26.3% 수준에 그쳤다. 스윙 보수층의 상당수가 민주당이나 제 3 정당으로 변심(*conversion*) 하기보다는 무당파로 탈동원(*demobilization*) 되었음을 보여 준다.

(2) 선거 예선 국면: 뉴 더민주당 지지자의 부상

탄핵소추안 가결 이후에는 양상이 달라졌다. 무당파 비율이 급격히 줄면서 촛불시위 규모도 잦아들었을 뿐 아니라 더민주당 지지율이 수직 상승한 모습을 보여 준다. 민주당 경선과정에서 내부갈등이 심화되기 전까지 1~2월 시기에는 더민주당의 문재인, 안희정, 이재명 3강 후보가 대선 정국을 이끌면서 지지율이 46.8%까지 치솟고 대신 무당파 비율은 다시 20%까지 떨어졌다. 이전 20~30%대를 유지하던 민주당 고정 지지 규모를 감안하면 적지 않은 '뉴 더민주당 지지자'(*new democrats*) 들이 대거 유입되었음을 의미한다(〈그림 3-1〉의 두꺼운 선).

그러나 민주당 경선과정에서 이른바 3강 후보 간 갈등이 심화되고 4월 경선 후유증이 심각해졌다. 실제로 3월부터 더민주당 지지율은 다시 하락 추세로 돌아섰다. 4월 경선 이후 더민주당은 뉴 더민주당 지지자의 유입으로 확장된 지지율을 온전히 지키지 못하고 37~38%대 지지율로 주춤했다. 대신 무당파가 일부 늘어난 한편, 자강론을 내세우며 중도보수 성향의 유권자들 표심을 붙잡는 데 성공한 안철수 후보와 국민의당 지지율이 상승세를 탔다.

(3) 본선 국면: 국민의당 급락과 더민주당 지지율 회복

본선 국면에 들어와, 한때 문재인 후보와 대등한 경쟁을 펼치던 안철수 후보가 TV토론회를 거치고 더민주당의 네거티브 공세를 제대로 막아내지 못하면서 지지율이 급격하게 하락했고 국민의당 지지율도 동반 하락했다. 선거 직후 조사에서 더민주당 지지율이 46.9%까지 재상승했고, 국민의당과 무당파 비율은 다시 감소했다. 새누리당 지지율도 태극기 집회가 활성화되고 당 경선을 거치며 상승세로 돌아섰지만 여전히 10% 초반에 머물러, 이탈했던 스윙 보수층의 복원을 이루어 내는 데에는 실패했다.

이상으로 정당 지지율의 변화 패턴을 보면 탄핵 국면을 거치면서 형성된 스윙 보수층의 이탈 현상은 결과적으로 다시 재결집을 이루는 데에는 실패했던 것으로 보인다. 이것이 콘크리트 보수층을 자랑하던 보수 정당의 후보가 역사상 처음으로 24%의 지지율에 그친 핵심 요인으로 볼 수 있다. 탄핵소추안 가결 이전까지는 제도권 정치에 대한 불신으로 촛불시위가 강화되고 기존 정당들 지지율이 정체나 답보 상태에 그쳤지만, 탄핵소추안 가결로 불확실성이 약화되자 선거 국면으로 급격하게 이전되면서 정당 지지율이 무당파, 더민주당, 국민의당을 중심으로 부침을 겪었다. 이는 스윙 보수층이 무당파, 더민주당, 국민의당 사이를 오가며 정당 간 세력분포의 변화를 추동했음을 시사한다.

3. 패널조사로 본 스윙 보수층의 선택

1) 세 차례의 정당 지지 변동

앞에서는 집합적 데이터를 가지고 스윙 보수층의 규모를 살펴보고 이후 정당 지지율 변화를 통해 스윙 보수층의 지지 변화를 추측해 보았다. 그러나 이는 개인별 수준에서의 직접적인 지지 변화를 보여 주지는 않는다. 실제 개개인의 지지 변화를 파악하기 위해서는 동일 응답자를 대상으로 반복조사를 하는 패널조사가 최적의 방법이다. 이 절에서는 EAI·한국리서치의 2017 KEPS 대선 패널조사 결과를 토대로 개인별 수준에서의 정당 지지 변화를 분석한다.

2017년 EAI·한국리서치 패널조사는 4월 18~20일에 1차 조사(1,500명)를, 선거 직후인 5월 11일~14일에 2차 조사(1,157명)를 실시하였다. 1차 조사 시점의 정당 지지율은 더민주당 39.4%, 자유한국당 8.3%, 국민의당 16.3%, 바른정당 4.8%, 정의당 7.2%, 무당파 23.9% 순으로 나타났다. 선거 직후 2차 조사에서는 더민주당 지지율이 46.9%, 자유한국당 12.6%, 국민의당 10.0%, 무당파 23.9%로 나타났다. 하지만 촛불시위 이전 시점의 정당 지지율을 해당 시기에 조사한 결과는 없다. 이를 보완하기 위해 본 패널조사에서는 최순실 게이트 사건 이전 지지정당에 대해서는 2차 조사에서 최순실 게이트 발생 전의 지지정당에 대해 물어봄으로써 세 시점(게이트 이전, 1차 본선 국면, 2차 선거 직후)의 개인별 정당 지지 변화를 파악할 수 있었다. 최순실 게이트 이전 정당 지지율 조사결과는 더민주당을 지지했다는 응답이 40.3%, 새누리당을 지지했다는 응답이 29.4%,

〈표 3-2〉 패널조사에서의 지지율 변화

단위: %

차수	더민주당	자유한국당 (새누리당)	국민의당	바른정당	정의당	무당파	전체
최순실 게이트 이전 (1,157명)	40.3	29.4	12.8		6.1	11.8	100.0
1차 조사 (1,500명)	39.4	8.3	16.3	4.8	7.2	23.9	100.0
2차 조사 (1,157명)	46.9	12.6	10.0	5.9	9.8	14.9	100.0

출처: EAI · 한국리서치 2017 KEPS 패널조사 1, 2차 조사.

국민의당을 지지했다는 응답은 12.8%, 정의당 6.1%, 무당파 11.8%였다.[6]

2) 콘크리트 보수층의 정당 지지 변화

〈표 3-3〉~〈표 3-5〉은 세 시점 사이의 정당 지지 이동을 보여 준다. 좀더 자세히 시기별로 정당 지지의 변화 내용을 살펴보자.

6) 최순실 게이트 이전 정당 지지는 "최순실 게이트가 발생하기 직전에는 어느 정당을 지지하셨습니까?"라는 질문에 대한 응답 결과이다. 응답자의 주관적인 회상(*recall*)에 의존하기 때문에 해당 시점에서의 조사에 비해 자신의 선택에 대한 합리화 경향이나 대세에 편승하는 현상이 개입된 결과일 수 있다는 점을 감안할 필요가 있다. 실제로 최순실 게이트 전 9월 당시 정당 지지율이 새누리당이 30% 중반 대, 더불어민주당이 25% 전후였던 점을 감안하면 더불어민주당 지지율은 오버리포팅된 반면 새누리당 지지율은 거의 비슷한 수준을 보인다. 보통 무당파 비율이 25% 내외였던 것을 감안하면 무당파는 과소평가된 결과로 볼 수 있다. 대체로 더불어민주당에 대한 오버리포팅 비율과 무당파에 대한 언더리포팅 비율을 얼추 비슷한 수준으로 볼 수 있다.

〈표 3-3〉 최순실 게이트 이전 정당 지지율과 선거 국면에서의 지지율 변화

최순실 게이트 이전		정당 지지 1차(4월 18~20일) 더민주당	자유한국당	국민의당	바른정당	정의당	무당파	전체
더민주당	n	328	1	42	8	28	59	466
	행	70.4%	0.2%	9.0%	1.7%	6.0%	12.7%	100.0%
	열	71.9%	1.0%	22.2%	14.3%	33.7%	21.3%	40.3%
	전체	28.3%	0.1%	3.6%	0.7%	2.4%	5.1%	40.3%
새누리당	n	40	87	54	38	8	113	340
	행	11.8%	25.6%	15.9%	11.2%	2.4%	33.2%	100.0%
	열	8.8%	90.6%	28.6%	67.9%	9.6%	40.8%	29.4%
	전체	3.5%	7.5%	4.7%	3.3%	0.7%	9.8%	29.4%
국민의당	n	26	5	75	7	5	30	148
	행	17.6%	3.4%	50.7%	4.7%	3.4%	20.3%	100.0%
	열	5.7%	5.2%	39.7%	12.5%	6.0%	10.8%	12.8%
	전체	2.2%	0.4%	6.5%	0.6%	0.4%	2.6%	12.8%
정의당	n	26	0	1	0	35	9	71
	행	36.6%	0.0%	1.4%	0.0%	49.3%	12.7%	100.0%
	열	5.7%	0.0%	0.5%	0.0%	42.2%	3.2%	6.1%
	전체	2.2%	0.0%	0.1%	0.0%	3.0%	0.8%	6.1%
무당파	n	36	3	17	3	7	66	132
	행	27.3%	2.3%	12.9%	2.3%	5.3%	50.0%	100.0%
	열	7.9%	3.1%	9.0%	5.4%	8.4%	23.8%	11.4%
	전체	3.1%	0.3%	1.5%	0.3%	0.6%	5.7%	11.4%
전체	n	456	96	189	56	83	277	1157
	행	39.4%	8.3%	16.3%	4.8%	7.2%	23.9%	100.0%
	열	100.0%	100.0%	100.0%	100.0%	100.0%	100.0%	100.0%
	전체	39.4%	8.3%	16.3%	4.8%	7.2%	23.9%	100.0%

출처: EAI · 한국리서치 2017 KEPS 패널조사 2차 조사.

(1) 최순실 게이트~본선: 스윙 보수층의 탈동원과 개종

우선 〈표 3-3〉은 최순실 게이트 이전의 정당 지지와 4월 18~20일 실시한 1차 조사시점의 정당 지지를 비교한 것이다. 최순실 게이트 이전에 새누리당을 지지했다는 340명 중에서 1차 조사시점에도 자유한국당과 바른정당에 대한 지지를 유지한 사람은 각각 25.6%, 11.2%로 보수 정당에 대한 지지를 유지한 사람은 36.8% 수준이다. 기존 새누리당 지지자 중 33.2%는 무당파로 탈동원되었고, 다른 정당 지지로 개종한 사람도 20.1%나 되었다(더민주당 11.8%, 국민의당 15.9%, 정의당 2.4%). 10명 중 6명을 '스윙 보수층'으로 분류할 수 있다(음영처리 된 셀). 한편 유입 기준으로 보면 1차 조사시점의 더민주당 지지자 456명 중 328명이 최순실 게이트 이전부터 더민주당을 지지한 전통적인 민주당 지지층이고 나머지 128명은 최순실 게이트를 거치면서 새로 유입된 뉴 더민주당 지지자(*new democrats*)로 분류할 수 있다(굵은 테두리 내의 셀). 즉, 1차 조사시점의 더민주당 지지자의 구성은 전통적인 민주당 지지자가 71.9%, 최순실 게이트 이전 새누리당 지지가 8.8%, 이전 국민의당 지지자가 5.7%, 이전 정의당 지지자가 5.7%, 이전 무당파에서 더민주당으로 유입된 층이 7.9%로 구성되었다. 열 명 중 세 명 정도는 이질적인 정치적 성향을 보였던 사람들이 새로 유입된 것을 의미한다.

(2) 본선~선거 직후: 무당파의 동원과 군소정당 지지자의 변심

〈표 3-4〉는 선거 본선 국면과 선거 직후 시기의 정당 지지를 보여 준다. 이 시기에는 더민주당 지지의 상승이 돋보이고, 자유한국당 지지는 정체했고 국민의당과 무당파의 감소가 두드러졌다. 더민주당은 1

〈표 3-4〉 선거 국면에서의 정당 지지율과
선거 직후 정당 지지율 변화(1차, 2차 조사)

1차		정당 지지 2차(5월 11~14일)						전체
		더민주당	자유한국당	국민의당	바른정당	정의당	기타/무당	
더민주당	n	394	5	6	7	27	17	456
	행	86.4%	1.1%	1.3%	1.5%	5.9%	3.7%	100.0%
	열	72.6%	3.4%	5.2%	10.6%	23.9%	9.9%	39.4%
	전체	34.1%	0.4%	0.5%	0.6%	2.3%	1.5%	39.4%
자유한국당	n	1	80	1	3	0	10	95
	행	1.1%	84.2%	1.1%	3.2%	0.0%	10.5%	100.0%
	열	0.2%	54.4%	0.9%	4.5%	0.0%	5.8%	8.2%
	전체	0.1%	6.9%	0.1%	0.3%	0.0%	0.9%	8.2%
국민의당	n	57	17	79	11	4	21	189
	행	30.2%	9.0%	41.8%	5.8%	2.1%	11.1%	100.0%
	열	10.5%	11.6%	68.7%	16.7%	3.5%	12.2%	16.3%
	전체	4.9%	1.5%	6.8%	1.0%	0.3%	1.8%	16.3%
바른정당	n	8	7	4	25	2	10	56
	행	14.3%	12.5%	7.1%	44.6%	3.6%	17.9%	100.0%
	열	1.5%	4.8%	3.5%	37.9%	1.8%	5.8%	4.8%
	전체	0.7%	0.6%	0.3%	2.2%	0.2%	0.9%	4.8%
정의당	n	20	0	2	2	56	3	83
	행	24.1%	0.0%	2.4%	2.4%	67.5%	3.6%	100.0%
	열	3.7%	0.0%	1.7%	3.0%	49.6%	1.7%	7.2%
	전체	1.7%	0.0%	0.2%	0.2%	4.8%	0.3%	7.2%
무당파	n	63	38	23	18	24	111	277
	행	22.7%	13.7%	8.3%	6.5%	8.7%	40.1%	100.0%
	열	11.6%	25.9%	20.0%	27.3%	21.2%	64.5%	24.0%
	전체	5.4%	3.3%	2.0%	1.6%	2.1%	9.6%	24.0%
전체	n	543	147	115	66	113	172	1156
	행	47.0%	12.7%	9.9%	5.7%	9.8%	14.9%	100.0%
	열	100.0%	100.0%	100.0%	100.0%	100.0%	100.0%	100.0%
	전체	47.0%	12.7%	9.9%	5.7%	9.8%	14.9%	100.0%

출처: EAI · 한국리서치 2017 KEPS 패널조사 1, 2차 조사.

차 조사 시기 정당 지지자(456명)의 86.4%가 정당 지지를 유지했고, 1차 조사 시기 자유한국당 지지자(95명)도 84.2%가 정당 지지를 유지했다. 그러나 국민의당 지지자(189명) 중 41.9%(79명)만이 국민의당 지지를 유지했고 30.2%(57명)은 더민주당 지지로 변심했다. 바른정당 지지자도 44.6%만이 지지를 유지하고, 정의당 지지자는 67.5%만이 정당 지지를 유지했다. 선거 국면에서 무당파 중에서는 40.1%가 무당파로 남은 반면, 22.7%는 더민주당 지지로, 13.7%는 자유한국당 지지로, 8.7%는 정의당으로, 8.3%는 국민의당 지지로 동원되었다. 이 시기의 정당 지지 변동은 주로 무당파와 국민의당 지지자의 지지 변동으로부터 비롯되었음을 알 수 있다.

(3) 선거 직후 기준으로 본 정당 지지 재편

〈표 3-5〉에서 최종 선거 직후 시점을 기준으로 정당 지지의 변화결과를 보면 최순실 게이트 이전의 더민주당 지지자(466명) 중 81.9%가 선거 직후에도 더민주당을 지지함으로써 강한 지지 결집력을 보였다. 반면 새누리당 지지자(340명)의 39.1%가 선거 직후 시점에는 자유한국당 지지로 복원되었고, 13.2%가 바른정당 지지를 선택했다. 반면 절반에 가까운 48.7%가 새로운 정당을 선택하거나 무당파로 탈동원되었다. 무당파로 탈동원된 비율은 17.1%, 더민주당 지지와 국민의당 지지로 개종한 비율은 각각 16.8%, 10.0%였다.

앞서 제시한 〈표 3-2〉를 기준으로 보면 기존 새누리당 지지자 중 보수 정당에 대한 지지 유지가 36.8%(자유한국당 25.6%, 바른정당 11.2%)인 반면, 최종 선거 기준으로 보면 52.3%(자유한국당 39.1%, 바른정당 13.2%)로 바뀐다. 이는 선거 국면을 거치면서 보수 정당, 특

〈표 3-5〉 최순실 게이트 이전 정당 지지율과 선거 직후 정당 지지율의 변화(2차 조사)

최순실 게이트 이전		정당 지지 2차(선거 직후)						전체
		더민주당	자유한국당	국민의당	바른정당	정의당	무당파	
더민주당	n	381	4	22	10	34	14	465
	행	81.9%	0.9%	4.7%	2.2%	7.3%	3.0%	100.0%
	열	70.2%	2.7%	19.0%	14.7%	30.1%	8.1%	40.2%
	전체	32.9%	0.3%	1.9%	0.9%	2.9%	1.2%	40.2%
새누리당	n	57	133	34	45	13	58	340
	행	16.8%	39.1%	10.0%	13.2%	3.8%	17.1%	100.0%
	열	10.5%	91.1%	29.3%	66.2%	11.5%	33.7%	29.4%
	전체	4.9%	11.5%	2.9%	3.9%	1.1%	5.0%	29.4%
국민의당	n	60	7	53	8	3	19	150
	행	40.0%	4.7%	35.3%	5.3%	2.0%	12.7%	100.0%
	열	11.0%	4.8%	45.7%	11.8%	2.7%	11.0%	13.0%
	전체	5.2%	0.6%	4.6%	0.7%	0.3%	1.6%	13.0%
정의당	n	16	0	0	1	52	2	71
	행	22.5%	0.0%	0.0%	1.4%	73.2%	2.8%	100.0%
	열	2.9%	0.0%	0.0%	1.5%	46.0%	1.2%	6.1%
	전체	1.4%	0.0%	0.0%	0.1%	4.5%	0.2%	6.1%
무당파	n	29	2	7	4	11	79	132
	행	22.0%	1.5%	5.3%	3.0%	8.3%	59.8%	100.0%
	열	5.3%	1.4%	6.0%	5.9%	9.7%	45.9%	11.4%
	전체	2.5%	0.2%	0.6%	0.3%	0.9%	6.8%	11.4%
전체	n	543	146	116	68	113	172	1158
	행	46.9%	12.6%	10.0%	5.9%	9.8%	14.9%	100.0%
	열	100.0%	100.0%	100.0%	100.0%	100.0%	100.0%	100.0%
	전체	46.9%	12.6%	10.0%	5.9%	9.8%	14.9%	100.0%

출처: EAI · 한국리서치 2017 KEPS 패널조사 2차 조사.

히 자유한국당으로의 지지 복원이 부분적으로 이루어졌음을 의미한다. 그러나 최종 시점을 기준으로 봐도 기존 새누리당 지지자의 절반에 가까운 사람들이 스윙 보수층으로 남아 있었다는 점은 이번 선거에서 콘크리트 보수층이 온전히 복원되는 데 실패했음을 의미하는 것이다.

이탈의 방향을 보면 선거 국면까지는 새누리당 지지자의 이탈 중 무당파로 탈동원된 비율이 다른 정당으로 개종한 비율보다 높았지만, 최종 선거 후 시점을 기준으로 보면 무당파로 탈동원된 비율보다 다른 정당으로 지지정당을 갈아탄 비율이 높았다. 이는 선거 전 무당파로 탈동원된 새누리당 지지자의 일부가 다시 자유한국당 지지로 복원되면서 무당파 비율이 줄어들었고, 더민주당과 국민의당으로 개종한 스윙 보수층의 변심이 상대적으로 공고했음을 의미한다.

4. 스윙 보수층은 누구이며, 누구를 선택했나?

1) 교차분석으로 본 스윙 보수층

이 절에서는 크게 ① 인구학적 요인, ② 경제적 요인, ③ 정치적 요인에 초점을 맞춰 기존의 보수 정당 지지층 중 누가 어떤 요인에 의해 이탈했는지, 혹은 반대로 지지를 유지했는지 살펴본다. 우선 교차분석을 통해 이들 요인의 영향에 대해 기술하고, 다항로지스틱 회귀분석을 통해 보다 면밀한 통계검정을 시도한다.

정당 지지 변화의 분류에 대한 조작적 정의는 최순실 게이트 이전 정당 지지와 최종 선거 직후 정당 지지를 기준으로 기존 새누리당 지지자 340명 중 자유한국당과 바른정당 지지로 이어진 응답자를 지지 잔류자(*consistent conservatives, retention*)와 지지 이탈자(*swing conservatives, transfer*)로 구분한다. 스윙 보수층은 다시 무당파로 돌아선 응답자를 탈동원 스윙(*demobilized swings*)층, 더민주당·국민의당·정의당 지지로 돌아선 응답자를 개종 스윙(*conversed swings*)층으로 구분하여 분석한다.

(1) 인구학적 요인: 교차압력의 작용

여기서는 성, 세대, 지역별 콘크리트 보수층의 정당 지지 이탈을 검토해 보기로 한다. 전체적으로 교차압력(*cross-pressure*) 요인이 클수록 스윙 보수층이 될 가능성이 커지는 것으로 볼 수 있다. 즉, 보수 정당 지지자 중 야당 성향이 강한 집단(여성, 젊은 세대, 비영남)일수록 지지 이탈 가능성이 크고, 탈동원보다 개종 가능성도 크다는 것을 보여 준다.

우선, 성별로 보면 여성일수록 남성에 비해 새누리당 지지에서 이탈하는 비율이 높고, 이탈의 방향은 대체로 개종보다는 무당파로 전환하는 비율이 높았다. 최근 여성의 정치참여 강도가 강해지고, 정치 성향이 대체로 야당 지지, 진보 성향이 강하게 나타나는 현상이 확인된다. 세대별로 봐도 진보 성향이 강한 2030세대에서 스윙 보수층의 비율이 강하고 특히 개종의 비율이 높다. 최순실 게이트 이전 새누리당의 2030 지지자의 44~50%가 다른 정당 지지로 돌아섰다. 세대가 높아질수록 지지 유지 비율이 높아지고, 스윙 보수층 중에서도 개종보다는 탈동원의 비율이 높아지는 패턴이다. 지역별로도 역시 영남지역 보수층의 지지 유지율이 높았고, 비영남지역 거주자에 중에서 이탈이 컸다. 호남지역 보수층의 이탈이 컸지만 샘플 수가 너무 적어 분

〈표 3-6〉 인구학적 요인과 보수층의 이탈

단위: %

	χ^2 (df) p	분류(빈도수)	지지 유지	스윙 보수층		합계
				탈동원	개종	
성별*	6.715(2) 0.035	남(188)	57.4	12.8	29.8	100.0
		여(152)	46.1	22.4	31.6	100.0
세대**	16.647(8) 0.034	20대(25)	48.0	8.0	44.0	100.0
		30대(41)	42.9	7.1	50.0	100.0
		40대(41)	50.0	14.3	35.7	100.0
		50대(97)	53.6	21.6	24.7	100.0
		60대 이상(136)	56.6	19.1	24.3	100.0
지역+	21.025(12) 0.050	서울(60)	43.3	15.0	41.7	100.0
		경기/인천(99)	43.4	21.2	35.4	100.0
		충청(41)	56.1	9.8	34.1	100.0
		호남(5)	40.0	0.0	60.0	100.0
		대구/경북(46)	63.8	17.0	19.1	100.0
		부산/경남(64)	65.6	18.8	15.6	100.0
		강원/제주(25)	50.0	15.4	34.6	100.0
전체		(340)	52.3	17.0	30.7	100.0

주: 카이제곱 검정 유의도: + $p < 0.1$, * $p < 0.05$, ** $p < 0.01$, *** $p < 0.001$.

출처: EAI · 한국리서치 2017 KEPS 패널조사 1, 2차 조사.

석에서 제외할 필요가 있다. 지역별로 수도권에서 탈동원보다 다른 정당으로의 개종 효과가 컸다. 이러한 인구학적 변인별 보수 정당 이탈률의 차이는 카이 검정 결과 통계적으로 유의한 것으로 나타났다.

(2) 경제적 요인

경제 인식의 보수 이탈 효과를 확인해 보자. 분석결과는 흥미롭다. 우선, 가정경제 인식과 국가경제 인식 간에는 차이가 있다. 기존 새누리당 지지자 중 대부분은 가정경제가 이전에 비해 큰 차이가 없다고

〈표 3-7〉 경제적 요인과 보수층의 이탈

단위: %

	χ^2 (df) p	분류(빈도수)	지지 유지	스윙 보수층		합계
				탈동원	개종	
가정경제	0.894(4) 0.925	악화(90)	55.6	15.6	28.9	100.0
		현상 유지(197)	52.3	17.3	30.5	100.0
		개선(54)	48.1	20.4	31.5	100.0
국가경제***	13.918(4) 0.008	악화(225)	46.7	17.8	35.6	100.0
		현상 유지(81)	63.0	13.6	23.5	100.0
		개선(32)	65.6	25.0	9.4	100.0
전체		(340)	52.3	17.0	30.7	100.0

주: 카이제곱 검정 유의도: + $p < 0.1$, * $p < 0.05$, ** $p < 0.01$, *** $p < 0.001$, 모름/무응답층 제외.
출처: EAI · 한국리서치 2017 KEPS 패널조사 1, 2차 조사.

응답했고(197명), 악화되었다는 응답자(90명)가 개선되었다는 응답자(54명)를 약간 상회하는 정도다. 그러나 국가경제에 대해서는 이전 새누리당 지지층에서도 악화되었다는 응답이 225명으로 압도적으로 높게 나타났다.

또한, 가정경제 인식과 국가경제 인식의 영향이 다르게 나타난다는 점도 흥미롭다. 가정경제의 경우 악화되었다고 보는 사람일수록 보수 정당에 대한 지지를 유지한 반면, 국가경제의 경우 악화되었다고 보는 사람일수록 보수 정당에 대한 지지 대신 이탈을 선택하는 경향이 강하게 나타났다. 다만 국가경제의 경우 카이 검정 결과 국가경제 인식의 차이에 따라 보수 정당 지지 이탈률 차이가 99%의 신뢰수준에서 유의한 것으로 나타났지만, 가정경제 인식에서 나타난 차이는 통계적으로 유의하지 않았다. 본문에 소개하지는 않았지만 경제상태를 보여 주는 객관지표의 하나인 월 가구소득의 경우 소득이 낮은 층일수록 보수 정당 지지 유지율이 높고, 소득이 높을수록 이탈률이 높게 나타났지만, 카이제곱 검정 결과 유의한 결과는 아니었다.

(3) 정치적 요인: 탄핵 찬성, 사드 배치 반대, 중도층에서 이탈

그러나 무엇보다 이번 선거에서 보수 정당 지지층의 균열에는 정치적 요인이 크게 작용했다. 〈표 3-8〉에서 이번 선거 최대 쟁점 중의 하나였던 대통령 탄핵에 대한 태도와 사드 배치 문제 및 차기 국정과제 중 적폐 청산 우선론 대 국민 통합 우선론에 대한 태도, 그리고 응답자 자신의 정치 성향을 보여 주는 주관적 이념 성향별로 기존 보수 정당 지지자들의 지지 이탈을 비교해 보았다.

우선 대통령 탄핵에 대해서는, 과거 새누리당 지지자 340명 중 60.2%가 찬성했을 정도로 최순실 게이트의 여파는 컸다. 이 탄핵 찬성자 중에서는 이후 보수 정당 지지를 유지한 비율은 38.0%에 불과했다. 그러나 새누리당 지지자들의 보수적 정치적 성향은 상당히 유지되었던 것으로 보인다. 사드 배치 문제에 대해서는 찬성하는 응답자가 85.5%였고, 적폐 청산을 국민 통합보다 우선해야 한다는 비율은 25.0%에 불과했다. 전통적으로 한미동맹과 국민 통합을 우선하는 성향은 그대로 유지되었다. 그러나 이들 이슈가 정당 지지 변동에 미친 영향은 차이가 있다. 카이제곱 검정 결과 사드 배치 찬반에 따라 정당 지지 변동의 차이가 유의했지만, 선거과정에서의 논란과 달리 적폐 청산과 국민 통합에 대한 태도 차이는 정당 지지 이탈 여부에 유의한 영향은 확인되지 않았다. 통합을 우선하더라도 탄핵의 여파로 인해 어느 정도 적폐 청산에 대한 거부감이 약화된 결과일 수 있다.

주관적 이념 성향을 보면, 기존 새누리당 지지자의 167명(49.1%) 정도가 보수층이고 125명(36.7%)가 중도층이었다. 진보층은 29명으로

<표 3-8> 정치적 요인과 보수층의 이탈

단위: %

	χ^2 (df) p	분류(빈도수)	지지 유지	스윙 보수층		합계
				탈동원	개종	
탄핵***	63.572(4) 0.000	찬성(205)	38.0	15.6	46.3	100.0
		탄핵(117)	73.5	19.7	6.8	100.0
사드 배치***	21.485(4) 0.000	사드 찬성(291)	56.0	17.9	26.1	100.0
		사드 반대(40)	32.5	7.5	60.0	100.0
적폐 대 통합	2.440(4) 0.655	적폐 우선(85)	45.9	17.6	36.5	100.0
		통합 우선(247)	54.3	17.0	28.7	100.0
이념 성향***	45.198(6) 0.000	진보(29)	27.6	3.4	69.0	100.0
		중도(125)	48.0	13.6	38.4	100.0
		보수(167)	60.8	19.3	19.9	100.0
전체		(340)	52.3	17.0	30.7	100.0

주: 카이제곱 검정 유의도 + $p < 0.1$, * $p < 0.05$, ** $p < 0.01$, *** $p < 0.001$, 모름/무응답층 제외.
출처: EAI · 한국리서치 2017 KEPS 패널조사 1, 2차 조사.

비중이 작아 큰 고려사항은 아니다. 결국 중도 성향의 새누리당 지지층은 절반이 보수 정당 지지자로 남았지만 이들 중 38.4%가 다른 정당 지지로 개종하고, 13.6%만이 무당파로 탈동원화되었다고 할 수 있다.

2) 다항로지스틱 회귀분석

보다 면밀하게 설명변수들의 영향력을 확인하기 위해 다항로지스틱 회귀분석(*multinominal logistic regression*)을 수행하였다. 앞의 변수들을 설명변수 군으로 삼았고, 기존 새누리당 지지층 340명에 대해 선거 직후 정당 지지를 종속변수로 설정했다. 새누리당 지지에서 야당(더민주당 + 국민의당 + 정의당) 지지로 돌아선 개종 보수층을 기준변수로, 보수 정당 지지 유지자(*retention*)와 무당파로 탈동원(*demobilization*) 된

〈표 3-9〉 다항로지스틱 회귀분석

		지지 유지(1) 교체(개종 = 0)		무당파(탈동원 = 1) 교체(개종 = 0)	
		B	S.E	B	S.E
Intercept		-6.252	(1.436)***	-6.401	(1.919)**
성 (여성 기준)	남성	0.317	(0.324)	-0.535	(0.403)
세대 (60대 기준)	20대	0.884	(0.640)	-0.584	(1.178)
	30대	0.299	(0.519)	-0.772	(0.771)
	40대	0.511	(0.531)	0.164	(0.638)
	50대	0.279	(0.424)	-0.060	(0.504)
거주 지역 (대구/경북 기준)	수도권	-1.001	(0.498)*	-0.556	(0.621)
	충청권	-0.437	(0.631)	-1.039	(0.888)
	호남	-1.739	(1.209)	-19.255	(0.000)
	부산/경남	0.390	(0.638)	-0.212	(0.830)
	강원/제주	-0.740	(0.794)	-0.479	(0.970)
가정경제	악화(1) 유지(2) 개선(3)	-0.385	(0.254)	-0.162	(0.325)
국가경제		0.462	(0.310)	0.272	(0.378)
탄핵	찬성(1), 반대(2)	2.394	(0.484)***	1.882	(0.555)**
적폐/통합	적폐(1), 통합(2)	1.129	(0.445)*	0.891	(0.623)
사드 배치	반대(1), 찬성(2)	0.337	(0.356)	0.372	(0.471)
주관 이념	진보(1) ~ 보수(3)	0.553	(0.242)*	0.807	(0.335)*
Model Fitting $\chi^2 = 113.813$ df = 32***		n	298	Nagelkerke R^2	0.368

주: 카이제곱 검정 유의도: + $p < 0.1$, * $p < 0.05$, ** $p < 0.01$, *** $p < 0.001$, 모름/무응답층 제외.
출처: EAI · 한국리서치 2017 KEPS 패널조사 1, 2차 조사.

집단 각각에 대한 차이에 미치는 영향을 검증하였다. 성, 세대, 거주지역 변수는 더미변수로 방정식에 포함하였다. 각각 60대 이상, 대구/경북지역을 비교를 위한 기준 집단으로 삼았다. 경제 인식은 악화에서 개선 순(1~3점), 정치 이슈의 경우 진보적 입장~보수적 입장 순으로 코딩을 일치시켰다.

〈표 3-9〉의 분석결과를 보면 인구학적 변수나 경제적 변수들의 영향력은 정치적 변수들의 영향력을 통제할 경우 대체로 유의미한 설명변수가 되지 못함을 보여 준다. 지역 중 대구/경북 유권자 대비 수도권 유권자들이 정당 지지를 유지하기보다 교체(*conversion*)하는 경향을 명확히 보여 주었다(계수부호 -; $p < 0.05$).

정당 지지 태도 변화에 영향을 미치는 요인은 역시 정치적 변수들이었다. 그중에서도 탄핵에 대한 입장과 응답자의 주관적 이념 성향만이 보수 정당 지지자들의 선택 변화를 설명하는 변수로서 유의미했다. 예상대로 탄핵에 반대하고, 보수 성향이 강할수록 정당 지지 교체보다는 새 보수 정당 지지를 선택하거나 무당파로 탈동원될 확률이 낮아진다(계수부호 +). 이는 반대로 탄핵에 찬성하고, 중도 혹은 진보 성향이 강할수록 보수 정당 지지로부터 이탈할 확률이 높다는 것을 의미한다. 결국 이번 대선과정에서 나타난 스윙 보수층의 등장은 결국 탄핵에 실망한 보수층의 이탈이었다는 간결한 설명이 가능할 듯하다.

3) 스윙 보수층의 투표선택

보수 정당 지지층의 이탈 요인은 탄핵과 이념적 요인으로 단순화될 수 있지만, 정작 이들의 투표선택은 쉽지 않았던 것으로 볼 수 있다. 보수 정당의 대통령이 탄핵되고 이들 지지자 중에서도 다수가 탄핵을 지지할 정도로 지지정당에 실망하였기에 대안선택이 쉽지 않았다. 선거 막바지 태극기집회의 대규모 동원과 홍준표 후보의 상대적 선전을 계기로 보수층의 재결집을 주장하는 경우도 있었지만, 패널조사 결과를 분석해 보면 이는 보수 정당 지지 유지자들에게만 해당되는 설명이다. 보수지지자, 탈동원화된 보수층, 개종한 보수층의 투표선택은 뚜렷하게 엇갈렸다.

(1) 본선 국면: 안철수 대안론

〈그림 3-2〉를 보면, 대선 본선이 본격적으로 치러지던 4월 18~20일 1차 조사까지만 보면 스윙 보수층은 국민의당 안철수 후보를 대안으로 삼았음을 알 수 있다. 일관된 보수 정당 지지자(*retention*) 층에서조차 안철수 후보 지지율(37.1%)이 홍준표 후보를 능가했다. 새누리당 지지에서 무당파로 이탈한 탈동원 보수층에서는 안철수 후보 지지율이 44.6%, 다른 정당 지지로 돌아선 개종 보수층에서는 41.9%였다. 개종 보수층에서는 문재인 후보를 선택한 비율도 32.4%였고, 홍준표 후보 지지는 1.6%에 불과했다.

(2) 최종 투표: 보수 잔류자는 洪, 탈동원 보수층은 洪·安 분산, 개종 보수층은 文

그러나 본선 막바지 TV토론회와 네거티브 공방 속에서 안철수 후보에 대한 실망이 커지면서 이들은 또 한 번 투표선택의 혼란을 겪었다. 혼란 끝의 선택은 보수 정당 지지 이탈 유형에 따라 상반된 선택을 하는 방향으로 귀결되었다. 기존 새누리당 지지자의 절반 수준인 보수 정당

〈그림 3-2〉 보수 정당 이탈유형별 지지후보: 본선

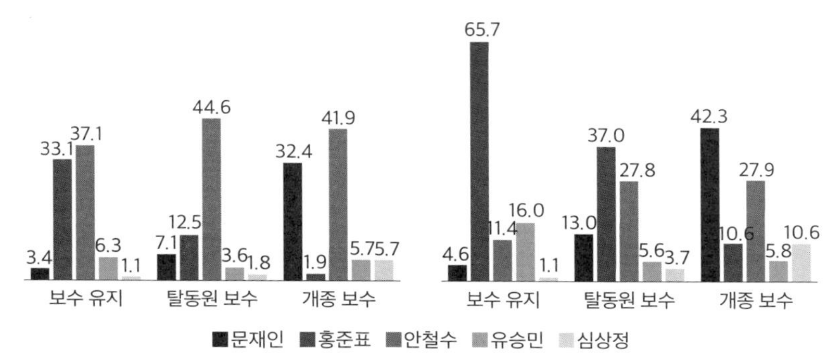

출처: EAI · 한국리서치 2017 KEPS 패널조사 1, 2차 조사.

잔류층에서는 홍준표 후보 지지가 65.7%로 압도적이었고 이들의 경우 보수 재결집론의 어느 정도 작용했음이 보인다. 그러나 무당파 탈동원층에서는 홍 후보 지지율은 37.0%에 그쳐 재결집이라 부르기에 충분치 않다. 심지어 기존 새누리당 지지층의 30% 수준에 달하는 개종 보수층에서는 문재인 후보에게 투표한 비율이 42.3%로 가장 높았다. 정당 지지의 교체가 대선후보 지지에서도 이어졌음을 알 수 있다. 개종 보수층에서 안철수 후보 지지율은 27.9%, 홍준표 후보 지지율은 10.6%에 불과했다. 이들 개종 보수층에서는 문재인 후보의 약진이 두드러진다. 보수 재결집론을 무색케 하는 결과이다.

5. 결론: 탄핵으로 시작해서 보수 분열로 끝난 선거

이상으로 촛불시위와 대통령 탄핵으로 인해 보궐선거로 치른 2017년 대통령선거에서 보수 정당의 후보가 24% 수준의 낮은 지지율을 기록하고, 보수 정당의 지지율이 10%대에 머무르는 등 보수 지지기반의 와해와 분열이라는 유례없는 현상을 목도하였다. 이 연구는 패널조사 데이터를 활용하여 이 유례없는 보수 정당 지지층의 이반현상을 ① 지지 유지, ② 무당파로의 탈동원화, ③ 다른 정당으로의 개종이라는 세 가지 집단 유형으로 분류하여 이들의 정당 지지 변화 유형을 경험적으로 추적하였다.

분석 결과 특히 주목할 점은, 일반적으로 정당 지지 이탈이 정당 지지 자체를 변경하는 개종 효과보다 무당파로 탈동원되는 경향이 강함에도 불구하고 이번 선거에서는 최종적으로 개종 보수층이 탈동원 보수층의 규모를 넘어섰다는 것이다. 그 정도로 탄핵이 가져온 후폭풍이 컸다고 할 수 있다. 또한 대규모 태극기집회와 막판 일부 보수층의 결집현상을 근거로 콘크리트 보수층의 복원을 점친 예측이나 분석은 과장되었음이 확인되었다. 최종 투표선택을 보면 기존 새누리당 지지층 중 절반에 달하는 보수 정당 지지층에서는 홍준표 후보로의 결집이 이루어졌지만, 나머지 스윙 보수층에서는 안철수, 문재인 후보 등으로의 이탈 규모가 더 컸다. 특히 개종 보수층에서는 문재인 후보가 1위를 할 정도로 후보 선택에서의 개종 효과도 확인했다.

그만큼 탄핵이라는 상황과 이로 인한 보수층의 보수 정당에 대한 실망이 콘크리트 보수층의 균열을 야기했던 것이다. 이 과정에서 이번 선거의 큰 변수가 될 것으로 예상했던 반기문 현상, 야권 통합, 개헌 이슈 등은 전혀 선거 변수로 떠오르지 않았다. 심지어 사드 배치, 적폐 청산 이슈조차도 논란만 무성했지 정작 보수층의 이탈 유형 결정에는 큰 변수가 되지 못했다. 반대로 이념적 성향은 기존 보수층의 잔류를 강화시킨 요인임을 보여 주었다.

종합하면 보수층의 정당 지지를 유지시키거나 반대로 이탈시킨 요인, 즉 정당 지지 재편의 방향을 결정한 것은 정치적, 이념적 요인이 압도적이었음을 확인할 수 있었다. 다만 정당 지지의 변동과 스윙 보수층의 선택에는 탄핵 같은 주로 단기적인 정치 이슈 요인이었다는 점에서 이번 선거에서 나타난 정당 지지 분포의 변화를 장기적이고 구조화된 현상으로 보기는 힘들다고 할 수 있다. 즉, 중대 선거로 규정하는 것은 어렵다(Darmofal & Nardulli 2010; Brunell et al. 2012; 이내영·정한울 2007).

보수층의 균열이 탄핵을 계기로 발생한 만큼 보수 진영이 새롭게 전열을 정비하고 건강한 정당으로 거듭나기 위해서는 무엇보다 탄핵을 유발한 최순실 국정농단 게이트에 대한 스스로의 철저한 자성과 진단이 필요하다. 이에 기초하여 새로운 개혁의 비전과 의지를 유권자들에게 보여 주고 신뢰를 회복하는 데 주력해야 한다. 대선 과정은 물론 대선이 끝난 이후에도 이 문제에 대한 대응이 제대로 되지 않으면서 자유한국당, 바른정당 지지율은 답보 상태를 거듭하고 있다.

반면, 스윙 보수층 중 적지 않은 규모가 더민주당이나 기타 야당 지지로 개종했다는 것은 현재 새로운 집권여당의 향후 국정운영과 관련해서도 중요한 시사점을 던져 준다. 이 글에서 자세하게 분석하지 않았지만, 30%대 전후에 머물던 더민주당 지지율이 선거를 거치며 과반에 육박하는 40% 후반을 기록할 정도로 지지기반의 확대를 가져왔다. 이들을 기존의 전통적인 민주당 지지층과 동일시해, 집권기반의 급격한 확장으로 이해한다면 자칫 독단적인 국정운영으로 이어질 수 있다.

그러나 새로 더민주당 지지층으로 유입된 뉴 더민주당 지지자들은 대체로 중도보수 성향을 가진 스윙 보수층과 무당파로부터 동원된 층이다. 현재 정당 지지자들 내부의 이념적 이질성이 커졌음을 의미한다. 당장은 새로운 정부여당에 대한 기대감이 우세하겠지만, 전통적인 좌-우 진영론과 이념적 선명성에 기반을 두고 정국을 이끌 경우 다시 이탈할 가능성이 크다. 이념의 경계를 넘어 문제해결을 지향하는 실용적 태도와 포용적인 국정운영이 이루어질 경우 보수로 기울어진 운동장론은 이제 반대로 기울어진 운동장으로 전환될 수 있는 기회를 맞이하게 될 것이다.

이번 선거는 적지 않은 정당 지지 재편이 있었지만, 현재 새로운 정당 지지 구도의 유통기한에 대해서는 아무런 기약도 해주지 않는다. 결국 여야 정당들의 앞으로의 행보가 이번 선거의 최종적인 의미를 사후적으로 규정해 줄 수 있을 것이다.

참고문헌

〈연합뉴스〉. 2016. 3. 30. "노회찬, 안철수 여권연대에 봉사 … 여 200석도 가능".

〈오마이뉴스〉. 2016. 3. 27. "20대 총선 시뮬레이션 결과, 야권통합 골든타임 얼마 남지 않아, 이대로 선거 치르면 … 새누리당 '208석'".

이내영 · 정한울. 2007. "이슈와 한국 정당지지의 변동", 〈한국정치학회보〉 41(1), 31～55.

〈이데일리〉. 2016. 4. 3. "〔총선 D-10〕 정장선 '후보단일화 어려워져 새누리당 200석 갈 수도'".

정한울. 2016a. "친박여론의 진원지, 대구민심 이반 현상 분석", 〈KO 오피니언 리뷰〉 제 2016-04호, 1～7.

______. 2016b. "총선구도의 변화가능성, 정권심판론/레임덕 점화되나", 〈KO 오피니언 리뷰〉 제 2016-05호, 1～12.

______. 2016c. "D-5, 총선구도의 변화: 흔들리는 여대야소", 〈KO 오피니언 리뷰〉 제 2016-06호, 1～13.

______. 2016d. "깨어진 여대야소의 신화: 한국일보 조사로 본 여소야대의 징후들", 〈EAI 오피니언 리뷰〉 제 2016-01호, 1～14.

______. 2017. "2016년 여론 회고와 2017년 설 이후 대선 여론 공방: 보수의 복원 없이 반기문 지지율 반등 어렵다", 〈KO 오피니언 리뷰〉 제 2017-03호, 1～10.

JTBC. 2016. 4. 7. "새누리 165～175석, 더민주 75～85석, 국민의당 20～30석, 정의당 5～10석".

〈한겨레신문〉. 2016. 3. 30. "〔총선 D-14〕 노회찬 '안철수, 여권 연대에 봉사 … 與, 200석도 가능'".

______. 2016. 4. 10. "새누리 170석 육박, 더민주 100석도 위태".

〈한국일보〉. 2016. 4. 8. 정한울 · 김회경. "與心 속속 이탈 … 여대야소 전망 흔들린다".

Abramowitz, A. I. & Saunders, K. L. 1998. "Ideological realignment in the U.S. electorate", *The Journal of Politics*, *60*(3), 634～652.

Brunell, T. L., Grofman, B., & Merrill III, S. 2012. "Magnitude and durability of electoral change: Identifying critical elections in the US congress 1854~2010", *Electoral Studies*, *31*(5), 816~828.

Darmofal, D. & Nardulli, P. F. 2010. "The dynamics of critical realignments: An analysis across time and space", *Political Behavior*, *32*(2), 255~283.

Hawley, G., & Sagarzazu, I. 2012. "Where did the votes go? Reassessing American party realignments via vote transfers between major parties from 1860 to 2008", *Electoral Studies*, *31*(4), 726~739.

Kang, W. C., & Jeong, H. W. 2017. "The Corruption scandal and voter realignment in the 19th presidential election in South Korea", presented in APSA Conference 2017.

Key, Jr., V. O. 1955. "A theory of critical election", *The Journal of Politics*, *17*(1), 13~18.

Norpoth, H., & Rusk, J. G. 2007. "Electoral myth and reality: Realignments in American politics", *Electoral Studies*, *26*(2), 392~403.

Önnudóttir, E. H., Hermann, S., & Harðarson, Ó. Þ. 2017. "Critical election in the wake of an economic and political crisis: Realignment of Icelandic party voters?", *Scandinavian Political Studies*, *40*(2), 157~181.

Silver, D. 2015. "5 facts about consistent conservatives", PEW Research Center. http://pewrsr.ch/1MUki6o, 2017. 10. 1. 검색.

| 제 2 부 |

유권자의 투표선택 요인

4장

촛불 참여와 유권자들의 변화

김보미

1. 서론

2017년 12월 예정이었던 제 19대 대통령선거가 5월 9일로 앞당겨졌다. 2016년 10월 박근혜 정부의 국정농단 의혹 사건이 드러나고, 국회의 박근혜 대통령 탄핵소추안 가결, 헌법재판소의 탄핵 인용은 10월부터 주말마다 전국에서 개최되었던 촛불집회가 없었다면 가능하지 않았을 것이다.

이번 촛불집회는 2008년 미국산 소고기 수입 반대 촛불집회를 포함해서 지금까지 개최되었던 촛불집회와는 그 규모에서부터 차이가 있다. 2016년 10월 29일부터 2017년 3월 11일까지 20여 차례 전국 각 도시에서 자발적으로 개최되었으며, 주최 측인 '박근혜 정권 퇴진 비상 국민행동'이 집계한 바에 따르면 1,600만 명(누적인원)이 넘는 국민이 집회에 참여했다고 한다. 중복참여자[1]를 고려하더라도, 15세~64세의 인구가 3,800만 명인 것을 생각했을 때 정치·사회에 대한 인지와 거동이 가능한 사람들 중 최소 3~4명 중 1명은 촛불집회에 참여한 경험이 있는 것으로 예측할 수 있다.

국민들은 국정농단에 대한 분노와 이를 바로잡아야겠다는 의지로 거리로 쏟아져 나왔고, 국민 하나하나의 뜻이 모인 행동은 국가의 정치권력 변동을 일으켰다. 이는 국가적으로도, 역사적으로도 중요한 전환점을 만들어 낸 것이라고 할 수 있다. 그러나 국가적·역사적 의미 외에도 주목해야 할 것은 이 일련의 사건을 통한 국민들 스스로의 변화라고 할 수 있다. 국민들은 촛불집회를 통해 적극적으로 정치적 참여를 시도했고, 대통령의 탄핵과 정권 변화라는 정치적 참여에 대한 성공 경험을 갖게 되었다. 정치적인 활동과 이에 대한 성공 경험은 참여자 스스로 정치에 대한 태도나 본인 능력에 대한 인식, 이후 정치적 활동 등에 여러 가지 영향을 미치는 것으로 알려져 있다(안형기·신범순 2006, 43). 촛불집회에 참여한 국민들에게는 이전과 다른 변화가 발생했을 것이며, 앞으로 국민들은 지금까지와는 다른 경로의 행동을 취하게 될 것이다.

이 글은 촛불집회라는 정치적 참여가 국민들에게 어떤 변화를 이끌어냈는가에 주목하고자 한다. 국민들 대다수가 참여한 촛불집회 이후, 변화를 겪은 국민들이 제 19대 대통령선거에서 어떻게 반응을 하여 정치적인 활동을 했는가를 파악하고자 한다. 이를 통해 향후 변화

---

1) 촛불집회와 관련한 설문조사 결과를 살펴보면, 촛불집회 참여자 중 중복참여자의 비중이 높지 않은 것으로 나타났다. 〈내일신문〉·현대정치연구소의 조사(2016년 12월)에 따르면 촛불집회 참여 횟수에 대한 응답이 1회 56.4%, 2회 26.5%, 3회 이상 17.1%로 나타났으며, EAI 대선 패널조사(2017년 4월)에서도 1~3회 81.3%, 4회 이상 18.7%로 나타났다.

한 국민들의 인식이 우리 사회에 어떠한 동력으로 작용할 수 있을까에 대한 고민을 해 보고자 한다.

2. 정치적 참여는 참여자에게 어떤 영향을 미치는가?

1) 정치적 참여

민주주의를 유지 혹은 발전시키는 요소로서 국민의 정치적 참여는 이전부터 매우 중요한 이슈였으며, 학자들은 점차적으로 하락하는 투표율과 정치에 대한 관심도 등 영향관계에 있는 요소들에 높은 관심을 보였다(서현진 2003; 339).

정치적 참여란 일반적으로 '시민이 정부 및 정부 정책, 정치에 영향을 미치고자 하는 행동'을 의미한다(Milbrath & Goel 1977). 학자들마다 정치적 참여에 대한 정의가 다른데, 협의의 입장을 선택한 학자들은 불법적인 행위를 제외하고 투표나 캠페인 활동, 정치인 접촉과 같이 민주주의 체제에서 허용되는 합법적이고 통상적인 행동만을 정치적 참여의 범위에 포함시킨다(Verba et al. 1995; Scholzman 2002, 434). 광의적 입장을 취하는 학자들은 불법적인 것을 포함하여 정치와 관련된 모든 활동들이 정치적 참여의 범위에 포함된다고 본다. 정치적 참여는 개별적이거나 집단적이거나, 조직적이거나 자연발생적이거나, 지속적이거나 산발적이거나, 평화적이거나 폭력적이거나, 합법적이거나 불법적이거나, 효과적이거나 비효과적일 수 있다고 설명한다(Huntington & Nelson 1976; 박찬욱 2005; 류태건 2010; 김한나 2016).

정치적 참여의 유형은 개념 정의에 따라 합법적 혹은 불법적, 의례적 혹은 비의례적, 자발적 혹은 비자발적 등 포함시키는 행동의 범위나 기준이 달라지며, 대체로 관습적·제도적/비관습적·비제도적의 구분이 많이 활용된다. 관습적 참여는 보통 제도적 경로를 이용한 참여 형태로서 투표, 토론, 집회 참석, 정치인 접촉 등의 활동을 의미하며, 비관습적 참여는 기존의 제도적 경로를 벗어난 서명운동, 공과금 납부 거부, 시위, 점거, 기물파손, 구타행위 등을 말한다(최창호 1996, 655). 시위의 경우 비제도적·비관습적 참여로 구분되는 경향이 높으나, 합법의 기준으로 제도와 비제도를 구분하는 경우, 법규에서 금지하고 있는가에 따라서 합법적인 시위와 불법적인 시위를 구분하기도 한다. 불법적인 시위는 주로 항의성이 농후한 형태의 참여를 의미한다(김병준 1994, 446). 뮐러(Muller 1982)는 합법성과 관습 여부를 기준으로 2×2로 나누어 구분한다. 합법적인 동시에 관습적인 참여에 포함되는 것은 투표, 선거운동, 공직자 접촉, 지역사회 활동 등이 있고, 비관습적 참여는 청원 보이콧, 시위 등이 있다. 이에 따라 촛불집회를 구분하면 법으로 금지되어 있지는 않기 때문에 합법적·제도적 참여로 볼 수도 있으나, 집회의 내용 및 성격이 항의성을 내포하고 있기 때문에 비관습적인 정치적 참여에 가깝다고 할 수 있다. 정치적 참여의 유형 구분은 다양한 정치적 참여 형태들의 본질적 차이에 따라 서로 다른 원인과 결과를 갖고 있기 때문에 형식적인 분류는 적절하지 않으며, 정치적 참여의 연구 시 일차적으로 필요한 작업이라고 할 수 있다(Huntington 1981, 15; 류태건 2010, 251).

2) 정치적 참여와 정치적 효능감

정치적 참여와 관련한 연구를 살펴보면, 정치적 참여에 영향을 미치는 혹은 영향을 받는 요인으로써 정치적 효능감, 정부신뢰와의 관계를 규명하고자 하는 연구들이 많이 진행된 것을 알 수 있다(서현진 2003; 안형기 · 신범순 2006; 하종원 2006; 곽현근 2007; 김왕식 2008; 배귀희 · 임승후 2009; 류태건 2010; 최정화 2012; 김종욱 2012; 김은이 2013; 정한울 · 이곤수 2013; 김한나 2016).

정치적 효능감은 캠벨과 밀러(Campbell & Miller 1954)에 의해 '개인의 정치적 행동이 정치과정에 영향을 미치거나 미칠 수 있다는 느낌'으로 처음 정의된 뒤, 수십 년간 시민의 정치적 태도의 지표로 사용되고 있다. 사회인지이론에서 파생된 자기효능감은 행동수행 결과에 대한 판단인 동시에 행동수행 능력에 대한 판단이라고 할 수 있다(Bandura 1997). 자기효능감은 단순히 결과가 아닌, 어떤 과정을 거치는가에 영향을 받는다. 개인이 어떤 귀인 과정을 거치는가에 따라서 자기효능감에 긍정적인 영향을 미칠 수도 있고, 부정적인 영향을 미칠 수도 있으며, 전혀 영향을 미치지 않을 수도 있다(Bandura 1977; Silver et al. 1995; 강수영 2013). 즉, 성공적인 수행 결과가 나오더라도 본인이 아닌 외부 요인에 그 결과가 나오면 수행은 자기효능감에 어떤 영향도 미치지 않을 수 있다(Bandura 1997). 따라서 정치적 역할에 대한 자기효능감인 정치적 효능감은 어떠한 정치적 행동에 따라 기대되는 결과라기보다는 정치적 행동의 수행 능력에 대한 개인의 신념이라고 할 수 있다(Bandura 1997; 류태건 2010, 245).

정치적 효능감은 시민의 정치적 참여 수준에 영향을 미치는 심리적 결정 요인으로 많이 연구되기도 하지만(안형기·신범순 2006), 그 역관계에 대해서도 많은 연구들이 진행되고 있다(이승종·김혜정 2011, 230). 귀인과정이 자기효능감에 영향을 미치는 것과 같이 자신의 정치적 참여가 어떤 정치적 결정에 영향을 미쳤다고 주관적으로 인식하게 되면 정치적 효능감은 높아지게 되고, 자신의 능력에 대한 신념을 가진 개인은 정치적 참여에 대하여 보다 적극적인 태도를 갖게 되는 것이다. 즉, 정치적 효능감과 정치적 참여는 서로 선순환적으로 영향을 미치는 관계라고 할 수 있다. 발렌티노 외(Valentino et al. 2009)는 1990~1992년 미국 선거 패널조사 자료분석을 통해 1990년도에 투표에 참여하여 지지후보가 당선된 경험이 있는 유권자들은 이전보다 효능감이 높아진다는 것을 입증한 바 있다. 핀켈(Finkel 1985)도 경험적인 연구를 통해 정치적 효능감이 투표나 캠페인 활동 등 정치적 참여에 긍정적인 영향을 미치며, 정치적 참여가 다시 정치 효능감을 높이는 데 작용한다고 하여 두 요소 사이에 상호관계가 있음을 밝혀냈다. 권력 변동을 이끌어 낸 촛불집회에 참여한 사람들은 그렇지 않은 사람들에 비해 정치적 효능감이 높아졌을 가능성이 크고, 높은 정치적 효능감을 가진 사람들은 이번 제 19대 대통령선거에서 활발하게 정치적 참여활동을 했을 가능성이 있다.

그러나 앞서 언급했던 것처럼 정치적 참여와 관계된 요소들을 연구하기 위해서는 정치적 참여에 대한 유형 구분이 필요하다. 정치적 참여의 유형마다 그 본질이 다르기 때문에 모든 정치적 참여가 일률적으로 정치적 효능감과 정적인 상관관계를 가진다고 보기는 어렵다. 김종욱(2012)은 일본 시민을 대상으로 한 조사에서 시민 참여를 ① 정당·정치 활동(선거운동, 투표 의뢰, 정치가 후원회, 정당 당원, 정당에 헌금, 정당 · 정치가의 집회, 시위 · 집회 등), ② 시민활동(관청에 상담, 청원서 등에 서명, 자치회 활동, 시민 · 주민 활동, 지역 자원봉사 활동, NPO 활동 등), ③ 토의 및 토론 활동(의회 방청, 지자체 심의회 방청, 지자체 심의회 위원 등의 참여인), ④ 개인적 의견표명 활동(정치가에 편지 · 전화, 관청에 상담, 인터넷을 통한 의견표명, 퍼블릭 코멘트 등)으로 나누고, 4가지의 유형의 참여 여부에 따라 정치적 효능감의 차이가 존재함을 밝혔다. 각기 다른 유형의 정치적 참여는 참여의 동기에서부터 차이가 있기 때문에 참여 영향 요인과 참여에 대한 효능감도 다른 것이다(김욱 · 김영태 2006). 이 글에서 다루고자 하는 촛불집회의 참여는 합법적이지만 시간과 노력이 많이 드는 비관습적인 참여라고 할 수 있으며, 대통령선거와 관련한 참여 활동들은 합법적이고 관습적인 참여이다.

3) 정치적 참여와 정부신뢰

정부신뢰는 정부가 정부운영에 대해 국민들이 가지는 규범적 기대에 따라 운영되고 있다고 믿는 신념을 말한다(Miller 1974, 989). 정부신뢰는 여러 경험적인 연구를 통해 정치적 효능감과 함께 정치적 참여와 영향관계가 있다고 제시되지만, 이 두 요소 간의 관계에 대한 학자들의 의견은 많은 연구의 축적에도 불구하고 상이하게 나타난다.

먼저 정치적 참여가 정부신뢰에 미치는 영향과 관련한 연구를 살펴보면, 이 둘 간의 관계를 정(+)의 관계를 보는 입장과 부(-)의 관계로 보는 입장으로 나뉜다. 정치적 참여와 정부신뢰를 정(+)의 관계로 보는 학자들은 참여를 통해 신뢰, 협력, 네트워크 등의 사회 자본이 향상될 것이라는 입장에서 정부신뢰도 정(+)의 관계를 가진다고 주장한다(Tocqueville 1984; Putnam 1993). 로스스타인(Rothstein 2001)의 연구에서도 노동조합 및 정당에 가입하는 등의 정치적 참여에 적극적인 사람일수록 정부신뢰가 높다는 것을 경험적으로 뒷받침한다. 부(-)의 관계로 인식하는 학자들은 참여를 통해 참여자가 정부에 대한 정보를 많이 얻게 될수록 정부에 대한 신뢰도가 떨어지며(Stolle & Rochon 1998), 시민의 참여 수준이 높은 사람일수록 정부에 대한 불신도가 높고, 정치 만족도도 낮다는 것을 밝혀내었다(장수찬 2002).

정부신뢰가 정치적 참여에 미치는 영향과 관련해서도 상반된 연구결과가 존재한다. 정부신뢰가 높을수록 참여의 필요성을 느끼지 않고, 정부의 신뢰가 낮을수록 비합법적인 형태의 정치적 참여가 발생한다는 의견도 있다(Kaase 1999; Muller 1982). 반대로 아몬드와 버바(Almond & Verba 1965), 이스턴(Easton 1965)과 같이 정부를 신뢰할수록 보다 많이 참여한다는 주장과 시트린(Citrin 1974), 로젠스톤과 한센(Rosenston & Hansen 1993) 등과 같이 정부신뢰가 투표, 선거운동과 같은 관습적인 정치적 참여와 전혀 관련이 없다는 주장도 있다.

정부신뢰와 정치적 참여에 대해, 일관되지는 않지만 많은 연구들에서 이들의 관계에 대해 검증한바, 정치적 참여가 영향을 받거나 영향을 미칠 수 있는 요소로 검토해 볼 필요가 있다.

따라서 이 글에서는 정치적 참여에 영향을 받기도 하고, 영향을 미치기도 하는 정치적 효능감과 정부신뢰를 통해 제 19대 대통령선거의 유권자인 국민들이 촛불집회에 참여함으로써 어떠한 변화가 나타났는지 검토해 보고자 한다. 앞선 논의를 바탕으로 다음과 같은 가설을 설정하였다.

가설 1: 촛불집회 참여(합법적 · 비관습적)를 많이 한 사람일수록 정치적 효능감에 영향을 미쳤을 것이다.

가설 2: 촛불집회 참여(합법적 · 비관습적)를 많이 한 사람일수록 정부신뢰에 영향을 미쳤을 것이다.

가설 3: 정치적 효능감이 높은 사람일수록 선거운동(합법적 · 관습적)에 적극적으로 참여했을 것이다.

가설 4: 정부신뢰가 높은 사람일수록 선거운동(합법적 · 관습적)에 적극적으로 참여했을 것이다.

위의 연구가설을 검증하기 위해서 동아시아연구원의 주관으로 한국리서치에 의해 실시된 2017년 대선 패널조사 자료를 활용했다. 조사는 대통령선거 전인 4월 18일부터 20일까지 1,500명을 대상으로 1차 전화면접 조사를 실시한 뒤, 대통령선거 직후 5월 11일부터 14일까지 1차 조사의 응답자를 대상으로 2차 조사를 실시하였다. 최종적으로 1 · 2차에 모두 답한 응답자는 1,157명으로 집계되었다.

3. 촛불집회는 누가 참여했을까?

우선, 촛불집회에 어떤 사람들이 참여했는지 살펴보면 다음과 같다. 1차 때 조사된 결과에 의하면 1,500명 중 30.6%가 촛불집회에 참여하였으며, 참여자들의 대부분은 20회 중에서 3회 이내로 참여한 것으로 나타났다. 참석 여부를 기준으로 연령별로 비교해 보면, 20대가 약 45% 정도로 가장 참여율이 높고, 40대, 30대 순으로 이어진다. 20~40대는 40% 이상이 참여한 반면, 60대 이상은 10% 내외로 참여율이 매우 저조하여 대비된다. 이번 촛불집회에서 학력과 가구소득별로 비교해 보면, 학력이 높을수록, 소득이 높을수록 집회에 대한 참여율이 높은 경향이 나타났다. 이 중 중졸 이하의 학력을 가진 사람들의 90% 가까이는 60대 이상으로 학력의 결과가 연령과도 관계가 있다고 할 수 있다. 주관적 계층의식에 따른 참여 현황을 살펴보면, 큰 차이는 아니

〈표 4-1〉 촛불집회 참여자의 특성

단위: %

촛불집회 참여 횟수		없다	1~3회	4~6회	7~9회	10회 이상
전체		69.4	24.8	3.6	1.0	1.1
성별	남자	67.2	25.4	4.4	1.4	1.6
	여자	69.7	25.7	2.7	0.9	1.0
연령	19~29세	54.5	38.6	4.0	1.9	1.0
	30~39세	63.7	29.3	5.2	1.4	0.4
	40~49세	58.3	33.7	4.6	1.2	2.1
	50~59세	73.6	21.5	2.9	0.6	1.4
	60~69세	88.7	7.4	2.0	0.5	1.5
	70세 이상	92.0	6.0	1.3	0.0	0.0
학력	중졸 이하	93.3	4.0	1.9	0.0	0.0
	고졸	80.1	15.9	2.0	0.8	1.2
	대재 이상	61.6	31.4	4.4	1.2	1.3
월평균 가구소득	200만 원 미만	85.1	8.7	3.9	0.8	0.9
	200~300만 원 미만	80.3	17.2	0.5	1.5	0.5
	300~500만 원 미만	64.9	30.6	2.2	0.4	1.9
	500~700만 원 미만	64.4	28.5	4.8	1.6	0.6
	700만 원 이상	58.7	31.4	7.3	1.5	1.2
주관적 계층의식	하층	69.8	24.1	3.5	1.0	1.6
	중층	66.0	27.6	3.6	1.5	1.3
	상층	70.5	25.9	2.7	0.9	0.0
이념 성향	진보	51.7	38.7	5.0	1.9	2.6
	중도	74.7	21.2	3.1	0.7	0.2
	보수	81.0	15.2	2.1	0.7	1.0

지만, 중층이라고 인식하는 계층에서 참여율이 가장 높았던 것으로 나타났다. 또한, 진보일수록 촛불집회의 참여율이 높은 것으로 나타났다.

4. 촛불집회 참여가 국민들의 정치적 효능감을 높였을까?

정치적 효능감[2]은 2012년 제 18대 대통령선거와 비교하여 현재 더 높아진 것으로 나타났다. 정치적 효능감이 낮음을 의미하는 긍정적인 답변의 비율은 40.5%에서 33.1%로 하락하고, 정치적 효능감이 높음을 의미하는 부정적인 답변은 58.3%에서 64.8%로 높아졌다. 여러 정치적 사건에도 불구하고, 국민들의 정치적 효능감은 전반적으로 높아졌다. 사회적 배경에 따른 정치적 효능감의 분포를 살펴보면, 연령에 따른 차이가 두드러지게 나타나는 것을 알 수 있다. 20~40대의 정치적 효능감이 70% 이상이고, 특히 20대의 경우 92.1%인 것에 비

2) 정치적 효능감은 관련 연구가 축적되면서 내적 효능감(*internal efficacy*)과 외적 효능감(*external efficacy*)으로 구분하여 측정 및 분석되었다(Lane 1959). 내적 효능감은 자신의 능력에 대한 자기 인식으로 "자신이 정치적 결정과정에 영향을 미칠 수 있는 필요한 자원과 기술을 가지고 있다는 개인의 주관적 지각"이고, 외적 효능감은 정부대응성과 관련한 개인의 생각으로 "정치 시스템이 국민들의 요구에 얼마나 잘 귀를 기울이고 있는가"에 대한 개인의 태도이다(Miller et al. 1980, 273). 이 글에서는 외적 효능감 개념이 정부신뢰나 지지 개념과 차이가 불명확함에 따라 분석 및 해석 과정에서 혼란을 줄 가능성이 있어(Madson 1987) 내적 효능감만을 대상으로 측정 및 분석하였다. 내적 효능감은 "우리 같은 사람은 정부가 하는 일에 대해 말할 자격이나 능력이 없다"에 대한 동의 정도를 4점 척도로 측정하였다(1 = 매우 그렇다, 2 = 대체로 그렇다, 3 = 별로 그렇지 않다, 4 = 전혀 그렇지 않다).

〈그림 4-1〉 제 18대, 제 19대 대선에서의 정치적 효능감 비교

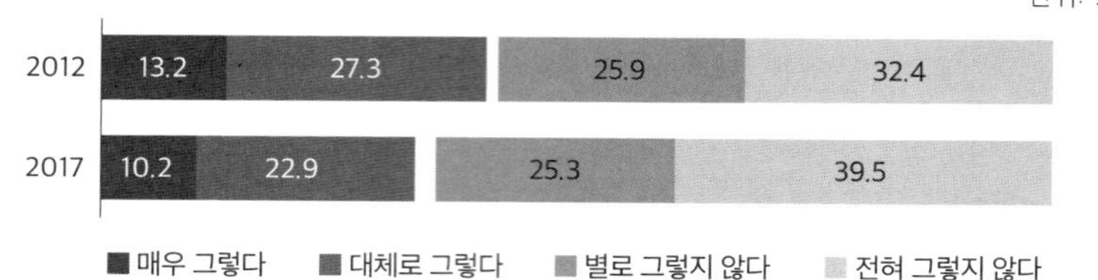

주: "우리 같은 사람은 정부가 하는 일에 대해 말할 자격이나 능력이 없다"에 대한 응답.
출처: KEPS 2012 6차 조사, EPS 2017 2차 조사.

〈표 4-2〉 사회경제적 배경과 정치적 효능감

단위: %

		낮음	높음
학력	중졸 이하	55.7	44.3
	고졸	53.9	46.1
	대재 이상	24.1	75.9
연령	19~29세	7.9	92.1
	30~39세	17.2	82.8
	40~49세	29.5	70.5
	50~59세	53.5	46.5
	60~69세	52.1	47.9
	70세 이상	55.8	44.2
주관적 계층의식	하층	38.7	61.3
	중층	28.0	72.0
	상층	33.3	66.7
월평균 가구소득	200만원 미만	46.9	53.1
	200~300만 원 미만	32.5	67.5
	300~500만 원 미만	35.4	64.6
	500~700만 원 미만	29.2	70.8
	700만 원 이상	26.9	73.1

해 50대 이상은 50% 미만으로, 50세를 기준으로 극명한 차이가 나타난다. 20~40대는 2012년 조사결과와 비교해 보더라도 50대 이상과는 다른 행보를 보인다. 2012년 조사결과에 따르면 정치적 효능감이 높은 비율이 20대는 81.3%, 30대는 65.8%, 40대는 57.0%, 50대는 42.8%, 60대는 47.7%로, 2017년 조사에서 20대는 10.8%p, 30대는 17.1%p, 40대는 13.5%p 상승하였지만, 50대 이상은 거의 변동이 없다. 그 외에도 촛불집회와 마찬가지로 월평균 가구소득이 높을수록, 학력이 높을수록 정치적 효능감이 높아지는 경향이 나타났으며, 주관적 계층을 중층이라고 인식하는 계층이 다른 계층보다 정치적 효능감이 높은 것으로 나타났다. 촛불집회의 참여율과 정치적 효능감이 비슷한 분포 양상을 보이는 것을 알 수 있다.

첫 번째 가설인 '촛불집회의 참여가 정치적 효능감에 영향을 미쳤는가'에 대해 좀더 명확하게 분석해 보고자 회귀분석을 실시하였다. 통제변수로 일반적으로 정치적 효능감에 영향을 미치는 것으로 알려진 연령, 학력, 소득, 계층이 분석에 포함되었다. 〈표 4-3〉에 나타난 회귀분석 결과를 살펴보면, 촛불집회에 많이 참여한 사람일수록 정치적 효능감이 높아진 것으로 나타났다. 이는 다시 말하면, 촛불집회에 참여한 것으로 나타난 국민의 약 30%가 정치적 효능감이 높아졌다는 것을 의미한다. 특히, 투표와 달리 시간과 노력 등 많은 비용이 필요한 집회 및 시위에 20~40대의 청·장년층의 적극적인 정치적 참여와 이를 통한 정치적 효능감의 상승은 앞으로 국가운영에 있어서 이들의 활동이 수동적이지만은 않을 것을 시사한다.

다만, 이 결과에 대해서 촛불집회의 참여를 정치적 참여 형태의 하나로 간주하여 비관습적인 참여와 정치적 효능감을 정(+)적인 관계로

〈표 4-3〉 촛불집회와 정치적 효능감: 선형 회귀분석

	B	표준화계수(β)
학력	0.155*	0.096
연령	-0.257*	-0.392
월평균 가구소득	-0.086*	-0.106
주관적 계층의식	0.142*	0.940
촛불집회 참여 횟수	0.94*	0.680

주: 1) F = 53.442, R^2 = 0.192, * $p < 0.05$

2) 종속변수: 정치적 효능감(2017년 EAI 패널조사 2차 조사)(1 = 정치적 효능감 매우 낮음~4 = 매우 높음), 학력(1 = 중졸 이하, 2 = 고졸, 3 = 대재, 4 = 대졸 이상), 소득(1 = 200만 원 미만, 2 = 300만 원 미만, 3 = 400만 원 미만, 4 = 500만 원 미만, 5 = 600만 원 미만, 7 = 600만 원 이상), 주관적 계층의식(1 = 하층, 2 = 중층, 3 = 상층).

해석하지 않도록 주의해야 한다. 촛불집회의 참여는 집회의 목적이 받아들여진 상황이기 때문에 긍정적인 영향을 미쳤지만, 받아들여지지 않은 상황에도 긍정적인 영향을 미치리라고 확신할 수는 없다. 그 외 통제변수인 학력, 연령, 월평균 가구소득, 주관적 계층의식 모두 유의미한 요인으로 나타났는데, 학력이 높을수록, 연령이 낮을수록, 주관적 계층의식이 높을수록 본인 스스로의 행동이 정치적으로 영향을 미칠 수 있다고 믿는 것으로 나타났다. 반면, 가구소득이 높을수록 정치적 효능감은 낮은 것으로 나타났다.

5. 촛불집회 참여가 정부에 대한 신뢰를 높였을까?

정치적 효능감과 마찬가지로 정부신뢰의 추이를 살펴보면, 지속적으로 하락 중이던 정부신뢰가 2017년에 2016년보다 약 5%p 상승하였다. 특히 매우 신뢰하지 않는다고 답한 응답자가 18.4%에서 7.3%

〈그림 4-2〉 정부신뢰도 비교: 2013년~2017년

단위: %

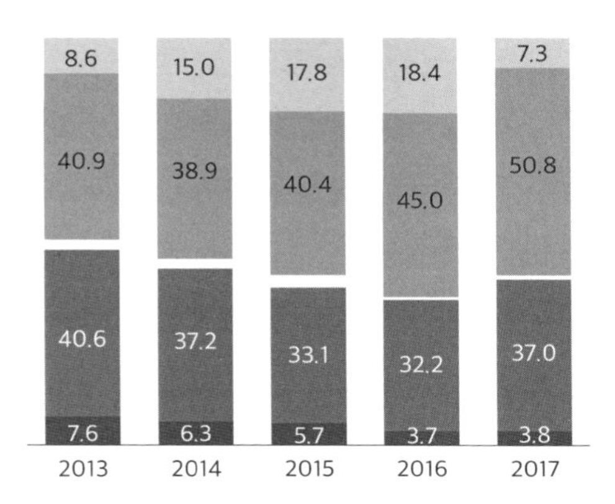

출처: GlobeScan · 동아시아연구원. RADAR 2013, 2014, 2015, 2016.

로 10%p 가까이 줄어들었다. 사회경제적 배경에 따른 정부신뢰를 살펴보면 정치적 효능감과 비슷한 분포를 보이는 것을 알 수 있다. 학력이 높을수록, 연령이 낮을수록, 가구소득이 높을수록 정부신뢰도가 높으며, 주관적 계층의식은 큰 차이는 아니지만 중층이 높은 신뢰도를 보인다. 2016년과 연령별 정부신뢰도를 살펴보면, 정부를 신뢰한다는 답변의 비율이 20대는 34.1%, 30대는 28.9%, 40대는 27.1%, 50대는 37.4%, 60대는 48.7%로 20~40대는 40%p 가까이 상승한 것과 다르게 50대는 17.1%p 상승하였고, 60대는 6.6%p 하락하였다. 그러나 정부신뢰의 분포만을 가지고 촛불집회와 정부신뢰의 관계를 예측하기에는 한계가 있다. 조사를 대통령선거 직후에 실시했기 때문에 문재인 대통령이 당선된 이후, 문재인 대통령에 대한 기대감이 정부신뢰에 반영되었을 가능성이 있다. 한국과 같은 제왕적 대통령제 국가에서 대통령의 리더십은 국정운영에 대한 정부신

〈표 4-4〉 사회경제적 배경과 정부신뢰

단위: %

		신뢰하지 않는다	신뢰한다
학력	중졸 이하	67.7	32.3
	고졸	49.6	50.4
	대재 이상	35.1	64.9
연령	19~29세	28.2	71.8
	30~39세	30.3	69.7
	40~49세	34.6	65.4
	50~59세	45.5	54.5
	60~69세	57.9	42.1
	70세 이상	64.8	35.2
주관적 계층의식	하층	41.6	58.4
	중층	39.0	61.0
	상층	50.0	50.0
월평균 가구소득	200만 원 미만	61.8	38.2
	200~300만 원 미만	39.5	60.5
	300~500만 원 미만	39.0	61.0
	500~700만 원 미만	36.4	63.6
	700만 원 이상	36.0	64.0

뢰에 중요한 영향을 미치기 때문이다. 정부신뢰는 대통령의 지지율에 의해 영향을 받을 가능성이 있다. 실제로 동일한 설문지에서 문재인 대통령의 국정운영에 대한 질문에 88.4%가 '잘할 것'이라고 응답하였다.

두 번째 가설인 촛불집회의 참여가 정부신뢰에 영향을 미쳤는가를 알기 위해서 회귀분석을 실시하였다. 그 결과, 정부신뢰에 촛불집회 참여는 유의미한 영향을 미치지 않은 것으로 나타났다. 통제변수인 학력, 연령, 주관적 계층의식만 정부신뢰에 유의미한 것으로 나타났다. 즉, 정부신뢰가 전반적으로 높아졌지만, 촛불집회 참여라는 행위

〈표 4-5〉 촛불집회와 정부신뢰: 선형 회귀분석

	B	표준화계수(β)
학력	-0.116*	-0.109
연령	0.061*	0.143
월평균 가구소득	-0.028	-0.052
주관적 계층의식	0.077*	0.075
촛불집회 참여 횟수	-0.015	-0.016

주: 1) F = 14.445, R^2 = 0.057, * $p < 0.05$

2) 종속변수: 정부신뢰(EAI 2017년 패널조사 2차 조사)(1 = 정부신뢰 매우 낮음~4 = 매우 높음), 학력(1 = 중졸 이하, 2 = 고졸, 3 = 대재, 4 = 대졸 이상), 소득(1 = 200만 원 미만, 2 = 300만 원 미만, 3 = 400만 원 미만, 4 = 500만 원 미만, 5 = 600만 원 미만, 7 = 600만 원 이상), 주관적 계층의식(1 = 하층, 2 = 중층, 3 = 상층).

의 영향은 아니라는 것이다. 정치적 참여와 정부신뢰를 긍정적인 관계로 인식했던 학자들은 촛불집회와 같은 비관습적인 참여가 아닌, 주로 노동조합 및 정당가입 등 관습적인 참여를 대상으로 하였으며, 참여와 그로 인해 신뢰가 지속적으로 쌓이는 상황에서의 영향관계를 분석하였다. 그러나 이 분석에서의 촛불집회는 사회에 대한 분노와 분배의 불공정, 격차 인식과 같은 부정적인 사회경제적 인식을 가진 사람들의 비관습적인 참여[3]이며, 지속적인 참여보다는 일시적이고, 특수한 상황에서의 참여였기 때문에 이러한 결과가 나타난 것으로 해석된다.

3) 이지호 외(2017, 163)는 촛불집회 참여자들을 대상으로 한 조사결과를 통해 촛불집회의 참여와 분배의 불공정, 격차 인식과 같은 사회경제적 인식이 연관성이 있음을 제시하였다.

6. 정치적 효능감과 정부신뢰는 선거활동 참여에 어떤 영향을 미쳤을까?

세 번째 가설과 네 번째 가설인 높아진 정치적 효능감과 정부신뢰가 선거활동 참여[4]에 영향을 미쳤는지를 살펴보기 위해 로지스틱 회귀분석을 실시하였다. 학력, 연령, 가구소득, 주관적 계층인식을 통제한 조건에서 선거와 관련한 활동에 대한 정치적 효능감과 정부신뢰의 영향력을 검증하였다.

〈표 4-6〉의 결과를 살펴보면, 정치적 효능감이 선거활동 참여에 영향을 미친다는 세 번째 가설은 유의미한 것으로 나타났다. 승산비〔Exp(B)〕가 높다는 것은 아무런 활동을 하지 않는 것보다 각 선거활동에 참여할 가능성이 높다는 것을 의미한다. 분석결과에 따르면 정치적 효능감의 값이 한 단위 커질 때, 선거 관련 다른 사람의 게시물을 읽어 보는 행위는 17.8%, 후보를 지지하거나 비판하는 자료를 작성하고 업로드 하는 적극적인 행위는 65.1%로 할 가능성이 더 높은 것으로 나타났다. 이를 통해 이번 제 19대 대통령선거 과정에서 정치적 효능감이 높은 사람일수록 좀더 적극적인 활동이라고 할 수 있는 글이나 자료작성을 했던 것을 알 수 있다. 그러나 언론보도나 다른 사람들의 글이나 자료를 공유하는 것은 정치적 효능감과의 유의미한 관련

---

4) 선거활동 참여는 대통령선거 기간 중 선거와 관련한 SNS 서비스의 활동범위에 대한 질문을 통해 측정하였다. 질문에 대한 응답은 ① 선거와 관련해 SNS 서비스를 활용해 본 적이 없다, ② 선거 관련 다른 사람들의 게시물을 꼼꼼히 읽어 보았다, ③ 언론보도나 다른 사람들이 올린 글, 사진, 동영상 등을 리트윗하거나 공유해 보았다, ④ 후보를 지지하거나 비판하는 글, 사진, 동영상을 직접 작성 및 업로드해 보았다 등 4개로 구분하여 조사했다.

〈표 4-6〉 선거활동 참여: 로지스틱 회귀분석

척도		Exp(B)	표준오차	유의 수준
"선거와 관련해 SNS 서비스를 활용해 본 적이 없다" 기준				
선거 관련 다른 사람들의 게시물을 꼼꼼히 읽어 보았다	정치적 효능감	1.178*	0.078	0.035
	정부신뢰	1.127	0.109	0.270
	학력	1.302	0.143	0.066
	연령	0.920	0.057	0.145
	월평균 가구소득	1.068	0.068	0.338
	주관적 계층인식(하층) (상층 기준)	1.169	0.268	0.560
	주관적 계층인식(중층) (상층 기준)	1.216	0.256	0.445
언론보도나 다른 사람들이 올린 글, 사진 등을 공유해 보았다	정치적 효능감	1.139	0.100	0.194
	정부신뢰	0.784	0.142	0.086
	학력	1.136	0.190	0.502
	연령	0.916	0.076	0.248
	월평균 가구소득	1.317*	0.089	0.002
	주관적 계층인식(하층) (상층 기준)	2.240*	0.384	0.056
	주관적 계층인식(중층) (상층 기준)	1.878	0.371	0.089
후보를 지지하거나 비판하는 자료를 작성 및 업로드해 보았다	정치적 효능감	1.651*	0.206	0.015
	정부신뢰	1.422	0.261	0.178
	학력	1.377	0.377	0.397
	연령	1.139	0.142	0.360
	월평균 가구소득	1.557*	0.172	0.010
	주관적 계층인식(하층) (상층 기준)	1.508	0.572	0.473
	주관적 계층인식(중층) (상층 기준)	0.988	0.548	0.982
χ^2		71.664		
Nagelkerke R^2		0.071		
유의도 * $p < 0.05$				

이 없는 것으로 나타났다. 그 외 통제변수를 살펴보면, 자료를 공유하는 것에 있어서 월평균 가구소득과 주관적 계층인식이 영향을 미쳤던 것으로 나타났으며, 자료를 작성 및 업로드하는 활동도 월평균 가구소득과 유의미한 관련이 있는 것으로 나타났다.

네 번째 가설인 정부신뢰와 선거활동 참여의 영향관계는 분석결과, 정부신뢰는 선거활동 참여에 유의미한 영향을 미치지 않는 것으로 나타났다. 정부에 대한 신뢰도가 합법적이고 관습적인 정치적 참여에는 관련이 없다는 기존 연구를 뒷받침한다고 할 수 있다.

7. 결론

지금까지 촛불집회의 참여부터 제 19대 대통령선거에 이르기까지 길지 않은 기간 동안 국민들의 정치적 참여가 국민 스스로에게 어떠한 영향을 미쳤고, 이 변화가 제 19대 대통령선거에 어떠한 작용을 했는가를 정치적 효능감과 정부신뢰를 중심으로 경험적으로 분석해 보았다.

주요 결과를 정리하면 다음과 같다. 첫째, 촛불집회를 주도적으로 참여하고 이끌었던 20～40대의 변화가 뚜렷하게 나타났다. 정치적 효능감과 정부신뢰 모두 전반적으로 이전 조사와 비교하여 높아졌지만, 그 변화 수준에 있어서 20～40대와 50대 이상은 큰 차이를 보였다. 특히 20대의 경우, 90% 이상이 현재 높은 정치적 효능감을 가진 것으로 나타났다. 둘째, 촛불집회의 참여는 국민들의 정치적 효능감을 높였으며, 이는 적극적인 선거활동으로까지 이어졌음을 알 수 있다. 셋째, 촛불집회의 참여는 정부신뢰에는 영향을 미치지 못하였으며, 정부신뢰도 선거활동과는 관련이 없는 것으로 나타났다.

이러한 분석결과를 통해 촛불집회라는 일시적이고 특수한 상황에서의 정치적 참여가 국민들의 정치적인 역할을 확대시켰음을 확인하게 되었다. 국민들 스스로 정부・정책의 본인의 능력을 확인하는 계기가 되었고, 이는 또 다른 정치적 활동의 적극적인 참여로 연결되었다. 국정농단을 계기로 정치에 관심을 가지고 집회에 참여한 다수의 사람들이 앞으로 국정운영 과정에서 새로운 주축이 될 수 있는 가능성이 있음을 확인하게 된 것이다. 특히, 국정운영 과정에서 정책에 대한 지지나 반대에 정치적 효능감이 높아진 청・장년층이 그 영향력을 행사할 가능성이 높아졌다. 그러나 촛불집회의 참여는 정부신뢰로 이어지지는 못하였다. 정부신뢰는 정치적 효능감과 같이 국정운영 과정에서 정책의 수용과 관련하여 중요한 역할을 하는 하나의 요인이다. 지금까지 낮은 정부신뢰, 정부에 대한 불신으로 인해 많은 행정비용이 낭비되었다. 그 원인을 뚜렷하게 밝혀내지는 못하였지만, 이번 사건을 계기로 계속 하락하던 정부신뢰가 높아졌음을 알게 되었다. 정치적 참여와는 관련이 없다고 밝혀졌지만, 앞으로 정부에 대한 국민의 신뢰 추이를 지켜보고, 이에 영향을 미친 원인을 찾아내어 높아진 정부신뢰를 유지 및 향상시킬 수 있도록 하는 것이 필요하다.

참고문헌

강수영. 2013. “정치적 자기효능감 척도(PSES) 제작 및 타당화 연구”, 〈한국언론학보〉 57(3), 294~323.

곽현근. 2007. “지방정치 참여의 영향요인에 관한 다수준분석”, 〈한국행정학보〉 41(4), 229~259.

김병준. 1994. 《한국 지방 자치론: 지방 정치, 자치 행정, 자치 경영》. 서울: 법문사.

김왕식. 2008. “제17대 대선에서의 투표 참여 요인”, 〈한국시민윤리학회보〉 21(2), 135~151.

김 욱·김영태. 2006. “쉬운 참여와 어려운 참여: 대전과 목포지역 젊은이의 가치정향과 정치참여”, 〈정치정보연구〉 9(1), 179~202.

김은이. 2013. “온라인과 SNS 사용이 정치참여에 미치는 효과: 대인간 대화와 정치 효능감을 매개 변수로”, 〈정치커뮤니케이션 연구〉 31, 31~62.

김종욱. 2012. “로컬 거버넌스에서의 시민참여와 정치적 평등성, 정치적 효능감”, 〈한국행정학보〉 46(2), 137~160.

김한나. 2016. “정치참여의 다양성과 조건: 정치효능감과 정부신뢰를 중심으로”, 〈한국정치연구〉 25, 1: 81~110.

류태건. 2010. “정치효능·정치신뢰·정치참여의 이론과 현실”, 〈지방정부연구〉 14(2), 243~267.

박찬욱. 2005. “한국인 정치참여의 특징과 결정요인: 2004년 조사결과 분석”. 〈한국정치연구〉 14(1), 147~193.

배귀희·임승후. 2009. “정부신뢰가 공식적 시민참여에 미치는 영향에 관한 연구”, 〈한국행정논집〉 21(4), 1421~1449.

서현진. 2003. “미국 유권자의 정치적 신뢰도와 투표참여의 관계”, 〈한국정치학회보〉 37(1), 337~361.

안형기·신범순. 2006. “정치참여 결정요인으로서의 인지적 효능감”, 〈한국정책과학학회보〉 10(1), 27~49.

이승종·김혜정. 2011. 《시민 참여론》. 서울: 박영사.

장수찬. 2002. “한국사회에 나타난 악순환의 사이클”, 〈한국정치학회보〉 36(1), 87~112.

정수현·강한솔·황은진·이정주·노승용. 2012. "시민참여와 정부신뢰", 〈사회과학논총〉 19, 107~132.

정한울·이곤수. 2013. "정치효능감과 정치신뢰의 조합이 정치 참여에 미치는 영향", 〈의정연구〉 38, 211~244.

최정화. 2012. "SNS 이용이 대학생들의 정치효능감과 정치참여에 미치는 영향", 〈정치커뮤니케이션 연구〉 27, 369~408.

최창호. 1996. 《지방자치학》. 서울: 삼영사.

하종원. 2006. "대학생의 인터넷 정치참여에 관한 연구", 〈한국언론정보학보〉 32, 369~405.

Almond, G. A., & Verba, S. 1965. *The Civic Culture*. Boston: Little, Brown and Company.

Bandura, A. 1977. "Self-efficacy: Toward a unifying theory of behavioral change", *Psychological Review*, *84*(2), 191~215.

______. 1997. *Self-efficacy: The Exercise of Control*. Macmillan.

Campbell, A., Gurin, G., & Miller, W. E. 1954. *The Voter Decides*. Evanston: Row, Peterson and Company.

Citrin, J. 1974. "Comment: The political relevance of trust in government", *American Political Science Review*, *68*(3), 973~988.

Easton, D. 1965. *A Systems Analysis of Political Life*. New York: Wiley.

Finkel, S. E. 1985. "Reciprocal effects of participation and political efficacy: A panel analysis", *American Journal of political science*, *29*(4), 891~913.

Huntington, S. P. 1981. *American Politics: The Promise of Disharmony*. Cambridge: Harvard University Press.

Huntington, S. P., & Nelson. J. M. 1976. *No Easy Choice: Political Participation in Developing Countries*, *Vol. 3*. Cambridge: Harvard University Press.

Kaase, M. 1999. "Interpersonal trust, political trust and non institutionalised political participation in western Europe", *West European Politics*, *22*(3), 1~21.

Milbrath, L. W., & M. L. Goel. 1977. *Political Participation: How and Why Do People Get Involved in Politics?*, *2nd Edition*. Chicago: Rand McNally.

Miller, A. H. 1974. "Political issues and trust in government: 1964~1970", *American Political Science Review*, *68*(3), 951~972.

Muller, E. N. 1982. "An explanatory model for differing types of participation", *European Journal of Political Research*, *10*(1), 1~16.

Putnam, R. D. 1993. *Making Democracy Work: Civic Traditions in Modern Italy*. Princeton: Princeton University Press.

Rosenstone, S. J., & Hansen, J. M. 1993. *Mobilization, Participation, and Democracy in America*. New York: Macmillan Publishing Company.

Rothstein, B. 2001. "Creating trust from above: Social capital and institutional legitimacy", presented in European Consortium for Political Research Joint Sessions of Workshops.

Schlozman, K. L. 2002. "Citizen participation in America: What do we know? Why do we care?", in Katznelson, I., & and Milne, H. V. ed., *Political Science*, 433~461. New York: Norton.

Silver, W. S., Mitchell, T. R., & Gist, M. E. 1995. "Responses to successful and unsuccessful performance: The moderating effect of self-efficacy on the relationship between performance and attributions", *Organizational Behavior and Human Decision Processes*, *62*(3), 286~299.

Stolle, D., & Rochon, T. R. 1998. "Are all associations alike? Member diversity, associational type, and the creation of social capital", *American Behavioral Scientist*, *42*(1), 47~65.

Tocqueville, A. 1984. *Democracy in America*. Renewed by Heffner, R. D. New York: New American Library, A Division of Penguin Books.

Valentino, N. A., Gregorowicz, K., & Groenendyk, E. W. 2009. "Efficacy, emotions and the habit of participation", *Political Behavior*, *31*(3), 307.

Verba, S., Schlozman, K, L., & Brady, H. E. 1995. *Voice and Equality: Civic Voluntarism in American Politics*. Cambridge: Harvard University Press.

| 5장 |

지역주의 투표행태의 변화 가능성

임성학

1. 서론

2017년 5월 9일 실시된 제 19대 대통령선거에서 더불어민주당 문재인 후보가 19대 대통령으로 당선되었다. 이번 대선은 박근혜 전 대통령과 최순실의 국정농단에 따라 전국적으로 대규모 촛불시위가 이어지면서 2016년 12월 9일 국회에서 박근혜 대통령 탄핵소추안이 가결되고 2017년 3월 10일에 헌법재판소에 의해 박 대통령이 파면되면서 헌정 최초 궐위로 인한 선거로 치르게 되었다. 문재인 당선자는 민주화 이후 대선에서 1위와 2위의 차이가 두 번째로 큰 압승을 거두면서 당선되었다. 지금까지의 대선 중 가장 압승했다는 이명박 대통령은 1,149만 2,389명의 지지를 얻었으나 문 당선자는 1,338만 7,674명의 지지를 얻어 이명박 전 대통령보다 더 많은 국민의 지지를 받았고 문 당선자는 2위 자유한국당 홍준표 후보와의 표차가 557만 951표로 역대 최다 표차로 당선되었다.

이번 대선은 2016년 10월부터 2017년 4월까지 23회에 걸친 촛불집회에 총 1,700만 명의 국민이 참여한 가운데 치른 대선이라는 점에서 한국 참여민주주의를 한 단계 올린 선거로 평가받는다. 또한 9년 동안의 보수 정권에서 다시 진보 정권으로 권력이 이양되면서 여야의 평화적 정권 교체가 두 번이나 이루어져 민주주의 공고화에도 큰 진전을 가져왔다. 하지만 새로 탄생한 문 정부는 북핵 문제로 인한 안보 위기, 이념적 대립과 지역감정 등의 국내 통합 문제, 경제적 양극화로 인한 사회불안, 그리고 다당체제로 인한 국정운영의 어려움 등 난제들을 해결해야 하는 어려움에 직면해 있다.

이 글은 19대 대선을 국내 통합의 문제인 지역주의 측면에서 분석하고자 한다. 한국 선거의 투표행태에 있어 가장 중요한 변수를 선택하라면 거의 대부분의 사람들이 지역주의라고 답할 것이다. 지역주의는 한국 정치의 가장 대표적이고 오랫동안 지속된 사회균열로 정당체제와 선거행태에 막대한 영향을 미치며 국민 통합을 저해하는 요소로 작용해 왔다. 그러나 3김의 퇴장 이후 지역주의 투표행태는 점차 줄어드는 경향이 나타나 많은 연구자들의 관심 대상이 되었다. 물론 이에 대한 반론도 적지 않다.

이 글의 목적은 19대 대선에서 지역주의적 투표행태가 계속 지속되었는가, 강화되었는가 혹은 약화되었는가를 살펴보는 것이다. 그리고 강화 혹은 약화되었다면 어떤 요인에 의해 그렇게 되었는지를 파악하는 것이다. 이를 위해 먼저 19대 대선 결과를 지역주의적 측면에서 개략적으로 살펴보고자 한다. 그 다음으로 지역주의 투표행태에 대한 기존 연구를 통해 지역주의 투표행태의 변화와 주요 원인에 대해 살펴보고자 한다. 특히 정치지도자와의 일체감, 이념과 세대, 도시 규모

등을 중심으로 과거의 지역주의와 어떻게 달라졌는지 비교분석하고자 한다. 결론적으로 과거에 비해 지역주의적 투표행태는 약화되는 추세이고 그 성격도 많이 변화한 것으로 조사되었다. 이번 대선은 특히 지역주의와 같은 사회균열보다는 단기적인 이슈, 즉 TV토론회 등도 많은 영향을 미친 것으로 보여 차후 이에 대한 연구도 필요할 것으로 보인다.

2. 제 19대 대통령선거의 개략적 결과

제 19대 대통령선거의 경우 각 후보에 대한 지역주의적 투표행태는 여전히 위력을 과시했지만 이번 대선에서는 특정 후보가 특정 지역에서 몰표를 받는 현상이 줄어들어 지역주의 약화의 단초를 볼 수 있었다. 특히 19대 당선자인 문재인 후보는 전국 모든 지역에서 20% 이상을 득표하여 극단적인 지역주의 투표행태는 줄어들었다고 평가할 수 있다.

문재인 후보의 경우 전북에서 가장 높은 64.84%의 득표율을 받은 반면 경북에서 가장 낮은 21.73%의 득표율을 받아 범위(*range*)가 43.11%p로 나타났다. 18대 박근혜 당선자의 경우 최대 경북 80.82%, 최소 7.76%로 범위는 73.06%p, 17대 이명박 당선자의 경우 최대 72.58%, 최소 9.04%로 그 범위는 63.54%p였다. 문재인 당선자가 상대적으로 지역적 지지 격차가 적었다는 것은 특정 지역의 몰표 현상이 줄어들고 여러 지역에서 골고루 지지를 받은 것을 의미하기 때문에 일반적으로 19대 대선에서 지역주의가 약화된 것으로 평가

〈그림 5-1〉 17, 18, 19대 대통령선거 당선자 지역별 투표율

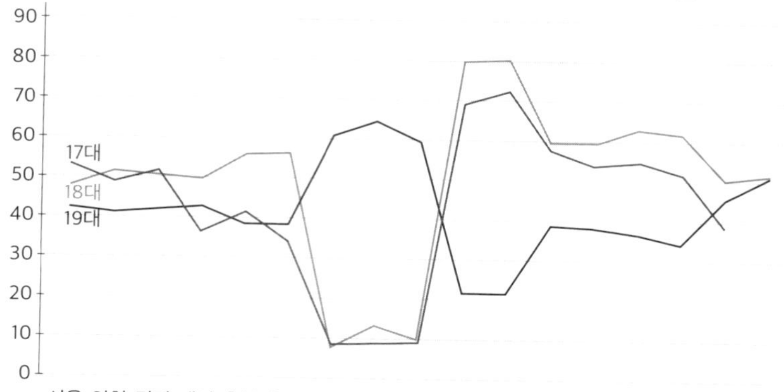

출처: 선관위 선거통계시스템(http://info.nec.go.kr/) 자료 분석.

할 수 있다(〈그림 5-1〉 참고).

호남지역이 지지하는 후보가 두 명이 나와 특정 후보에 대한 쏠림 현상이 줄어들었지만, 전국 득표율 24.03%로 2위가 된 보수의 자유한국당 홍준표 후보는 광주 1.55%, 전남 2.45%, 전북 3.34%밖에 득표하지 못해 호남권의 지역주의와 반보수적 성향을 여실히 보여 주어 호남권의 지역주의는 여전히 강하게 작용하는 것으로 보인다(후보의 지역별 득표율은 〈표 5-1〉을 참조). 문 후보는 광주, 전북, 전남에서 1위를, 홍 후보는 대구, 경북, 경남에서 1위를 하여 지역주의 투표행태가 여전히 남아있다. 1, 2위 후보 격차가 30% 이상 되는 지역은 광주, 세종, 전북(의 경우는 문 후보와 안철수 후보)이고 1, 2위 후보 격차가 20~29% 이하인 지역은 대구와 경북, 전남과 제주(의 경우는 문 후보와 안 후보)로 나타나 여전히 지역색이 강한 지역에서 격차가 크게 나타났다.

그러나 지역후보 간 격차가 지난 대선들과 비교하면 상당히 낮아진 것을 볼 수 있다. 부산의 경우 6.73%p 차이로 문 후보가 1위였고 경남은 홍 후보가 0.51%p밖에 앞서지 못해 부산/경남의 지역주의는 매우 약화되었다고 평가할 수 있다.

그렇다면 일반 국민들의 19대 대선의 지역주의 투표행태에 대한 인식은 어떨까? 지역주의에 대한 국민들의 평가를 조사하기 위해 선거 직후 "이전 대통령선거에 비해 지역주의가 약해진 선거였다. 이런 의견에 어떻게 생각하십니까?"라는 질문으로 설문을 실시하였다. 전국 평균으로 '매우 그렇다' 20.8%, '그렇다' 54.0%로 대답해 약화되었

〈표 5-1〉 대선후보의 지역별 득표율

단위: %

	문재인	홍준표	안철수	유승민	심상정
서울	42.34	20.78	22.72	7.26	6.47
부산	38.71	31.98	16.82	7.21	4.85
대구	21.76	45.36	14.97	12.60	4.72
인천	41.20	20.91	23.65	6.54	7.16
광주	61.14	1.55	30.08	2.18	4.57
대전	42.93	20.30	23.21	6.34	6.75
울산	38.14	27.46	17.33	8.13	8.38
세종	51.08	15.24	21.02	6.03	6.14
경기	42.08	20.75	22.91	6.84	6.92
강원	34.06	29.97	21.75	6.86	6.56
충북	38.61	26.32	21.78	5.90	6.70
충남	38.62	24.84	23.51	5.55	6.79
전북	64.84	3.34	23.76	2.56	4.93
전남	59.87	2.45	30.68	2.09	4.01
경북	21.73	48.62	14.92	8.75	5.17
경남	36.73	37.24	13.39	6.71	5.32
제주	45.51	18.27	20.90	6.11	8.51

출처: 선관위 선거통계시스템(http://info.nec.go.kr/) 자료 분석.

〈표 5-2〉 거주 지역에 따른 지역주의 약화에 대한 인식

단위: %

	약화되었다	약화되지 않았다	기타/모름/무응답
서울	73.5	26.1	0.4
인천/경기	74.4	25.6	0.0
대전/충청/세종	76.8	23.2	0.0
광주/전라	73.1	24.6	2.4
대구/경북	70.7	28.6	0.7
부산/울산/경남	79.4	16.1	4.5
강원/제주	74.6	25.4	0.0
전체	74.7	24.2	1.1

다는 응답이 74.7%이었고 '별로 그렇지 않다' 18.9%, '전혀 그렇지 않다' 5.2% 로 약화되지 않았다는 의견은 24.2%에 그쳐 대다수의 국민들이 이번 대선에서 지역주의가 약화되었다고 평가한 것으로 조사되었다(〈표 5-2〉 참고).

거주 지역별로 살펴보면 크게는 차이가 없지만 영남지역에서 지역별 차이가 크게 나타났다. 부산/울산/경남 지역의 응답자가 가장 높을 비율인 79.4%로 약화되었다고 응답한 반면 대구/경북 지역의 응답자는 가장 낮은 비율인 70.7%가 약화되었다고 응답하여 영남권에서 대구/경북 지역의 유권자들이 상대적으로 지역주의 경향이 강한 것으로 인식하는 것으로 조사되었다. 재미있는 조사결과는 지역 규모에 따른 지역주의 평가에 차이가 있는 것으로 조사되었다. 광역시와 시 지역의 경우 각각 75.2%, 75.3%가 약화되었다고 응답하였지만 군 지역 응답자는 67.5%가 약화되었다고 응답하여 상대적으로 덜 약화되었다고 평가하고 있다. 인구가 적고 상대적으로 노령인구가 많으며 정치적 정보의 유통이 잘 되지 않는 촌락지역이 보다 전통적 경향

을 나타내는 것으로 보인다.

19대 대선 결과와 설문조사의 결과를 종합적으로 살펴보면 아직도 지역주의적 투표행태가 나타나지만 과거에 비해 상대적으로 점차 약화되었다고 인식하는 것으로 평가된다. 물론 박근혜 대통령의 탄핵이라는 중대한 선거 이슈가 지역주의적 투표 성향을 일시적으로 희석시킨 예외적인 선거로 볼 수도 있지만, 전반적인 추세가 점차 약화되거나 다른 양상으로 변화되는 모습을 보이는 것은 확실하다.

3. 문헌 조사 및 연구의 틀

한국 선거의 투표행태에 있어 가장 중요한 변수인 지역주의는 그동안 많은 정치학자에 의해 연구되었다. 이글에서는 최근 연구를 중심으로 살펴보고자 한다. 조기숙(2000)은 기존의 연구를 비판하면서 합리적 선택이론을 통해 지역주의 행태를 설명하고자 했다. 사회적, 경제적인 구조적 조건이 지역주의의 원인이라는 근대화론과 유교에서 비롯된 가족주의의 연장이라는 문화론을 비판하고, 지역갈등을 경제적 갈등의 또 다른 표현으로 이해하거나 제 3공화국 이후 인사나 분배정책에서의 지역차별성, 광주 민주화항쟁 등을 기초로 분석한 역사적 접근방법에 대해서 비판하였다. 지역주의적 성향의 투표가 유권자들의 목적지향적인 행위로 단순히 문화, 전통, 역사적 감정의 결과가 아닌 개인의 정치적 계산에 따른 합리적 선택의 결과라고 설명한다. 현재의 주거지가 아니라 출신지에 근거에 차별을 경험했다면 출생지에 근거한 투표행태는 합리적 선택의 측면에서 봐야 한다고 주장한다.

그 이후의 연구는 경험적 자료를 토대로 분석하여 지역주의 투표행태에 가장 영향을 주는 변수를 찾거나 지역주의의 변화를 추적하는 연구가 주를 이루게 되었다. 먼저 지역주의가 변화가 있는지를 살펴본 연구들을 살펴보면 다음과 같다. 조진만과 최준영(2005)은 16대와 17대 총선 직후 진행된 설문조사 자료를 이용하여 지역균열의 영향력이 17대 총선에서 현저히 줄어들었다고 평가했다. 영·호남 지역에 새로운 균열인 이념, 세대균열로 인해 기존의 역내 동질성이 줄어드는 모습이 보인다고 주장했다. 부산지역 대학생을 대상으로 연구한 전용주 외(2007)의 연구에서도, 지역균열의 영향이 작동했지만 16대 대선을 시작으로 17대 총선에서 세대균열과 이념균열이 등장하면서 정당체제의 해체 혹은 재편성을 예상하였다. 문우진(2017)은 15대 대선부터 20대 총선의 설문조사 자료들을 종합분석한 결과 지역주의는 15대 대선에서 16대 대선 사이에 약해진 이후, 16대 대선부터는 유의미한 변화가 관찰되지 않았다고 주장한다.

지역주의가 약화된다는 결과와는 반대로 지역주의가 강화 혹은 유지된다는 연구도 있다. 장은영과 엄기홍(2017)의 연구에 따르면 영·호남 지역에 지역주의 투표행태는 지속적으로 나타나고 있으면 거주지 및 출신지의 측면에서도 크게 변하지 않았다. 투표행태를 벗어나 지역감정의 측면에서 살펴본 지병근(2015)의 연구는 지역감정이 이념성에 따라 강화 혹은 약화될 수 있다는 점을 보여주었다. 영·호남 유권자들의 지역감정이 김대중 정부 이후 현격히 약화되었다가 이명박 정부 시기 다소 강화되었다는 점을 근거로 들어 지역감정은 여러 요인에 의해 강화 혹은 약화될 수 있다는 점을 보여 준다.

일반적으로 지역주의 투표행태가 점차 완화되고 있으며, 그 양상도 변하고 있다는 것이 최근의 연구 동향이다. 이런 연구들은 지역주의가 완화된 원인에 대해서 다양한 견해를 밝히고 있다. 많은 연구들이 지역균열이 어느 정도 유지되고 있지만 세대균열이나 이념균열에 의해 약화 대체되는 경향을 보인다는 점은 동의한다. 임성학(2011)은 6·2 지방선거에서의 지역주의 변화를 살펴보기 위해서는 지역주의적 투표 행태의 발생 원인의 공급적인 측면과 수요적인 측면을 동시에 봐야 한다고 주장했다. "공급적 측면에서 지역주의는 특정 정당이 특정 지역을 독점적으로 대표하기 때문에 유권자는 다른 대안이 없어 지속적으로 지역정당에 투표할 수밖에 없는 현상이라고 볼 수 있는 반면, 수요적 측면의 지역주의는 유권자의 이해, 문화, 인식 등으로 인해 자신의 지역정당을 선호하고 따라서 지역정당에 투표하는 것을 뜻한다. 따라서 공급 측면에서 지역주의를 살펴보기 위해서는 정치체제적 접근으로 선거 경쟁구도와 선거 결과를 살펴보아야 한다. 두 번째, 수요 측면의 지역주의를 살펴보기 위해서는 지역의 이해, 정치의식, 감정, 이념 등의 유권자의 변화를 살펴보는 것이다. 한국 지역주의는 이런 수요, 공급의 두 가지 차원에서 서로 영향을 주고 이를 강화하면서 생긴 현상이라고 볼 수 있다"(임성학 2011, 203).

지역 정치지도자와의 정치적 일체감이 지역주의의 핵심이었지만 3김 이후 주요 지역지도자의 은퇴로 지역주의가 약화될 것이라는 주장도 제기되었다. 강원택(2003)은 3김이 정치적으로 퇴장한 상황에서 실시된 첫 선거인 2002년 대선은 선거의 결과만 보면 지역별 집중 현상은 크게 다르지 않지만 세대 간, 혹은 이념에 따른 지지후보의 차이가 뚜렷하게 부각되었다고 주장한다. 후보별로 지지한 세대가 크게 차이가 나타났는데 노무현이 20대와 30대, 이회창은 50대 이상 연령층에서 상대적으로 높은 지지를 얻어 세대균열이 나타났고 호남의 노무현 몰표 현상은 김대중의 정치적 유산에 따른 잔존 효과일 가능성이 큰 반면, 영남은 김대중이라는 지역의 공적이 사라져 더 이상 지역 간 대립에 의한 투표행태는 보이지 않을 것으로 예상하였다.

또 하나의 주장은 출신지와 거주지의 지역주의가 변화한다는 점이다. 초기 연구는 출신지에 따른 지역주의적 투표행태가 강하다는 연구가 많았다. 조기숙(2000)은 '왜 주거지보다 연고지가 중요한가'라는 의문에 대한 답으로, 지금 거주하는 주거지가 아니라 출신지에 따라 차별을 경험했다면 출신지에 기초한 투표행태는 합리적이라고 설명한다. 그러나 강원택(2007)은 지역 출신 유권자를 거주 지역별로 고향 지역에 거주하는 유권자 집단과 고향 외부에 거주하는 유권자 집단으로 구분하여 각 집단의 정치적 선택의 차이를 2007년 대선 설문자료를 통해 분석했는데, 출신지보다는 거주지 중심의 투표행태로 변화하고 있다고 주장하였다. 유권자가 거주하는 지역에 민감한, 즉 매우 구체적인 현실에 기초해 투표를 하는 새로운 속성의 지역주의가 등장하였다. 문우진(2017)도 지역주의 투표 성향이 약화되는 이유는 이념적 요소와 중첩되어 있고 출신지 효과보다는 거주지 효과가 더 크게 작용하여 과거와는 다른 지역주의 모습을 보인다고 주장한다.[1)]

19대 대선에서 지역주의적 투표행태에 대해 분석하기 위해 위에서 논의된 다양한 변수들 중 몇 가지를 중심으로 살펴보려고 한다. 먼저 정치지도자와의 일체감을 전직대통령 선호도를 중심으로 살펴보고,

---

1) 최근에는 미시적, 사회심리적 측면에서 지역주의를 접근한 연구도 등장했다(윤광일 2017).

두 번째는 출신지와 거주지에 따른 지역주의 투표 성향의 차이를 살펴보고자 하는데, 다른 지역을 제외하고 영·호남 지역의 출신자와 거주자를 중심으로 분석하고자 한다. 세 번째는 이념균열과 세대균열의 영향을 살펴보기 위해 세대별, 주요 이슈별로 지역별 차이를 보고자 한다. 마지막으로 지금까지는 많은 연구가 진행되지는 않았지만 도시규모를 중심으로 지역주의 투표행태의 변화를 살펴보고자 한다. 근대화론 혹은 문화론의 측면에서는 중요한 변수였지만 지금까지는 연구가 진행되지 않은 분야이다. 이 연구를 위해 사용된 기초적인 자료는 중앙선거관리위원회 홈페이지 선거통계시스템을 참고하였고 이 연구를 위해 동아시아연구원과 한국리서치에 의해 실시된 선거 전후에 실시된 두 번의 패널 설문조사 자료를 활용하였다.[2]

4. 분석 결과

1) 정치지도자와의 일체감

한국 지역주의의 특성 중 하나로 정치지도자 개인에 대한 강한 정치적 일체감과 충성심의 존재(강원택 2003)가 지적되었고, 따라서 3김 퇴장 이후에는 정치지도자에 의한 지역주의적 투표행태는 약화될 것으로 예상되었다. 〈표 5-3〉은 가장 좋아하는 전직 대통령 비율을 나타낸

2) 두 번의 패널 설문조사 내용 및 방식에 대해서는 다른 장에서 자세히 설명되어 있어 생략한다.

표인데, 출신지와 거주지의 차이를 볼 수 있도록 나누어 보았다. 먼저 가장 좋아하는 대통령 1위는 노무현 대통령이 47.3%의 압도적인 비율을 차지했고 그 다음 2위로 박정희 대통령은 19.8%, 3위 김대중 대통령은 14.3%였다.

출신지와 거주지별로 선호하는 대통령에 차이가 있는지를 보기 위해 둘을 나누어 살펴보았다. 특히 지역주의 성향이 강한 지역의 경우와 3김 이후에도 정치지도자 개인에 대한 강한 정치적 일체감과 충성

〈표 5-3〉 출신지와 거주지별 가장 좋아하는 전직 대통령 비율

단위: %

		이승만	박정희	전두환	노태우	김영삼	김대중	노무현	이명박	박근혜	없음/모름/무응답
서울	출신	0.4	9.3	0.9	0.4	4.4	13.8	55.1	2.2	0.9	12.4
	거주	0.4	13.6	1.3	0.4	4.4	17.5	49.1	3.1	2.2	7.9
인천경기	출신	0.8	14.8	2.3	0.8	0.8	18.8	55.5	0.8	0.0	5.5
	거주	0.9	18.0	0.6	0.6	2.3	16.8	50.1	1.7	0.3	8.7
대전충청	출신	0.6	33.9	1.2	1.2	4.2	7.7	42.3	2.4	0.6	6.0
	거주	1.7	28.3	3.3	1.7	2.5	12.5	41.7	1.7	0.0	6.7
광주전라	출신	1.0	7.2	0.0	0.5	0.5	35.4	49.8	1.0	0.0	4.8
	거주	0.0	6.0	0.0	0.0	0.0	32.5	57.3	0.0	0.0	4.3
대구경북	출신	0.6	34.1	4.0	0.6	3.5	5.2	42.2	1.7	2.9	5.2
	거주	2.5	34.7	3.4	0.8	4.2	5.9	40.7	0.8	0.0	6.8
부산울산경남	출신	1.7	21.5	2.8	0.6	2.2	5.5	55.8	1.7	1.1	7.2
	거주	1.1	20.4	3.3	0.0	2.8	3.9	56.9	2.8	1.7	7.2
강원제주	출신	4.5	19.7	4.5	0.0	4.5	10.6	43.9	0.0	1.5	10.6
	거주	4.2	29.2	6.3	2.1	2.1	10.4	37.5	0.0	2.1	6.3
기타	출신	0.0	16.7	0.0	0.0	16.7	16.7	0.0	50.0	0.0	0.0
	거주	0.0	0.0	0.0	0.0	0.0	0.0	0.0	0.0	0.0	0.0
전체	출신	1.0	19.4	1.9	0.6	2.9	14.6	49.6	1.8	1.0	7.2
	거주	1.1	19.5	1.9	0.6	2.8	14.7	49.4	1.8	0.9	7.3

심의 존재하는지를 보기 위해 지역별로 구분해 살펴보았다. 먼저 호남의 경우 지역지도자인 김대중 대통령 선호도는 출신자 35.4%, 거주자 32.5%로 나타났지만 영남 출신인 노무현 대통령에 대한 선호도가 출신자 49.8%, 거주자 57.3%로 나타나 김대중 대통령보다 노무현 대통령을 더 선호하는 것으로 조사되어 지도자 개인과 지역을 연계하는 지역주의는 많이 약화된 것으로 평가된다.

영남의 경우에서도 상대적으로 박정희 대통령에 대한 선호도가 다른 지역보다 높지만(대구/경북에서만 박정희 대통령에 대한 선호가 평균보다 높음) 1위는 노 대통령이 차지하였다. 재미있는 현상은 지역지도자인 김영삼 대통령이 호남 지역지도자인 김대중 대통령보다 더 낮게 나타나 영남지역에서도 지도자 개인과 지역을 연계하는 과거 지역주의는 약화된 것으로 평가할 수 있다.

2) 출신지와 거주지

일반적으로 호남 출신의 경우 호남지역에 거주하는 사람과 호남이 아닌 지역에 거주하는 사람들의 투표행태가 다르게 나타나고 영남의 경우 큰 차이가 없다(강원택 2010, 61). 호남 출신이고 호남에 거주하는 경우 지역대표 후보에 몰표를 주지만, 다른 지역에 거주하는 경우 지지 강도가 낮다는 것이다. 강원택 연구의 기존 분석 방법을 이용해 살펴보면 다음과 같다.

〈표 5-4〉에서 보면 문재인 후보는 광주/전라 및 대구/경북에서는 출신자(65.0%와 34.5%)보다 거주자(69.3%와 42.3%)의 지지를 좀 더 받은 것으로 나타났지만 그 차이가 크지는 않았다. 대구/경북 출신

〈표 5-4〉 출신지, 거주지별 주요 후보 투표 비율

단위: %

	호남 출신		대구/경북 출신		부산/울산/경남 출신	
	호남 거주자	비호남 거주자	TK 거주자	비 TK 거주자	PK 거주자	비 PK 거주자
문재인	69.3	65.0	42.3	34.5	47.5	56.4
홍준표	3.8	6.4	24.8	29.5	25.5	13.5
안철수	19.8	20.2	8.1	15.9	10.3	19.8
사례 수	99	103	85	84	123	55

자 중 대구/경북 비거주자(34.5%)보다 거주자(42.3%)로부터 더 많은 지지를, 경남 출신인데도 불구하고 부산/울산/경남 출신자 중에는 거주자(47.5%)보다 비거주자(56.4%)에게서 더 많은 지지를 얻었다. 홍준표 후보는 대구/경북 출신자 중 거주자(24.8%)보다는 비거주자(29.5%)의 지지를, 부산/울산/경남 출신자 중에서는 비거주자(13.5%)보다는 거주자(25.5%)에게 더 많은 지지를 얻었다. 안철수 후보는 영남 출신자들 중에서 거주자(10.3%)보다는 비거주자(19.8%)로부터 더 많은 지지를 받았다.

일반적으로 출신지에 거주하는 경우 지역주의 경향을 더 보이는 것으로 나타났지만 이번 대선에서는 뚜렷한 패턴을 찾을 수 없었다. 그 이유 중 하나를 지역주의 약화로 볼 수 있거나, 과거와는 다르게 거주 지역 문제에 민감한 지역주의가 나타나고 있다고 볼 수도 있을 것이다. 또 하나 생각해 볼 수 있는 것은 주요 후보의 출신이 모두 경남이었다는 점이다. 문 후보는 거제, 홍 후보는 창녕, 안 후보는 밀양이기 때문에 후보자들 간의 지역 차별성이 없었기 때문일 수도 있을 것이다.[3)]

3) 이념과 세대

거주지의 세대별 이념 성향을 알아보기 위한 설문으로 "선생님께서는 자신의 이념 성향이 어떠하다고 생각하십니까?"를 물어보고 각자 0에서 10(0 = 매우 진보, 5 = 중도, 10 = 매우 보수) 중에서 본인의 이념 성향을 표시하도록 하였다. 한국 국민의 이념적 평균은 4.78점이 나왔다. 예상과 같이 호남 4.54점으로 약한 진보, 대구/경북 5.48로 강한 보수, 부산 4.97 로 약한 보수로 조사되었다. 각 지역의 세대별 평균값을 비교해 보면 영·호남 모든 지역에서 세대별 이념적 차이가 있는 것으로 나타났다(유의 확률이 모두 0.05보다 적음, 〈표 5-5〉 참고).

전통적으로 외교 안보 분야가 보수와 진보, 영남과 호남의 이념적 차이를 가장 선명하게 보여 주는데, 이번 조사에서도 같은 현상이 나났다. 안보 이슈에 대한 설문은 "고고도 미사일 방어체계, 즉 사드의 한국 배치에 대해 어떻게 생각하십니까?"에 대해 찬반 의견을 물어보았다. 대북 이슈의 경우 "현재 우리나라의 대북정책에 대해 어떻게 생각하십니까?"라는 질문으로 하고 '남북 간 교류와 협력을 강화하는 방향이 더 중요하다' 혹은 '북한에 대해 강경정책을 유지·강화하는 방향이 더 중요하다'라는 선택지를 제시하고 응답하도록 했다. 외교 안보 측면에서 보수와 영남권은 한미동맹과 대북 강경의 성향을 보이는 반면 진보 호남권은 균형 외교와 대북 대화의 성향을 보였다. 사드 배치에 대한 찬성 의견은 전체 57.2%로 조사되었지만 대구/경북은 68.1%, 부산/울산/경남은 64.9%로 가장 강하게 찬성하는 지역은 역시 영남권

3) 참고로 유승민 후보의 고향은 경북 대구, 심상정 후보는 경기 파주이다.

으로 조사되었다. 반면 광주/전라는 41.9%만 찬성하고 50.6%가 반대해 영남과 호남의 의견이 갈렸다고 할 수 있다(〈표 5-6〉 참고).

대북정책에 있어서 교류 강화에 찬성하는 응답은 50.5%, 강경정책을 선호하는 응답은 46.1%로 나타났다. 대북정책에서도 거주 지역에 따른 이념적 성향이 비슷한 모습을 보이는데 광주/전라 지역은 73.0%가 교류 강화를 선호하지만 대구/경북은 52.6%, 부산/울산/

〈표 5-5〉 영·호남 응답자의 자기이념 세대별 평균

단위: 점

	광주/전라	대구/경북	부산/울산	전체
20대	4.60	4.53	3.87	4.20
30대	4.55	5.69	4.44	4.42
40대	3.52	4.59	4.12	4.26
50대	4.38	6.47	5.37	5.09
60대	5.30	5.88	5.58	5.63
70대 이상	5.06	6.11	8.05	5.85
전체	4.54	5.48	4.97	4.78
F값	2.38	3.299	2.38	19.432
유의 확률	0.043	0.008	0.000	0.000

〈표 5-6〉 거주 지역에 따른 사드 배치 찬성과 반대 분포

단위: %

	찬성	반대	기타/모름/무응답
서울	52.5	43.5	4.3
인천/경기	57.1	39.6	3.3
대전/충청/세종	56.9	35.5	7.9
광주/전라	41.9	50.6	7.5
대구/경북	68.1	27.7	4.1
부산/울산/경남	64.9	29.1	6.0
강원/제주	63.3	33.1	3.6
전체	57.2	37.9	4.9

〈표 5-7〉 거주 지역에 따른 대북정책 방향 분포

단위: %

	교류 강화	강경정책	기타/모름/무응답
서울	51.1	45.2	3.7
인천/경기	48.7	48.7	2.5
대전/충청/세종	50.1	45.2	4.8
광주/전라	73.0	22.7	4.3
대구/경북	46.0	52.6	1.4
부산/울산/경남	43.2	52.1	4.6
강원/제주	44.6	51.7	3.7
전체	50.5	46.1	3.4

경남은 52.1%로 강경정책을 가장 강하게 찬성하는 지역으로 조사되었다(〈표 5-7〉 참고).

안보 이슈별로 거주 지역별 세대 간 차이가 있는지를 살펴보았는데 흥미 있는 결과가 나왔다. 사드 배치 이슈의 경우 영남 및 호남 모두에서 세대별 의견에 차이가 있는 것으로 조사되었지만 대북 협력 이슈의 경우 영·호남 모든 지역에서 세대별 차이가 나타나지 않았다(〈표 5-8〉 참조). 사드 배치에 대한 조사에서 광주/전라, 대구/경북, 부산/울산/경남의 모든 지역에서 세대별 교차분석에서 P값이 모두 0.05 이하로 나타난 반면 대북 협력의 경우 P값이 모두 0.05보다 커, 지역별로 사드 배치 찬성에 대해서는 세대별로 차이를 보이지만 대북 협력에 대해서는 세대별로 차이를 보이지 않았다. 이는 외교 안보 분야에 있어 전통적인 이슈보다는 새로운 이슈에서 세대별 차이를 보인다고 평가할 수 있으며, 차후 지역적 동질성이 점차 약화될 수 있는 근거가 되어 전통적 지역주의를 약화시킬 수 있는 요인이 될 수도 있을 것이다.

〈표 5-8〉 거주지와 세대별 안보 대북 이슈 의견 분포

단위: %

	사드 배치 찬성			대북 협력		
	광주/전라	대구/경북	부산/울산/경남	광주/전라	대구/경북	부산/울산/경남
20대	40.0	76.2	53.6	56.3	45.5	50.0
30대	46.7	41.2	61.5	66.7	56.3	42.3
40대	21.1	59.1	50.0	86.4	52.2	57.1
50대	42.9	72.7	78.4	87.5	45.8	53.8
60대	57.1	82.4	96.6	70.6	68.4	32.3
70대	85.7	92.3	86.7	78.9	46.2	57.1
전체	49.5	69.9	69.8	76.1	52.1	48.5
χ^2	18.456	12.657	23.835	7.559	3.09	5.608
P Value	0.002	0.027	0.000	0.182	0.686	0.346

사회 이슈에 대한 설문은 "현재 우리 사회에서 적폐 청산과 국민 통합 중 어느 쪽이 더 중요하다고 생각하십니까?"에 대해 의견을 물어보았다. 경제 이슈의 경우 "현재 우리 사회에서 복지와 성장 중 어느 쪽이 더 중요하다고 생각하십니까?"라는 질문으로 하고 '복지가 더 중요하다' 혹은 '성장이 더 중요하다'라는 선택지를 제시하고 응답하도록 했다(〈표 5-9〉와 〈표 5-10〉 참조). 영남은 보수, 호남은 진보의 경향이 나타났으나 차이가 매우 적었다. 예를 들면 적폐 청산의 경우 호남도 44.7%가 찬성하나 부산/울산/경남도 41.7%가 찬성 의견을 보인다. 복지에 대한 응답에서도 호남은 54.3%, 대구/경북 44.4%, 부산/울산/경남 45.2%로 큰 차이가 없다.

사회 경제 이슈별도 안보 대북 이슈와 마찬가지로 거주 지역별 세대 간 차이가 있는지를 살펴보았다. 적폐 청산의 경우 광주/전라, 부산/울산/경남 지역에서 세대별 의견에 차이가 있는 것으로, 대구/경북

〈표 5-9〉 거주 지역에 따른 적폐 청산 대 국민 통합 분포

단위: %

	적폐 청산	국민 통합	기타/모름/무응답
서울	44.5	53.8	1.7
인천/경기	43.7	54.0	2.2
대전/충청/세종	42.5	52.0	5.5
광주/전라	46.6	51.8	1.5
대구/경북	31.7	67.2	1.1
부산/울산/경남	41.7	54.1	4.2
강원/제주	34.5	58.6	6.9
전체	42.1	55.1	2.8

〈표 5-10〉 거주 지역에 따른 복지 대 성장 분포

단위: %

	복지	성장	기타/모름/무응답
서울	52.2	46.4	1.4
인천/경기	50.9	48.2	0.9
대전/충청/세종	43.9	51.9	4.2
광주/전라	54.3	41.5	4.2
대구/경북	44.4	52.9	2.7
부산/울산/경남	45.2	52.6	2.1
강원/제주	52.3	42.6	5.1
전체	49.3	48.5	2.2

〈표 5-11〉 거주지, 세대별 사회 경제 이슈 의견 분포

+단위: %

	적폐 청산			복지		
	광주/전라	대구/경북	부산/울산/경남	광주/전라	대구/경북	부산/울산/경남
20대	58.8	50.0	63.0	64.7	77.3	77.8
30대	57.1	43.8	44.4	84.6	66.7	59.3
40대	61.9	45.5	72.2	57.1	60.9	50.0
50대	43.5	36.4	27.5	45.8	26.1	33.3
60대	35.3	21.1	24.1	56.3	27.8	41.9
70대	18.2	7.7	29.4	40.0	30.8	29.4
전체	44.7	36.0	44.3	55.9	49.1	48.6
χ^2	11.642	9.511	26.064	7.933	20.01	17.154
P Value	0.040	0.090	0.000	0.160	0.001	0.004

〈표 5-12〉 이슈와 지역에 따른 세대별 차이

	사드 배치	대북 협력	적폐 청산	복지 이슈
광주/전라	○	×	○	×
대구/경남	○	×	×	○
부산/울산/경남	○	×	○	○

주: ○ = 차이가 있다; × = 차이가 없다.

지역은 차이가 없는 것으로 조사되었다. 복지 이슈의 경우 광주/전라는 세대별 의견 차이가 없지만 대구/경북과 부산/울산/경남 지역은 세대별 차이가 나타났다(〈표 5-11〉 참조). 적폐 청산의 경우 대구/경북 지역을 제외한 광주/전라, 부산/울산/경남 지역에서 세대별 교차분석 P값이 0.05 이하로 나타났다. 복지 이슈의 경우 광주/전라를 제외한 대구/경북, 부산/울산/경남 지역에서 P값이 모두 0.05보다 적어 세대별로 차이를 보인다. 부산/울산/경남 지역의 경우 적폐 청산과 복지 이슈 모두에서 세대별 차이가 나타나 지역적 동질성의 변화가 가장 클 가능성이 높은 지역으로 보인다.

위의 내용을 정리하면 〈표 5-12〉와 같다. 지역과 이슈에 따른 세대별 차이를 살펴보면 부산/울산/경남의 경우 대북 협력을 제외한 모든 이슈에서 세대별 의견 차이를 보여 이념과 세대에 의해 지역주의가 희석될 가능성이 가장 높은 지역으로 평가된다. 대구/경남의 경우 사드 배치와 복지 이슈, 광주/전라의 경우 사드 배치와 적폐 청산에서 세대별 차이를 보여 부산/울산/경남보다는 더디지만 세대별 이념의 차이로 지역주의는 점차 약화될 가능성이 높아 보인다.

4) 도시 규모

마지막으로 도시 규모에 따른 지역주의적 투표행태에 대해 살펴보자. 거주 지역에 따른 지역주의 약화에 대한 인식조사에서 광역시와 시 지역의 경우 각각 75.2%, 75.3%가 약화되었다고 응답하였지만 군 지역 응답자는 67.5%가 약화되었다고 응답한 것으로 보면 도시 규모도 지역주의적 투표행태에 영향을 줄 수 있을 것으로 보인다.

도시 규모가 작아질수록 지역을 대표하는 후보에게 집중되는 경향이 높아져, 상대적으로 도시 규모가 작을수록 지역주의 경향이 강하게 나타난 것으로 조사되었다(〈표 5-13〉 참조). 광주/전라 지역의 경우 광역시에서 문재인 후보는 65.6%, 군 지역에서는 77.3%의 지지율을 보였고, 영남권의 경우 도시 규모가 클수록 문 후보를 선택한 유권자가 많았다. 대구/경북 지역의 경우 광역시에서 문 후보는 50%을 얻은 반면 홍 후보는 11.1%에 그쳤지만 군 지역의 경우에는 문 후보

〈표 5-13〉 지역별 도시 규모에 따른 후보별 득표율

단위: %

지역	도시 규모	문재인	홍준표	안철수	유승민	심상정	기타	모름/무응답
광주 전라	광역시	65.6	3.1	28.1	0.0	3.1	0.0	0.0
	시 지역	75.4	4.9	13.1	1.6	3.3	0.0	1.6
	군 지역	77.3	0.0	18.2	0.0	0.0	4.5	0.0
대구 경북	광역시	50.0	11.1	11.1	18.5	5.6	1.9	1.9
	시 지역	39.2	31.4	11.8	11.8	5.9	0.0	0.0
	군 지역	36.4	45.5	0.0	0.0	9.1	9.1	0.0
부산 울산 경남	광역시	51.0	20.6	12.7	6.9	6.9	1.0	1.0
	시 지역	43.9	28.8	12.1	9.1	4.5	0.0	1.5
	군 지역	42.9	57.1	0.0	0.0	0.0	0.0	0.0

36.4%, 홍 후보 45.5%로 역전되었다. 사드 배치를 반대하는 경북 성주군의 경우, 사드 배치에 찬성한 홍 후보는 56.2%를 얻은 반면 사드 배치를 민주적 절차에 의해 배치하자는 문 후보는 18.1%를 얻어 도시 규모가 지역 투표에 큰 영향을 줄 수 있다는 것을 보여 주는 대표적 사례가 될 수 있을 것이다. 인구가 적고 상대적으로 노령 인구가 많으며 정치적 정보의 유통이 잘 되지 않는 촌락 지역이 보다 전통적 경향을 나타내는 것으로 보이는데, 도시 규모와 지역주의적 투표행태는 추이를 계속 지켜봐야 할 것으로 보인다.

5. 결론

전반적으로 제 19대 대통령선거는 문재인 당선자가 전국 모든 지역에서 20% 이상의 득표를 하였고, 최대득표 지역과 최소득표 지역의 차이도 역대 최소를 기록해 상대적으로 지역적 몰표 현상이 줄어들어 지역주의적 투표 성향이 약화된 것으로 평가할 수 있다. 이런 변화는 과거 지역주의적 투표행태에 영향을 주던 요인이 약화되거나 새로운 균열이나 이슈가 더 중요해지면서 발생한 것으로 보인다. 또한 과거와는 다른 요인이 지역주의에 영향을 미치는 새로운 형태의 지역주의 모습도 볼 수 있었다.

과거 지역주의의 근간이 되었던 정치지도자 개인에 대한 강한 정치적 일체감과 충성심이 3김 퇴장 이후 약화되었다. 최근 여론조사에서는 영・호남 모두 노무현 대통령의 선호도가 높았으며 심지어 영남 지역에서 김영삼 대통령보다 김대중 대통령의 선호도가 높게 나올 정도였다. 출신지와 거주지 측면에서도 살펴보았지만 이번 대선에선 뚜렷한 패턴을 찾을 수 없었다. 일반적으로 한 지역의 출신자이면서 거주하는 경우 지역주의 경향을 더 보이는 것으로 나타났지만 이런 패턴을 찾을 수 없었다.

세대와 이념의 균열로 인해 지역균열이 약화되고 있으며 그 가능성도 점차 커지는 것으로 조사되었다. 특히 부산/울산/경남의 경우 대북협력을 제외한 모든 이슈에서 세대별 의견 차이를 보여 이념과 세대에 의해 지역주의가 희석될 가능성이 가장 높은 지역으로 평가되었다. 대구/경남의 경우 사드 배치와 복지 이슈, 광주/전라의 경우 사드 배치와 적폐 청산에서 세대별 차이를 보여 부산/울산/경남보다는 더디지만 세대별 이념의 차이로 지역주의가 점차 약화될 가능성이 높아 보인다. 조사 중 발견한 새로운 사실은 도시 규모가 작아질수록 지역을 대표하는 후보에게 집중되는 경향이 높아져, 상대적으로 도시 규모가 작을수록 지역주의 경향이 강하게 나타난다는 것이다. 고령화와 정보 격차로 촌락 지역의 지역주의 투표행태는 더 강화될 것으로 보인다.

이 글에서 자세히 다루진 않았지만 지역주의를 약화시킬 수 있는 다른 요인들도 이번 대선에서 보여 차후 연구되어야 할 내용들이 있다. 지역주의는 주요 정치균열로 작동하여 장기적으로 지역과 정치적 정체성, 정당 정체성, 이념성 등과 상호작용하면서 선거에 중요한 장기적 요인으로 진화하였지만 점차 투표에 있어 단기적인 요인인 경제상황, 인물, 특정 이슈, TV토론회 등에 의해 영향을 받은 경향을 보이기 때문에 장기적으로 지역주의는 약화될 가능성이 높다. 일반적으로 TV토론회의 영향은 크지 않다고 알려져 있지만 19대 대선에서는 투표에 중요한 요인으로 작용하였다. 이번 조사에서 전체적으로는 78.4%가 기존 지지후보에 대한 지지에 큰 변화가 없었으나, 20.7%가 지지후보를 교체하거나 새로운 지지후보가 생겼다고 밝혔다.

참고문헌

강원택. 2003. 《한국의 선거정치: 이념, 지역, 세대와 미디어》. 서울: 푸른길.

______. 2008. “지역주의는 변화했을까”, 이현우·권혁용 편. 《변화하는 한국유권자 2: 패널조사를 통해 본 2007년 대선》. 서울: 동아시아연구원.

______. 2010. 《한국의 선거정치의 변화와 지속: 이념, 이슈, 캠페인과 투표참여》. 파주: 나남.

문우진. 2005. “지역본위투표와 합리적 선택이론: 공간모형분석”, 〈한국과 국제정치〉 21(3), 151~186.

______. 2017. “지역주의 투표의 특성과 변화: 이론적 쟁점과 경험분석”, 〈의정연구〉 50, 81~111.

윤광일. 2017. “지역주의의 변화: 1988년, 2003년 및 2016년 조사결과 비교”, 〈의정연구〉 50, 113~149.

임성학. 2011. “지역주의 분열의 완화 가능성은?”, 이내영·임성학 편. 《변화하는 한국유권자 4: 패널조사를 통해 본 2010년 지방선거》. 서울: 동아시아연구원.

장은영·엄기홍. 2017. “한국 지역주의 투표행태에 대한 경험적 분석: 민주화 이후 대통령선거를 중심으로”, 〈21세기정치학회보〉 27(1), 1~20.

전용주·차재권·김은미. 2007. “정치사회화와 정치성향 형성에 관한 연구 : 부산지역 대학생들을 대상으로 한 설문조사결과를 중심으로”, 〈한국정당학회보〉 6(2), 97~132.

조기숙. 2000. 《지역주의 선거와 합리적 유권자》. 서울: 나남.

지병근. 2015. “민주화 이후 지역감정의 변화와 원인”, 〈한국정당학회보〉 14(1),

63~91.
최준영 · 조진만. 2005. “지역균열의 변화 가능성에 대한 경험적 고찰: 제17대 국회의원선거에서 나타난 이념과 세대 균열의 효과를 중심으로”, 〈한국정치학회보〉 39(3), 375~394.

| 6장 |

투표선택과 이념 성향의 세대요인

1992~2017년 대통령선거 분석

배진석

1. 서론

2017년 제 19대 대통령선거는 세대균열이 두드러지고, 지역균열이 약화되는 특징을 보였다는 것이 일반적인 평가이다. 다자 구도임에도 불구하고 문재인 후보는 20~40대에서 과반이 넘는 지지를 받으면서 역대 대선 중 최대 표차로 당선되었다. 반면 2위인 홍준표 후보는 60~70대에서 과반 정도의 득표를 획득했지만 20~40대에서 10%대의 저조한 성적을 거두면서 민주화 이후 역대 보수 대선후보 중 가장 저조한 득표율을 기록했다(〈그림 6-1〉 참조).

2002년 및 2012년 대선에 이어 2017년 대선에서도 세대요인이 주목받으면서 몇 가지 이슈가 부각되었다. 첫째, 저출산 고령화에 따라 20~30대 유권자 수는 줄어들고 50대 이상은 늘어난 유권자 구성의 변화에도 불구하고 진보가 승리했다는 점이다. 그 결과 세대구성 변화에 따라 예측되던 '기울어진 운동장' 논의가 재검토를 요청받고 있

〈그림 6-1〉 2017년 대선 세대별 투표 선호

	문재인	홍준표	안철수	유승민	심상정
70대 이상	22.3	50.9	22.7	2.6	0.8
60대	24.5	45.8	23.5	4.1	1.6
50대	36.9	26.8	25.4	5.9	4.5
40대	52.4	11.5	22.0	6.5	7.0
30대	56.9	8.6	18.0	8.9	7.4
20대	47.6	8.2	17.9	13.2	12.7

출처: 방송 3사 출구조사.

다. 둘째, 세대투표의 요인과 관련된 경쟁가설, 즉 연령효과와 세대효과(*cohort effect*)에 관한 논쟁이 불가피해졌다. 특히 이번 선거는 민주화 이후 한국 선거 역사상 처음으로 1960년대에 출생한 유권자 그룹의 연령효과와 세대효과를 비교할 수 있는 기회였다는 점에서 그 의미가 크다고 할 수 있다. 셋째, 촛불 정국 및 탄핵의 결과로 변화한 이념 지형, 후보 변수, 그리고 캠페인 효과가 더해지면서 세대요인과 관련된 기간효과(*period effect*)까지 고려해야 하는 복잡한 양상이 전개되었다.

젊은 유권자는 진보 후보 혹은 진보 정당을 지지하고, 나이 든 유권자는 보수 후보 혹은 보수 정당을 지지하는 것은 매우 일반적인 현상이다. 나이가 많을수록 보수적 투표 성향이 강화되는 연령효과(*aging effect*)가 작동한다는 의미이다(Feather 1977; Barnes 1989; Alwin & Krosnick 1991; Van Hiel & Brebels 2011). 한국 선거정치 역시 이 명제에서 크게 벗어나지 않았다.

특정 세대가 이 명제로부터 이탈할 때 우리는 이를 세대효과라고 칭한다. 1940년대생과 1950년대생의 노년층이 보수 후보를 지지하고, 1970년대 혹은 1980년대생의 청장년층이 진보 후보를 지지한다고 해서 이를 단순히 세대효과라고 칭할 수는 없다. 세대효과는 일반적인 연령효과에 어긋나는 경향, 즉 그 세대가 겪은 특수한 사회화 경험으로 형성된 정치적 성향을 말하기 때문이다(Mannheim 1952; Abramson 1975). 이를테면 여느 세대와 달리 젊은 시절에도 보수적이었거나 혹은 나이 들어서도 진보 성향을 유지하고 있을 때가 대표적인 세대효과의 특징이라고 할 수 있다.

한국 선거에서 연령효과의 예외로서 세대효과가 발휘되는 것으로 거론된 세대가 1960년대생인 386세대였다(강원택 2003; 2009; 이내영 2002; 박명호 2009; 노환희 외 2013). 이 세대는 10대 후반 혹은 20대 초반에 한국의 민주화 과정을 겪은 특수한 사회화 경험을 통해 진보적인 성향을 유지해 오고 있다는 것이다. 그 이전 세대인 1940년대생은 개인별 투표 성향을 검토할 수 있는 대선 여론조사가 처음 실시된 1992년 선거 때 이미 40대 중반 50대 초반을 넘어서고 있었다. 연령효과를 적용하면 이미 보수화가 시작된 세대라고 할 수 있다. 1950년대생은 1992년 선거 때 30대 중반 40대 초반이었으므로, 역시 20대와 30대 초반의 투표 성향을 경험적 자료로 비교할 수 없다는 한계가 있다. 이 점에서 1960년대생이야말로 연령효과, 세대효과를 경험적으로 검증할 수 있는 유일한 세대라고 해도 과언이 아니다. 이 세대는 1992년 선거 때 20대 중반에서 30대 초반이었다. 2017년 대선은 1960년대생이 40대 후반에서 50대 중후반으로 접어드는 시기이다.

생애주기에서 50대는 상징적인 의미가 있다(Truett 1993; 허석재

2014). 50대에 접어들면서 대부분의 유권자가 보수적 태도로 변하기 때문이다. 50대 이전과 50대 이후의 투표 선호가 일치한다면 이는 가히 '세대효과'라 칭할 만하다. 이 점에서 1960년대생 이후의 세대는 2017년 대선 현재까지 아직 50대를 경험하지 않았기 때문에, 현재까지 이 세대가 진보적인 투표행위를 보인다고 해서 이 현상을 세대효과로 부를 수는 없다. 마찬가지로 1950년대생 이전 세대가 보수적 투표 선호를 보인다고 해서 이 현상을 세대효과라고 칭하기도 역시 힘들다. 이들 세대가 20~40대에도 보수적 투표 선호를 보였다면 그럴 수 있지만, 유감스럽게도 이를 검증할 수 있는 경험적 자료는 없다.

이런 문제의식을 바탕으로 이 연구는 민주화 이후 한국 선거의 세대별 투표선택 및 이념성향 변화의 폭과 속도를 경험적으로 분석하는 것을 목적으로 한다. 특히 '386세대'로 통칭되던 1960년대생의 생애주기 변화에 주목해 그 이전 세대와 이후 세대를 비교함으로써 1960년대생 유권자층의 세대적 특성에 대한 분석을 시도한다.

2. 선행 연구 검토

한국 선거 연구에서 연령에 따른 정치적 성향의 차이는 주로 세대효과에 방점이 찍혀 있었다. 정진민(1992; 1994), 정진민과 황아란(1999) 등의 선구적 연구가 있었지만, 세대효과가 선거 연구에서 본격적인 주목을 끌게 된 그 계기는 2002년 대선에서 각광을 받은 '386 세대'의 정치적 역할 때문이었다(강원택 2003; 이내영 2002). 이후 2007년 대선에서 한나라당 이명박 후보가 연령대별로 골고루 지지를 받으면서 세대효과에 대한 논의는 잠복한 것처럼 비춰졌지만, 2012년 대선에서 박근혜 후보와 문재인 후보 간의 대조적인 세대 간 지지율 차이로 학계의 관심은 재점화되었다(노환희 외 2013; 허석재 2014; 오세제·이현우 2014; 오세제 2015; 문우진 2016).

쟁점은 1960년대생의 정치 성향 및 투표행위의 변화였다. "1960년대생은 진보성을 유지하고 있다"는 세대효과의 주장과 "보수화되고 있다"는 연령효과의 주장으로 대별된다. 2007년 제17대 대선을 분석한 많은 연구는 '386 세대효과'의 소멸을 선언한 바 있다(서현진 2008; 강원택 2009; 박명호 2009; 박원호 2012; 허석재 2014). 2007년 제17대 대선에서 이명박 후보의 압도적 승리와 1960년대생을 포함한 청장년층의 보수 후보 지지가 그 근거였다. 반면 2012년 제18대 대선의 결과로 '386 세대효과'가 유지된다는 주장이 있다(노환희 외 2013). 진보 후보에 대한 선호도, 진보 성향의 주관적 이념평가 등이 일관된 특성을 보인다는 것이다. 일부 조건을 부가하기는 했지만, '386 세대효과'의 유지를 주장하는 연구도 있다(황아란 2009; 오세제·이현우 2014; 오세제 2015). 1960년대생의 정치적 성향 변화와 관련된 기존 연구는 방법론의 발전도 수반했다. 집합자료의 한계에서 벗어나 개인 분석 수준에서 서베이 자료가 본격적으로 활용되었으며, 장기 패널 부재의 한계를 극복하고자 반복횡단면 자료에 대한 분석도 더해졌다(이우진 2014; 허석재 2014; 오세제 2015).

이 연구는 세대요인에 관한 기존 연구가 이론 차원에서뿐만 아니라 방법론 차원에서도 발전을 거듭해 왔지만, 다음과 같은 문제점에 노출되어 있는 것으로 판단한다. 첫째, 이론 차원에서 '386 세대효과'에 관한 논의는 시기상조였다. 1960년대생의 선두인 1960년생이 50대에

갓 진입하고 치른 첫 번째 대선이 2012년 대선이었다. 이때까지 대부분의 1960년대생은 50대에 이르지 못했다. 앞서 언급한 바와 같이 기존 연구는 연령효과에서 50대의 상징적 의미를 충분히 고려하지 않은 채 1960년대생의 정치적 성향 및 투표행위의 세대적 측면을 미리 재단했다는 점에서 시기상조라고 할 수 있다. 1960년대생이 보수화의 상징적 시기인 50대에 안착하기 이전에 진보적인 정치 성향과 투표행위를 보였다고 해서, 이를 이 세대의 고유한 정치적 세대효과로 접근하는 시각에 이 연구는 동의하지 않는다. 2017년 제 19대 대선이야말로 1960년대생의 대부분이 50대로 진입했기 때문에, 이 세대의 연령효과와 세대효과를 비교분석할 수 있는 제대로 된 기회라고 할 수 있다.

둘째, 방법론 차원의 문제점은 집합자료 분석과 개인별 자료 분석에서 각각 나타난다. 집합자료 분석에서는 선거별 기간효과에 대한 통제가 부족했다. 예를 들면 진보 편향의 2002년 제 16대 대선과 보수 편향의 2007년 제 17대 대선에서 보수 후보 지지율을 단순 비교하는 것은 무리일 수밖에 없다. 그럼에도 불구하고 대부분의 집합자료를 근거로 한 연구들은 세대 간 보수 후보 혹은 진보 후보 지지율을 단순 비교하는 경향을 보였다. 특정 선거에서 나타나는 이념적 지형의 변화와 캠페인 등 선거동원 전략 등 기간효과(*period effect*)에 대한 고려가 부족했다는 의미이다. 집합자료를 근거로 기술적 분석에 그치기는 했지만, 투표 선호에 관한 세대 간 상대적 위치를 비교한 노환희 등(2013)이 진행한 연구의 접근법은 이 점에서 유용성이 있다.

개인 단위의 서베이 분석에서 나타나는 문제점은 대부분 종단패널 데이터의 부재에서 발행하는 문제점이다. 종단패널조사는 시간 경과에 따라 변화하는 유권자의 정치지향 및 투표행위를 관찰하고, 그 원인을 직접적으로 분석할 수 있는 유일한 조사방법이다(Yaffee 2003; Bartels 2006; Menard ed. 2008). 동일 응답자를 대상으로 시기별 분석이 진행될 경우 응답자의 태도변화를 가장 확실하게 파악할 수 있기 때문이다. 이 같은 종단패널조사의 장점에도 불구하고, 패널손실(*panel attrition*), 패널 피로효과(*panel fatigue*), 고비용 등의 문제점 때문에 한국에서는 장기 종단패널 선거 서베이 자료가 없다.

장기 종단패널 부재에 따른 대안으로 활용하는 방법이 주요 선거별로 실시된 횡단 서베이 자료를 결합해(*pooling*) 반복횡단면 분석을 실시하는 것이다(이우진 2014; 허석재 2014; 오세제 2015). 이 방법은 시간 변화를 관찰할 수 있다는 점에서 유용성이 있지만, 매번 조사의 표본이 달라진다는 점에서 뚜렷한 한계가 있다. 다만 "분석 단위가 개인이 아닌 해당 코호트(*cohort*)나 연령 집단이라고 할 때는 표본의 일관성이 유지되는 것"(허석재 2014, 178~179)으로 해석된다.

이 연구는 연령 변수를 통제하더라도 '그럼에도 불구하고' 나타나는 것이 세대효과라는 선행 연구의 주장(허석재 2014)이 매우 타당한 것으로 판단한다. 다만 이를 측정하기 위해서 회귀식에 연령 변수와 세대 변수를 동시에 포함해야 한다는 주장에는 주의가 필요한 것으로 본다. 연령 변수에다가 더미 형식의 세대 변수를 한꺼번에 포함할 경우 다중공선성(*multicollinearity*) 문제를 피할 수 없어 회귀계수 추정값의 신뢰성과 안정성 문제가 발생하기 때문이다.[1)]

---

1) 연령 변수와 더미 형식의 세대 변수를 모두 포함한 연구들(허석재 2014; 오세제 2015)의 통계분석을 유사한 방식으로 시험복제(*replication*)한 결과 관심 변수인 세대 변수들의 분산팽창계수(Variance Inflation Factor, VIF)가 10을 상회하거나 육박해 다중공선성이 의심되었다. 또한 세분화한 4~5개의 세대 변수가 동시에 회귀

셋째, 사실확인 차원의 문제점도 선행 연구에서 발견된다. '386세대의 실종' 혹은 '부활'을 논하는 많은 연구는 이 세대가 20~30대에 일관된 진보적 성향을 보였다고 전제한다. 2002년 대선에서 노무현 후보의 당선에 이 세대가 일등공신이었다는 지적 때문인 것으로 판단된다. 다만 해당 선거의 기간효과까지 감안하면 보수와 진보는 상대적 개념일 수밖에 없다는 점이 고려되어야 한다. 기간효과로 이념적 지형이 보수 혹은 진보 쪽으로 기울었을 때 상대적 위치에 대한 고려가 필요한 이유가 여기에 있다. 2002년 대선에서 보수 후보보다 진보 후보를 더 많이 지지했다는 이유로 그 세대를 진보 세대로 속단할 수는 없다. 해당 선거에서 그 세대 이외에도 다른 세대 역시 진보 후보를 지지했기 때문에 유권자 전체 평균값에 변화가 생겼기 때문이다. 마찬가지 이유로 2007년 대선에서 보수 후보 쪽으로 지지가 기울었다는 이유로 그 세대의 보수화를 단정하기도 힘들다. 이런 이유로 '386 세대는 원래 진보적이었는데 보수화되었다'거나 '다시 진보성을 회복했다'는 평가는 엄밀한 추가 관찰이 필요하다.

식에 포함될 경우 의도한 바와 달리 각각의 세대효과보다는 연령효과로 해석될 가능성도 있다.

3. 연구전략

1) 세대 구분

사회화 시기의 특수한 정치적 경험의 효과로 형성되는 세대효과는 한국 선거 연구에서 세대 구분의 기준을 두고 논란을 거듭했다. 초기 세대효과 연구에서는 전전세대(~1949년), 민주세대(1950~1961년), 신세대(1962~1970년) 등의 구분(정진민 1992; 1994; 정진민·황아란 1999)이 주류였다가, 뒤로 가면서 산업화세대(~1959년), 386세대(1960 혹은 1962~1969 혹은 1970년), X세대/IMF세대/디지털 세대 등으로 분화되었다(김형준 2006; 노환희 외 2013; 이우진 2014; 허석재 2014; 오세제 2015; Cho & Eom 2012). 다양한 명칭에도 불구하고 대체로 수렴되는 세대 구분의 기준은 1960년대생을 독립적인 세대로 구분하는 방식이다.[2] 연구자별로 강조점을 두는 1960년대생의 역사적 경험과 명명에 따라 1~2년 정도의 차이는 있을 수 있다. 다만 이 연구는 1960년대생을 독립적인 세대로 구분하는 3분법이 분석의 큰 장애물이 될 것으로 판단하지는 않는다. 이 연구는 앞서 논의한 바와 같이 한국 선거 역사상 20대와 50대 사이의 세대적 정치 정향을 비교할 수 있는 유일한 세대를 1960년대생으로 간주하기 때문이다.

〈그림 6-2〉에서 보면 1960년대생의 독립적인 정치 성향이 확인된다. 2017년 대선에서 10년 단위로 세대별 자기이념평가의 분포를 살

2) 생물학적인 연대를 기준으로 세대를 구분하는 방식의 문제점은 오세제(2015)를 참조할 것.

〈그림 6-2〉 세대별 자기이념평가 분포: 2017년 대선

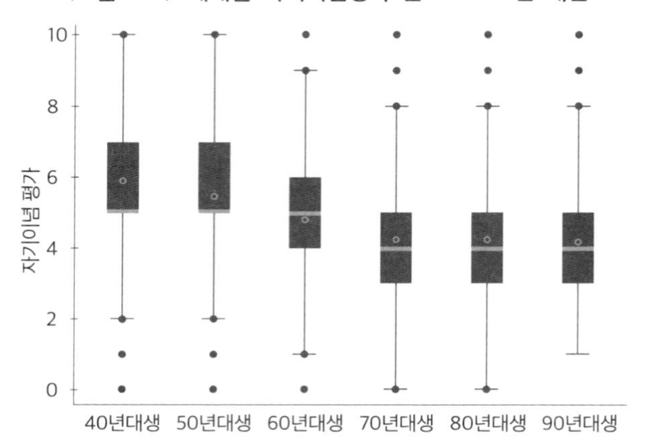

출처: EAI 2017년 대선 패널조사.

펴보자. 1940년대생과 1950년대생은 보수 쪽으로 확연히 치우쳐 있다. 자기의 이념 성향을 어떻게 평가하는지 0(가장 진보), 5(중도), 10(가장 보수) 사이의 숫자로 묻는 질문에서 1940년대생과 1950년대생의 평균은 각각 5.91과 5.47이다. 눈여겨봐야 할 점은 이들 세대의 자기이념평가의 분포이다. 〈그림 6-2〉의 상자그림(*box plot*)에서 확인되듯이 1940년대생과 1950년대생의 1사분위(Q1, 박스 아랫면)와 중위값(*median*)이 숫자 5에서 겹친다. 즉, 이들 세대의 진보 성향 유권자(0~4)는 25% 이하이다. 3사분위(Q3, 박스 윗면)가 숫자 7인 점을 감안할 때 25% 이상이 매우 보수적(8~10)인 것으로 자기를 평가하고 있다. 1970~1990년대생의 자기이념평가 분포는 상반된다. 이들 세대의 평균은 각각 4.32, 4.38, 4.22로서 진보 쪽으로 치우쳐있다. 이들 세대의 중위값은 4이며, Q1과 Q3은 각각 3, 5이다. 1960년대생은 그림에서 확인된 바와 같이 그 이전 세대와 이후 세대와 구분되는 자기이념평가 분포를 나타낸다. 1960년대생의 이념 평균은 4.86으로

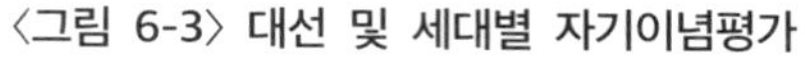

〈그림 6-3〉 대선 및 세대별 자기이념평가

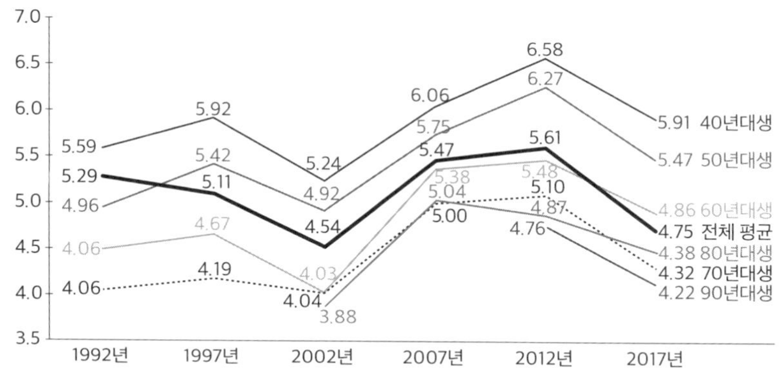

서 중도(5)에 근접해 있고, Q1과 Q3도 각각 4, 6으로서 중도와 진보, 보수가 고르게 분포되어 있다.

1960년대생이 그 이전 및 이후 세대와 구분되는 경향은 역대 선거에서도 확인된다. 〈그림 6-3〉은 1992년 대선부터 2017년 대선까지 각 세대의 자기이념평가의 변화 양상을 보여 준다. 굵은 선으로 표시된 유권자 전체 평균과 비교했을 때 1960년대생의 자기이념 평균은 2007년 대선부터 현재까지 전체 평균에 가장 근접해 있고, 이전 세대 및 이후 세대와는 구별되는 양상이다. 이상의 논의를 바탕으로 이 연구는 1960년대생을 기준으로 그 이전 세대와 이후 세대를 구분하는 3분법을 주요 구분법으로 채택한다.

2) 방법론

(1) 집합자료 활용 전략

첫째, 이 연구는 기존 연구와 달리 보수와 진보 지지율을 동시에 고려하기 위해 보수 우세율(보수 지지율에서 진보 지지율을 뺀 값)을 사용한다. 대부분의 선행 연구들이 단순히 보수 혹은 진보 후보의 지지율로 투표행위의 패턴을 비교하는 것과 달리 이 연구는 두 집단 간의 세력관계를 보여줄 수 있는 지표를 활용한다. 이 지표의 유용성은 보수 혹은 진보 간의 세력관계를 제대로 포착한다는 점 외에도 양자 구도 혹은 다자 구도로 달라지는 선거 간의 변화양상을 포착할 수 있는 장점이 있다. 실제 양자 구도로 치러진 2012년 대선에서 패배한 문재인 후보의 득표율은 48.2%로서 1997년 3자 구도로 치러진 1997년 대선에서 김대중 후보가 당선된 득표율 40.3%를 크게 앞선다. 패배한 문재인 후보의 득표율과 당선된 김대중 후보의 득표율을 단순 비교할 경우 유권자들의 투표행위를 제대로 포착할 수 없음은 자명하다. 이 연구는 보수 우세율을 집합자료의 지표로 사용함으로써, 이런 문제점을 해결하고자 한다.

둘째, 이념지형의 변화 및 선거동원 전략의 차이로 나타나는 기간효과를 통제하기 위해 평균중심화(*mean centering*) 기법을 활용한다. 〈그림 6-3〉에서도 확인되듯이 선거별로 유권자들의 이념지형은 크게 요동친다. 2002년 대선에서 유권자 이념 전체 평균은 4.54였으나 2007년 대선에서 전체 평균은 5.47이었다. 2002년 대선 때 가장 보수적이었던 1940년대생의 평균 5.24는 2007년 대선에서 평균에 근접했던 1960년대생의 5.38보다 수치상으로는 더 진보적이다. 선거 간 크게 요동치는 이념지형 및 투표행위의 제대로 된 비교를 위해서는 기간 효과를 통제해야 할 필요성이 있다. 이 연구는 전체 평균중심화(*grand mean centering*) 기법을 활용해 매 선거 시기의 평균값에서 특정 세대별 평균값을 빼는 형태로 세대 간 투표행위의 상대적 차이를 부각하고자 한다.

셋째, 세대별 보수화의 폭과 속도를 탐색하기 위해 각 세대의 생애주기를 축으로 두고 이념 및 투표 성향을 분석한다. 각 대선 시기를 가로 축으로 두는 것이 아니라, 10년 단위의 세대의 생애주기를 축으로 두게 되면, 20대 혹은 30대 때의 1960년대생과 20대 혹은 30대 때의 1970년대생 혹은 1980년대생을 직접 비교할 수 있다.

(2) 서베이 자료 활용 전략

앞서 설명한 바와 같이 반복횡단면 결합자료 분석에서 기존 연구가 직면한 문제점은 연령 변수와 세대 변수를 회귀식에 함께 포함함으로써 다중공선성 문제를 해결하지 못했다는 것이다. 이 문제를 해결하기 위해 이 연구는 연령효과와 세대효과의 구분을 위해 연령 변수와 세대 변수를 회귀식에 함께 포함시킨다. 다만 다중공선성 문제를 해결하기 위해 세대 변수를 동시에 넣지 않고 각각 포함시켜 별도의 회귀식을 구성한다.

이 방법은 고질적인 다중공선성 문제를 해결하는 장점이 있지만, 더미변수의 해석에 주의를 필요로 한다. 언급한 바와 같이 이 연구는 1960년대생을 기준으로 그 이전 세대와 이후 세대로 구분하는 3분법을 채택한다. 1960년대 이전 혹은 이후 세대의 더미변수를 따로 포함시킬 경우 해석에 문제는 없다. 예를 들어 1960년대 이전 세대의 더미변수가 보수 후보를 더 지지하는 결과로 나올 경우 이 세대는 1960년대생이나 그 이후 세대에 비해 더 보수적인 투표행위를 보인 것으로 쉽게 해석이 가능하다. 1960년대 이후 세대의 경우도 마찬가지이다. 문제는 1960년대생의 더미변수 해석 문제이다. 1960년대생 더미변수의 0값은 그 이전 세대와 이후 세대를 함께 포함한다. 일반적으로 그 이전 세대는 1960년대생보다 더 보수적이고, 그 이후 세대는 더 진보적일 가능성이 크기 때문에 나머지 집단은 균질적이지 않게 된다. 따라서 1960년대생 더미변수의 효과는 양쪽의 영향력으로 상쇄될 가능성이 있다. 1960년대생의 영향력이 애매하게 나올 경우, 그 이전 세대와 이후 세대의 영향력이 예상 방향과 일치하고 통계적으로 유의미(*significant*)한지 여부에 따라 간접 확인할 수밖에 없다.

2017년 단일 선거의 경우 세대 더미변수는 연령 변수와 상관관계가 높기 때문에 회귀식에 동시에 포함할 경우 다중공선성 문제를 해결할 수 없다. 이 연구는 이 경우 세대별로 표본을 구분해 세대별 이념 및 투표 행위의 특징을 관찰한다.

4. 집합자료 분석

1) 세대별 투표 경향

〈그림 6-4〉는 세대별로 보수 후보 지지율에서 진보 후보 지지율을 뺀 단순 보수 우세율을 대선별로 표시한 그래프이다. 첫째, 1960년대생 이전 세대(40년대생 및 50년대생)는 역대 대선에서 대체로 보수 쪽

〈그림 6-4〉 세대별 투표 경향(단순 보수 우세율)

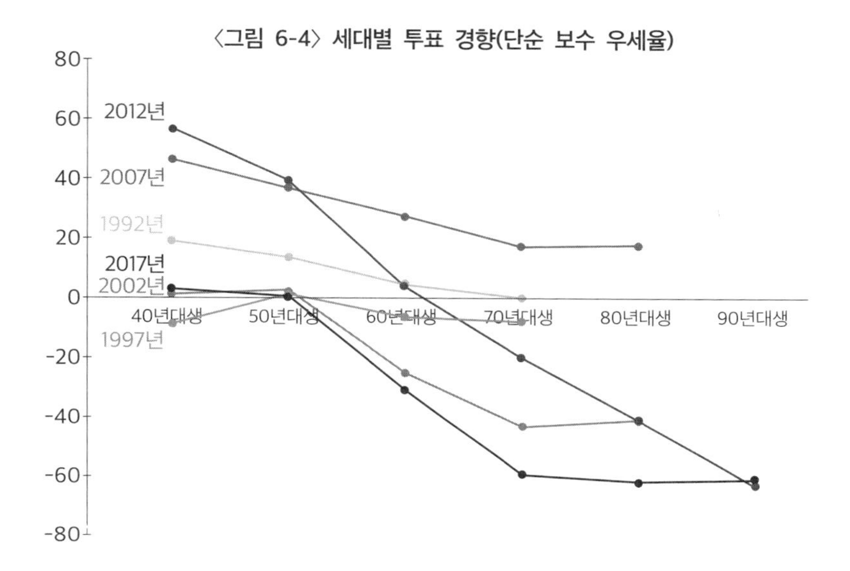

후보 지지율이 높았다. 50년대생이 선거별 투표 선호의 폭이 제일 좁게 나타났고, 변동은 대체로 보수 우위 범위에서 이루어졌다. 60년대생은 변동 폭이 꽤 크게 나타나고, 2017년 대선에서 진보 쪽으로 많이 기운 것으로 관찰되었다. 그 이후 세대는 2007년 대선을 제외하고는 대부분 진보 쪽에 더 많은 지지를 보낸 것으로 나타났다.

둘째, 그래프 곡선의 기울기가 표현하는 바와 같이 대선별로 세대 균열에는 큰 차이가 있었다. 1997년 대선은 매우 완만한 기울기를 보여 세대 간 투표 선호의 차이가 거의 없는 것처럼 보인다. 1992년, 2007년 대선도 비교적 완만한 기울기를 보여 세대 간 차이가 크지 않은 것으로 관찰된다. 반면 2012년 대선이 제일 급한 기울기를 보이고, 2002년, 2017년 대선이 그 뒤를 잇는다. 모두 세대균열이 컸던 대선이었다.

2) 세대별 투표 경향

〈그림 6-5〉는 보수 우세율을 전체 평균에서 빼어 평균중심화한 값을 표현하고 있다. 이 그래프는 선거별로 달라지는 기간 효과를 통제한 결과를 표시한다. 첫째, 〈그림 6-4〉와 달리 선거별 변동의 폭이 제일 작은 세대는 1960년대생과 1970년대생이다. 1960년대생은 2017년 대선을 제외하고는 전반적으로 다소 진보 우위를 보였지만, 전체 평균 부근에서 매우 미미한 변동에 불과했다. 1970년대생 역시 변동의 폭은 매우 작지만, 대부분 진보 지지가 다소 높았던 것으로 나타났다. 둘째, 〈그림 6-4〉와 마찬가지로 1992년, 1997년 및 2007년 대선이 비교적 완만한 기울기를 보여 세대균열이 작았던 선거로 나타났다. 역시 2002년, 2012년, 2017년 대선이 가장 급한 기울기를 보여 세대 간 선호 차이가 큰 것으로 확인되었다.

3) 생애주기별 세대 간 투표 경향 비교

〈그림 6-6〉은 세대별 보수화의 폭과 속도를 탐색하기 위해 각 세대의 생애주기를 축으로 두고 투표 성향을 분석한 결과이다. 그 결과 생애주기별로 세대별 투표 성향을 비교할 수 있다. 그림에서 두꺼운 선으로 표현된 1960년대생은 〈그림 6-5〉에서 살펴본 바와 같이 매우 완만한 기울기를 보여 변동 폭이 제일 작고 보수화 속도도 다른 세대에 비해 느렸다. 이 그림에서 주목할 점은 대부분의 선행 연구가 전제하는 바와 같이 1960년대생이 다른 세대에 비해 과거에도 그리고 지금에도 진보적인가 하는 점이다. 일단 이 그래프에서 확인된 바로는 1960년대

〈그림 6-5〉 세대별 투표 경향(보수 우세율 + 전체 평균중심화)

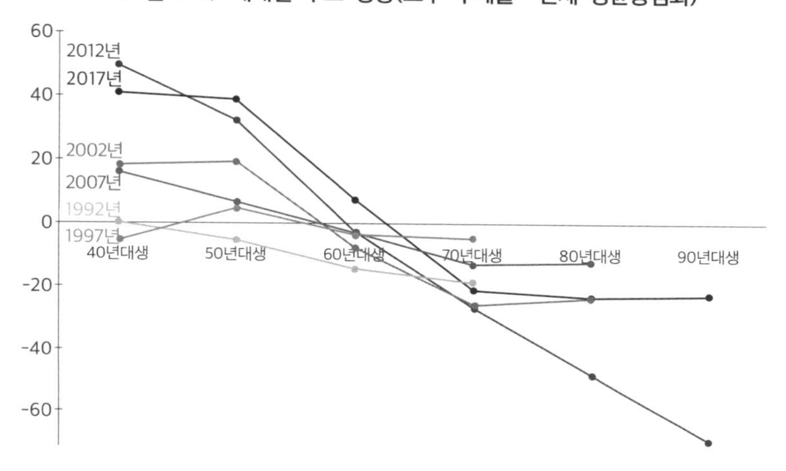

〈그림 6-6〉 세대 내 연령효과 비교(보수 우세율 + 전체 평균중심화)

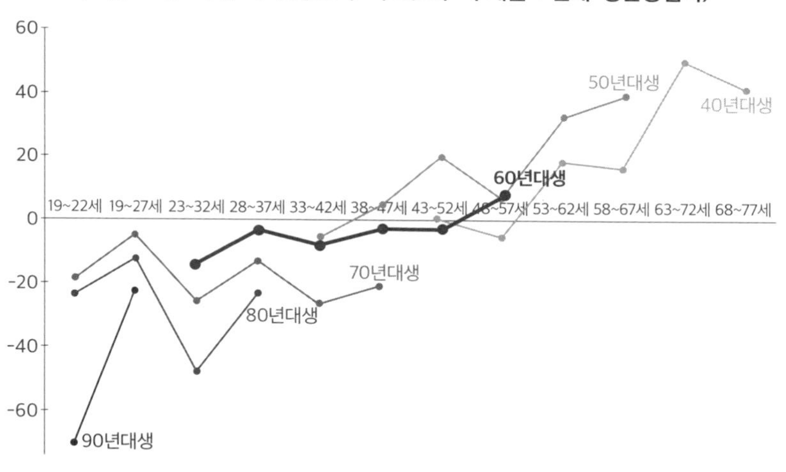

생이 20~40대 때 그 이후 세대에 비해 진보적이지 않고, 40 ~50대 때에는 그 이전 세대에 비해 비교적 진보적이라는 점이다. 1960년대생은 평균 연령 20대 후반부터 40대 후반까지 20여 년간 거의 비슷한 성향을 보이고, 그 위치는 국민 평균 수준에서 크게 벗어나지 않는다.

4) 생애주기별 주관적 이념평가

〈그림 6-7〉은 평균중심화한 세대별 주관적 이념평가를, 생애주기를 축으로 표현한 그래프이다. 이 그래프를 통해 우리는 각 세대의 주관적 이념평가를 동일한 연령대의 다른 세대와 비교할 수 있다. 1960년대생(두꺼운 선)과 관련한 발견은 다음과 같다. 첫째, 이 세대는 그 이전 세대와 비슷한 기울기로 자기이념평가상 보수화되고 있다. 다만 이전 세대와 비교할 때 상대적으로 자신들을 더 진보적인 것으로 인식

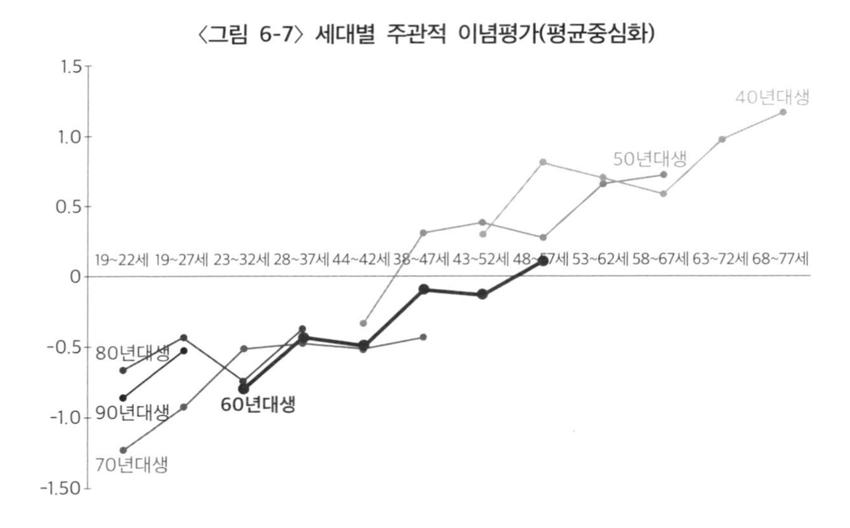

〈그림 6-7〉 세대별 주관적 이념평가(평균중심화)

하고 있음을 알 수 있다. 〈그림 6-6〉의 투표 성향에서 1960년대생은 국민 전체 평균에서 거의 변동 없이 비슷한 성향을 보인 반면, 〈그림 6-7〉의 자기이념평가에서 이 세대는 다른 세대와 비슷한 속도로 보수화되고 있지만 여전히 이전 세대보다 자신들을 더 진보적인 것으로 인식하고 있는 것이다. 두 그림을 통해 우리는 이 세대가 평균연령 20대 후반부터 40대까지 자신들의 이념평가보다 상대적으로 보수적인 투표행위를 한 것으로 해석할 수 있다.

5. 회귀분석

1) 연구가설

2017년 대선은 민주화 이후 한국 선거 역사상 처음으로 세대효과를 검증할 수 있는 기회다. 그 대상은 1960년대생이다. 그 이전 세대는 20~30대 시기의 투표 성향을 확인할 수 있는 경험적 자료가 부재한다. 그 이후 세대는 아직 사회적 성숙(*social maturation*) 혹은 보수화 현상이 두드러지는 50대를 경험하지 못했다. 1960년대생 이후 세대의 진보 성향이 연령효과인지 세대효과인지를 아직은 검증할 수 없다. 이 연구는 집합적 자료에서 확인한 사실로부터 1960년대생의 세대효과를 다음과 같은 가설로 검증하고자 한다.

세대효과 가설

① 1960년대생의 투표행위는 중도 성향에서 이념 변화의 폭이 작고 속도

도 느리다.

② 1960년대생은 투표행위에서 나타나는 것보다 자신들을 더 진보적인 성향으로 평가한다.

2) 변수 및 분석모형

세대효과 가설의 검증을 위해서 이 연구는 1992년부터 2017년까지 총 6회의 대선 직후 면접조사를 결합해 반복횡단면 분석을 실시한다.

(1) 투표선택

1960년대생의 세대효과를 검증하기 위한 반복횡단면 분석의 종속변수는 보수 후보 지지 여부이다. 관심 독립변수는 1960년대생, 그 이전 및 이후 세대로 3분한 세대 더미변수로서, 연령 변수의 포함으로 연령효과가 통제된 상황에서 각 세대의 고유한 정치적 성향이 세대적 특징으로 발현되는지를 살펴본다. 이 모형에 포함된 통제변수는 이념(서열변수), 교육 수준(서열변수), 성별(더미변수), 출신 지역(호남 및 영남 더미변수) 등이다. 또한 선거별로 상이한 기간효과를 통제하기 위해 6회의 대선을 더미면수로 회귀식에 포함했다. 위의 두 가지 모형은 보수 후보에 대한 지지 여부를 종속변수로 설정했으므로 로짓분석(*logistic regression*)을 기본으로 설정했다.

(2) 이념 성향

세대균열의 투표 성향과 별개로 세대별 이념 성향의 특징을 발견하기 위한 분석모형에서 종속변수는 응답자의 자기이념평가이다. 투표선택

모형에서 사용한 11점 척도를 기본으로 하고, 5점 척도로 측정된 이념 평가의 경우 기본모형으로 스케일을 조정했다. 이 분석모형에서도 주요 관심 독립변수는 투표선택 모형과 마찬가지로 연령 및 세대 변수이다. 통제변수 역시 투표선택 모델과 같은 방식으로 처리했다. 서열변수로 측정된 종속변수를 감안해 이 모형은 선형회귀분석을 사용했다.

3) 자료

이 연구에서 사용한 자료는 1992년 제 14대 대선부터 2017년 제 19대 대선까지 25년간 5년 간격으로 실시된 대선 사후 면접조사 자료이다. 제 14~16대 대선 자료는 한국사회과학데이터센터(KSDC)가 실시한 면접조사 자료이고, 제 17~19대 대선 자료는 동아시아연구원(EAI) 대선 패널조사 자료이다. 연령효과 가설 검증을 위한 2017년 대선 분석은 2017년 EAI 대선 패널조사 자료를 사용했고, 세대효과 가설 검증을 위한 반복횡단면 분석은 총 6회의 횡단 선거 사후조사 자료를 결합해(*pooling*) 실시했다.

4) 회귀분석 결과

〈표 6-1〉은 역대 대선 결합자료를 통해 세대효과를 분석한 것이다. 모형 1~4는 보수 후보 지지 여부의 투표선택 모형이고, 모형 5~8은 이념 성향 분석모형이다. 통제변수인 연령, 이념, 교육, 출신지역 등이 모두 예상 방향대로 확인되었다. 연령이 높을수록 투표선택과 이념 성향에서 보수화되는 것으로 나타났다. 교육 변수는 투표선택에는

〈표 6-1〉 역대 대선 세대효과: 1992~2017년 대선

	모형 1	모형 2	모형 3	모형 4	모형 5	모형 6	모형 7	모형 8
	보수 지지				진보 지지			
연령	0.0300** (0.00239)	0.0259** (0.00261)	0.0315** (0.00261)	0.0269** (0.00247)	0.0394** (0.00196)	0.0377** (0.00216)	0.0381** (0.00215)	0.0398** (0.00204)
이념	0.368** (0.0142)	0.367** (0.0142)	0.371** (0.0147)	0.367** (0.0142)				
교육	-0.0113 (0.0672)	0.0103 (0.0677)	-0.00827 (0.0682)	0.00910 (0.0676)	-0.308** (0.0582)	-0.298** (0.0585)	-0.288** (0.0584)	-0.311** (0.0584)
성별	-0.0590 (0.0594)	-0.0680 (0.0595)	-0.0574 (0.0609)	-0.0706 (0.0596)	-0.0846 (0.0515)	-0.0878+ (0.0515)	-0.0958+ (0.0523)	-0.0832 (0.0515)
호남 출신	-2.081** (0.0940)	-2.097** (0.0943)	-2.084** (0.0967)	-2.106** (0.0943)	-0.941** (0.0684)	-0.944** (0.0684)	-0.821** (0.0695)	-0.938** (0.0685)
영남 출신	0.658** (0.0667)	0.658** (0.0668)	0.638** (0.0683)	0.650** (0.0668)	0.366** (0.0594)	0.367** (0.0593)	0.349** (0.0604)	0.367** (0.0594)
1992년	0.112 (0.118)	0.0982 (0.118)		0.0950 (0.117)	-0.211* (0.0995)	0.583** (0.101)		0.624** (0.101)
1997년			0.00976 (0.130)		-0.231* (0.101)	0.566** (0.102)	0.125 (0.106)	0.603** (0.102)
2002년	-0.272* (0.111)	-0.245* (0.111)	-0.363** (0.115)	-0.239* (0.111)	-0.949** (0.0935)	-0.141 (0.0936)	-0.642** (0.0975)	-0.119 (0.0935)

〈표 6-1〉 역대 대선 세대효과: 1992~2017년 대선 (계속)

	모형 1	모형 2	모형 3	모형 4	모형 5	모형 6	모형 7	모형 8
	보수 지지				진보 지지			
2007년	0.915**	0.946**	0.822**	0.955**	0.0159	0.822**	0.319**	0.846**
	(0.105)	(0.105)	(0.111)	(0.105)	(0.0870)	(0.0857)	(0.0947)	(0.0855)
2012년	-0.0247	0.0224	-0.123	0.0348	0	0.813**	0.300**	0.827**
	(0.115)	(0.116)	(0.121)	(0.116)	(0)	(0.0990)	(0.108)	(0.0989)
2017년	-1.428**	-1.365**	-1.531**	-1.366**	-0.824**		-0.518**	
	(0.123)	(0.124)	(0.131)	(0.124)	(0.0988)		(0.109)	
60년대 이전		0.268**				0.116+		
		(0.0718)				(0.0620)		
60년대 생			0.0745				-0.153*	
			(0.0693)				(0.0597)	
60년대 이후				-0.294**				0.0405
				(0.0650)				(0.0559)
상수	-3.163**	-3.104**	-3.160**	-2.935**	4.058**	3.281**	3.826**	3.195**
	(0.160)	(0.161)	(0.158)	(0.167)	(0.129)	(0.138)	(0.119)	(0.146)
N	7,215	7,215	6,835	7,215	8,061	8,061	7,635	8,061
R^2	0.2979	0.2993	0.2928	0.2999	0.1197	0.1201	0.1077	0.1197

주: + $p < 0.1$, * $p < 0.05$, ** $p < 0.01$.

영향을 미치지 않았지만, 이념 성향에서는 음의 값으로 확인되었다. 교육 수준이 높을수록 자신의 이념을 진보적인 것으로 평가한다는 의미이다. 호남 출신은 투표선택과 이념 성향 모두 진보적인 경향으로 나타났고 영남 출신은 반대의 경향을 보였다. 기간효과를 통제하기 위한 선거 연도별 더미변수 역시 예상대로 2002년과 2017년에는 진보 방향으로, 2007년에는 보수 방향으로 확인되었다.

이 분석의 주요 관심 독립변수는 1960년대생을 기준으로 그 이전과 이후로 구분한 세대 변수이다. 연령 변수를 회귀식에 포함해 연령효과를 통제한 상태에서도 투표선택과 이념 성향 모두에서 1960년대 이전 세대는 자신보다 젊은 세대에 비해 보수적인 것으로, 이후 세대는 자신보다 나이 든 세대에 비해 진보적인 것으로 확인되었다. 서두에서 논의한 바와 같이 이러한 결과를 세대효과로 단정할 수는 없다. 1960년대 이전 세대는 이 분석모형에서 20~30대 청년기가 포함되지 않았고, 1960년대 이후 세대는 아직 보수화를 예측할 수 있는 연령대로 접어들지 않았기 때문이다.

이 연구의 관심은 1960년대생의 세대효과이다. 모형 3 투표선택에서는 통계적으로 유의미한 결과가 나오지 않았다. 앞서 논의한 바와 같이 이 모형에서 더미변수의 0값이 1960년대 이전 세대일 수도 있고, 이후 세대일 수도 있기 때문에 1960년대생의 명확한 투표 방향성을 확인하기 힘든 한계가 있다. 다만 집합자료에서 확인한 투표경향과 연결시켜 추론할 때 1960년대생은 그 이전 세대보다는 진보적이고, 그 이후 세대보다는 보수적일 가능성이 높다.

흥미로운 발견은 모형 7에서 확인된다. 투표선택 모형과는 달리 이념 성향 모형에서 1960년대생은 자신들보다 젊은 세대를 포함해도 다른 세대보다 자신들을 진보적인 것으로 평가하고 있기 때문이다. 1960년대 이전 세대는 본인들을 그 이후 세대보다 보수적인 것으로 평가하고 있고, 1960년대 이후 세대는 통계적으로 유의미한 결과를 나타내지 않았다. 투표선택 모형과는 다른 결과이다. 1960년대생은 그 이후 세대보다도 자신들을 더 진보적인 이념 성향으로 평가하는 것이다.

이 연구는 모형 3과 모형 7의 비교를 통해 1960년대생이 이념 성향의 자기평가에서는 다른 세대에 비해 진보적인 것으로 인식하고 있지만, 실제 투표선택에서는 이념 성향만큼 진보적이지는 않다는 점을 확인했다.

6. 주요 발견

1) 1960년대생은 과거에도 진보적이지 않았지만 지금도 보수적이지 않다

386세대가 여전히 진보적이라고 주장하는 입장이든 보수화되고 있다는 주장이든, 양쪽 모두 이 세대가 20~30대에 매우 진보적이었다는 전제를 공유한다. 민주화 이후 진행된 여섯 번의 대선에서 1960년대생이 보수 후보보다 진보 후보를 더 많이 지지한 선거는 1997년, 2002년, 2017년 선거 세 번에 불과하다. 1992년, 2007년, 2012년 대선에서는 보수 후보를 더 많이 지지했다. 이 세대가 진보 후보를 더 많이 지지한 세 번의 선거는 모두 기간효과가 작동해 전 세대가 진보 방향으로 이동한 선거였다. 평균중심화 기법을 활용해 이 세대의 투표 성향을 다른 세대와 비교해서 관찰할 경우 1960년대생은 20~30대 청년 시기에도 전 세대 평균에 근접한 위치에서 약한 진보적 성향을 나타냈다. 이 성향은 이 세대의 대부분이 50대인 현재 시점에서도 유지되고 있다. 다시 말해 1960년대생은 과거에도 그리 진보적이지 않았지만 현재에도 그리 보수적이지 않다는 것이다. 대선별 기간효과를 통제할 경우 1960년대생의 투표 성향은 국민 전체 평균 부근에 머물러 있다. 50대에 접어들면서 급격히 보수화되는 이전 세대에 비해 1960년대생은 매우 완만한 성향 변화의 폭과 속도를 유지하고 있다. 1960년대생의 정치세대적 특성은 여기에서 발견된다. 젊어서 진보적이고 나이가 들면서 보수화되는 일반적인 연령효과에서 벗어났기 때문이다.

2) 1960년대생은 스스로를 진보적으로 평가하지만, 투표선택은 이념 성향만큼 진보적이지 않다

회귀분석 결과 1960년대생의 투표선택은 이전 세대보다 진보적이고 이후 세대보다 보수적인 것으로 평가된다. 다만 이 세대의 자기이념 평가는 이전 세대는 물론 이후 세대보다도 진보적이다. 투표행위와 이념 성향의 불일치가 1960년대생에서 발견된다.

7. 결론

이 연구는 민주화 이후 1992년 제 14대 대선부터 2017년 제 19대 대선까지 총 6회의 대통령선거를 분석 대상으로 하여 1960년대생의 세대효과 발현 여부와 특징을 투표선택과 이념 성향 차원에서 측정했다. 이 연구는 기존 연구의 세대효과 사례로 거론되는 386세대 혹은 1960년대생의 정치세대적 특성을 진보성의 유지에서 찾지 않았다. 오히려 이 세대가 과거에도 그리 진보적이지 않았지만 현재에도 그리 보수적이지 않다는 사실을 경험적 증거로 밝히고, 이 세대의 투표 성향 변화가 매우 완만한 폭과 속도를 유지하고 있다는 점에서 세대효과라 칭할 만하다고 이 연구는 주장한다. 또한 세대효과는 정의상 연령효과를 벗어난 현상이라고 할 때, 젊어서 보수적이거나 나이 들어서 진보적인 정치 성향을 가지는 것으로 속단하기 쉽다. 1960년대생의 경우에서 확인되듯이 청년 시기에 온건한 진보 성향을 보인 세대가 매우 완만한 기울기로 보수화되는 경우도 일반적인 연령효과의 예외 현상이므로 세대적 특성으로 간주할 것을 주장한다.

이 연구의 방법론적 의의는 집합자료 분석과 회귀분석 측면에서 찾을 수 있다. 집합자료 분석 측면에서는 보수와 진보 지지율을 동시에 고려하기 위해 보수 우세율을 사용한 점, 이념지형의 변화 및 선거동원 전략의 차이로 나타나는 기간효과를 평균중심화(*mean centering*) 방식으로 통제한 점, 세대별 보수화의 폭과 속도를 탐색하기 위해 각 세대의 생애주기를 축으로 두고 이념 및 투표 성향을 분석한 점 등에서 기존 연구와의 차별점을 찾을 수 있다. 회귀분석 측면에서는 연령효과와 세대효과의 구분을 위해 두 변수를 회귀식에 함께 포함시키는 최근 연구결과(허석재 2014; 오세제 · 이현우 2014; 오세제 2015)의 성과를 계승하되, 기존 연구의 한계였던 다중공선성 문제를 해결하기 위해 세대 더미변수를 동시에 넣지 않고 각각 포함시켜 별도의 회귀식을 구성한 점 등을 이 연구의 방법론적 의의로 거론할 수 있다.

이 연구는 총 유권자의 세대별 인구구성 변화로 고령층 보수 유권자층이 확대될 것이라는 전망의 보류를 조심스럽게 제안한다. 이 연구에서 확인한 바와 같이 1960년대생처럼 이념 변화의 폭과 속도가 완만한 세대적 특성이 나타나고 있기 때문이다. 또한 그 이후 세대인 1970년대생은 아직 50대로 진입하지 않아 변화의 폭과 속도를 짐작하기 쉽지 않지만, 최소한 현재까지는 1960년대생의 10년 전보다 훨씬 진보적이라는 점에서 '기울어진 운동장'의 방향이 중단기적으로는 예측과 반대일 가능성도 배제할 수 없다.

이 연구의 일차적 한계는 경험적 자료의 제한에서 비롯된다. 언급한 바와 같이 기존 연구가 1960년대생의 세대효과를 거론하기 힘든 시점에서 이 세대의 정치적 진보성만으로 '고유한' 세대적 특성을 거론하는 것은 시기상조였다. 2017년 대선을 거치면서 상당수의 1960년대생이 50대로 접어들었다. 그렇지만 여전히 이 세대의 '고유한' 특성을 규정하기에는 이를 수도 있다. 한국 정치에서 청년 시기와 중장년 시기의 정치적 성향의 변화를 경험적 자료로 규명할 수 있는 유일한 세대가 1960년대생이라는 점에서 한국 선거정치의 세대효과 연구는 여전히 자료 제한에서 자유롭지 못하다. 또한 이 연구는 한국 정치의 지역균열 현상의 세대적 특성을 2017년 대선에서 피상적으로 관찰했지만, 지역균열과 세대균열의 복합적 관계에 대한 심도 깊은 논의를 진행하지 못했다는 점에서 추가 연구의 필요성이 제기된다.

참고문헌

강원택. 2003. 《한국의 선거정치: 이념, 지역, 세대와 미디어》. 서울: 푸른길.

______. 2009. "386 세대는 어디로 갔나?: 2007년 대선과 2008년 총선에서의 이념과 세대", 김민전·이내영 편. 《변화하는 한국유권자 3: 패널조사를 통해 본 18대 국회의원선거》. 서울: 동아시아연구원.

김형준. 2006. "17대 총선과 세대: 정당 지지 분석을 중심으로", 어수영 편. 《한국의 선거 5: 제16대 대통령선거와 제17대 국회의원선거》, 269~300. 서울: 오름.

노환희·송정민·강원택. 2013. "한국선거에서의 세대효과: 1997년부터 2012년까지의 대선을 중심으로", 〈한국정당학회보〉 12(1), 113~140.

문우진. 2016. "한국 선거경쟁에 있어서 이념 갈등의 지속과 변화", 〈한국정당학회보〉 15(3), 37~60.

박명호. 2009. "2008 총선에서 나타난 세대효과와 연령효과에 관한 분석: 386 세대를 중심으로", 〈한국정당학회보〉 8(1), 65~86.

박원호. 2013. "세대론의 전환: 제18대 대통령선거와 세대", 박찬욱·김지윤·우정엽 편. 《한국유권자의 선택 2: 18대 대선》, 201~247. 서울: 아산정책연구원.

서현진. 2008. "17대 대통령선거의 투표참여와 세대에 관한 연구", 〈의정연구〉 14(2), 117~142.

오세제. 2015. "386세대 세대효과의 특징 연구: 세대효과의 조건적 표출을 중심으로", 〈21세기 정치학회보〉 25(1), 133~164

오세제·이현우. 2014. "386세대의 조건적 세대효과: 이념 성향과 대선투표를 대상으로", 〈의정연구〉 20(1), 199~230.

이내영. 2002. "세대와 정치이념", 〈계간사상〉 54, 53~79.

이우진. 2014. "성과 세대의 정치경제", 〈재정학연구〉 7(4), 1~40.

정진민. 1992. "한국선거에서의 세대요인", 〈한국정치학회보〉 26(1), 145~167.

______. 1994. "정치세대와 14대 국회의원선거," 〈한국정치학회보〉 28(1), 257~274.

정진민·황아란. 1999. "민주화 이후 한국의 선거정치: 세대요인을 중심으로", 〈한국정치학회보〉 33(2), 115~134.

Abramson, P. 1975. *Generational Change in American Politics*. Lexington: Lexington Books.

Alwin, D. F., & Krosnick, J. A. 1991. "Aging, cohorts, and the stability of sociopolitical orientations over the life span", *American Journal of Sociology*, *97*(1), 169~195.

Barnes, S. H. 1989. "Partisanship and electoral behavior", in Jennings, M. K., & van Deth, J. W. ed., *Continuities in Political Action*, 235~272. Berlin: De Gruyter.

Bartels, L. M. 2006. "Three virtues of panel data for the analysis of campaign effects", in Brady, H. E., & Johnston, R. ed., *Capturing Campaign Effects*. Ann Arbor: University of Michigan Press.

Cho, J. M. and Eom, K. H. 2012. "Generation effects? An empirical analysis of the Korean national assembly and presidential elections", *Asian Perspective*, *36*(3), 353~386.

Feather, N. T. 1977. "Value importance, conservatism, and age", *European Journal of Social Psychology*, *7*(2), 241~245.

Mannheim, K. 1952. "The Problem of Generations", in Kecskemeti, P. ed., *Essays on the Sociology of Knowledge*, 276~322. New York: Oxford University Press.

Menard, S. ed. 2008. *Handbook of Longitudinal Research: Design, Measurement, and Analysis*. London: Elsevier.

Truett, K. R. 1993. "Age differences in conservatism", *Personality and Individual Differences*, *14*(3), 405~411.

Van Hiel, A., & Brebels, L. 2011. "Conservatism is good for you: Cultural conservatism protects self-esteem in older adults", *Personality and Individual Differences*, *50*(1), 120~123.

| 제 3 부 |

제 3 후보와 선거운동

7장

제 19대 대통령선거에 나타난 안철수 지지자 분석

서현진

1. 서론

제 19대 대통령선거는 박근혜 대통령이 대한민국 헌정 사상 최초로 파면되면서 2017년 12월 20일로 예정되었던 것보다 훨씬 빠른 5월 9일에 치러졌다. 박근혜 전 대통령은 재임 중 국정농단 사태로 인해 국회로부터 탄핵되었으며 헌법재판소에서 2017년 3월 10일 재판관 8명 전원일치 판결로 파면이 결정되었다. 그런데 이런 법적 결정에 이르기까지 중요한 역할을 했던 행위자는 사실 정치권보다는 시민사회였다.

박근혜 정부에 대한 국민의 불만은 임기 내내 누적되어 왔다. 2012년 대선에서 국가정보원이 여론을 조작하였다는 부정선거 의혹이 임기 초반부터 불거져 나왔고, 2014년 세월호 침몰 사고에 대한 정부의 무책임한 대응으로 인해 불만은 더 커졌다. 2015년에는 국민의 반대에도 불구하고 한국사 교과서를 국정화하려는 시도를 계속했고, 2016년에는 시위 도중 경찰의 물대포에 맞아 백남기 농민이 사망하는 사건까지 발생했다.

2016년 가을 최순실의 국정농단과 정유라의 이화여대 부정입학 사건이 세상에 알려지면서 시민들이 촛불을 들고 거리로 나오게 된 것이다. 시민사회의 요구는 시간이 흐르면서 박근혜 대통령의 자발적 하야에서 강제적 탄핵으로 변화했다. 정부와 집권 여당을 견제해야 할 야당 세력들이 우왕좌왕하는 사이 촛불집회에 동참하는 시민의 수는 기하급수적으로 증가했고 촛불집회는 전국적으로 확산되었다. 결국 잘못된 정치를 바로잡고자 하는 시민사회의 염원이 정치권으로 수렴되어 사상 초유의 대통령 탄핵이라는 결정에 이르게 된 것이다.

이런 환경에서 조기에 치러진 제 19대 대통령선거의 가장 큰 특징은 박근혜 탄핵 찬성 세력과 반대 세력 간의 대결이었다고 볼 수 있다. 박근혜 지지층은 주로 중장년층으로 새마을 운동, 한강의 기적, 그리고 반공으로 대변되는 박정희 시대를 그리워하는 사람들이다. 이들은 평등과 분배 중심의 민주주의보다는 멸공과 경제성장 중심의 권위적 자유주의를 선호한다고 볼 수 있다. 이들 중 일부는 국정농단 사태에도 불구하고 여전히 우리 사회가 과거로 회귀하거나 현재에 머무는 것을 원하며 박근혜 탄핵에 반대하는 입장을 나타냈다. 또 다른 일부는 탄핵에는 찬성하지만 국정농단 사태는 박근혜 측근의 비리로, 보수의 실패가 아니라는 입장을 취했다.

여야를 막론하고 탄핵에 찬성하는 대다수 시민들은 새로운 시대, 새로운 정치를 원했다. 때문에 특권과 반칙 근절, 비정상의 정상화, 공정시스템 확립 등 선거 전반을 지배한 프레임은 탄핵된 박근혜 대통령을 포함한 현 정권에 대한 불만을 바탕으로 형성된 적폐 청산이었다. 한편 그동안 사회경제적 양극화로 인해 심화되어 온 세대 간, 이념 간, 계층 간 갈등이 탄핵 정국을 통해 증폭되었기 때문에 국민 통합 이슈도 급부상했다.

따라서 탄핵 정국에서 표면화된 여러 가지 문제를 해결하고 새 정치 시대를 열 인물에 대한 평가가 중요한 선거였다. 왜냐하면 기존 정당이나 정치권은 탄핵 정국을 주도적으로 이끌기보다는 촛불민심에 편승해 왔기 때문에 선거에 앞서 압도적 지지를 받은 정당이 없었기 때문이다. 기존 정당 지지 성향과 상관없이 박근혜 탄핵에 공감한 사람들이 과연 어떤 후보에게 표를 줄 것인지에 관심이 집중될 수밖에 없었다.

그런데 '새 정치'하면 떠오르는 인물은 안철수 후보다. 2011년 가을부터 시작된 안철수 현상 또는 안철수 열풍은 향후 몇 년간 한국 정치와 사회의 중요한 키워드였다. 새로운 대한민국을 원하는 국민의 요구가 분출되었던 탄핵 정국은 안철수 현상과 일맥상통하는 부분이 있다. 게다가 이번 대선은 2011년 가을 혜성처럼 등장하여 단번에 유력한 차기 대권후보로 거론되어 온 안 후보가 실제 대선후보로 투표용지에 처음 이름을 올린 선거였다. 때문에 새 정치를 표방해 온 안철수 후보와 전통 야당 민주당의 문재인 후보 간 접전이 예상되었다.

각종 여론조사 기관에서 조사한 바에 의하면, 선거전이 시작된 4월 초에 문재인 후보와 안철수 후보 간 지지율의 차이는 42% 대 35% 정도로, 예상대로 10%p 내 박빙이었다. 하지만 선거 막바지 여론조사에서는 문재인 후보는 43% 수준을 유지한 반면, 안철수 후보는 홍준표 후보와 20% 수준에서 접전을 벌일 만큼 지지도가 떨어졌다. 그리고 최종 투표결과를 보면 문재인 후보가 41.1%로 당선되었고 안철수 후보는 24%를 얻은 홍준표 후보보다 낮은 21.4%를 얻어 3위에 그쳤다.

안철수 후보는 대선후보로 출마하여 레이스를 완주한 사실상의 첫 선거에서 초라한 성적표를 받은 것이다. 새로운 정치에 대한 기대와 염원으로 가득했던 19대 대선에서 왜 안철수 현상의 주역인 안철수는 유권자의 선택을 받지 못했을까? 이 글에서는 안철수를 지지했던 사람들 중 선거과정에서 이탈한 사람들은 누구인지, 그리고 최종 선택을 한 사람들은 누구인지에 대한 분석을 통해 그 해답을 유추해 보고자 한다. 분석에는 동아시아연구원에서 4월과 5월 두 번에 걸쳐 조사한 EAI・한국리서치 2017 KEPS(Korean Election Panel Studies) 패널 조사 자료를 사용하였다.

2. 안철수 현상에 대한 기존 연구 검토

성공 신화를 가진 벤처 기업가이자 교수인 안철수에 대한 대중의 지지는 2011년 후반부터 시작되었다. 2011년 10월 26일 서울시장 보궐선거에서 50% 이상의 지지를 받은 안철수는 5% 지지를 받은 박원순 후보에게 서울시장 후보직을 양보했다. 기존 정치권에서 볼 수 없었던 이런 신선한 모습이 유권자들에게 충격을 주었다. 이를 계기로 안철수는 일약 대권주자로 떠올랐고 가상의 안철수 신당은 제 1야당을 제치고 여론조사에서 높은 지지를 얻었다. 안철수는 2012년 9월 19일 대통령선거 무소속 출마를 공식 선언한 후 정치활동을 개시했다. 하지만 그는 야권 후보가 문재인으로 단일화되자 정치권을 떠났다.

실제로 정치활동을 하지 않았음에도 불구하고 안철수 열풍은 2011년부터 2012년 대선에 이르기까지 지속되었다. 한국 정치에서 제 3

후보의 등장이 놀라운 것은 아니지만 안철수처럼 1년 이상 대선후보로서의 지위가 견고하고 여당 후보를 앞설 만큼 위협적이지는 않았다. 이런 현상에 대해 그동안 내재되어 왔던 현 정권과 정당들의 구태의연한 행태에 대한 불만이 안철수에 대한 기대감으로 분출한 것이라는 해석이 많았다. 서구에서도 제 3 후보 현상이 나타나는 이유는 주로 기존 정치권 전반 또는 기존 정당 정치에 대한 불신과 불만에서 비롯된다는 연구가 많다. 정치 불신과 불만은 무당파 유권자 증가와 제 3 후보 등장의 원인이 된다는 것이다(Citrin 1974; Rosenstone et al. 1996; Peterson & Wrighton 1998).

안철수 현상에 대한 학문적 연구결과를 보면, 2011년 서울시장 선거에서 안철수의 영향력이 박근혜 영향력의 한 배 반 이상이었다는 분석이 있다(송근원 2012). 이 선거는 표면상 나경원 대 박원순 후보의 경쟁이었지만 실제로는 이들을 지원한 제 3의 인물들이 선거과정에 큰 영향을 미쳤다는 것이다. 안철수 현상은 오세훈 시장을 포함한 현 정권에 대한 불만을 바탕으로 형성된 정권 심판론과 맞물려 여야를 막론하고 기존 정당에 염증을 느낀 유권자들의 기대를 등에 업고 나타났는데, 결과적으로 박원순 후보의 당선에 큰 영향을 미쳤다고 분석했다.

이후 2012년 총선에서 나타난 안철수 현상에 대한 연구도 안철수 현상은 이념의 대립이 아닌 '가치'의 대립 가능성이며, 새로운 정치를 요구하는 것이고 정치의 공공성 회복이라고 했다(박명호 2012). 안철수 현상을 탈권위 탈물질, 경제적 진보의 가치관을 가진 새로운 진보적 유권자 세대의 등장으로 파악한 연구도 있다(김정훈 2012). 안철수 후보의 2012년 9월 19일 대선 출마 연설에 대한 연구도 있다. 안철수의 연설 속에 나타난 뚜렷한 가치는 진보적 색채로서 책임과 공감, 그리고 기존의 한국 정치와 차별화를 이야기하기 위해 필요하다고 주장하는 진심과 미래이다. 이런 가치를 권위적이지 않고 믿음이 가는 어조로 이야기하는 프레이밍 방식은 그의 연설을 설득력 있게 만들었다고 분석했다(권익수 2012, 19).

이처럼 안철수 현상이 새로운 정치에 대한 요구와 새로운 진보 유권자의 등장을 의미한 반면, 실제 안철수 지지자에 대한 분석은 매우 다른 연구결과를 냈다. 2012년 안철수를 대선 유력 후보자로 끌어올린 유권자에 대한 분석은 안철수와 문재인 지지자들이 상호 이질적이라고 결론지었다(김준석 2013). 또한 안철수 지지층이 진보주의 성향의 유권자 일부와 보수주의 성향의 일부를 공유한다는 점에서 복합적, 혹은 이질적 유권자로 파악한 연구들도 있다. 야권 후보 지지자들은 탈물질적 가치관을 가진 반면, 안철수 지지자들은 박근혜 지지자들처럼 강한 보수적, 물질주의적 성향을 가진다는 것이다(장덕진 2012; 최종숙 2013; 고원 2014).

정치 불신이 안철수 현상에 미친 영향을 분석한 연구에서도, 2012년 대선에서 일부 무당파가 안철수 현상의 주요 동력이었던 건 사실이지만 정치 불신이 주요 동인이라고 볼 수는 없다고 결론지었다(조기숙 2015). 정치 불신자보다는 민주당을 신뢰하는 유권자와 정치에 대한 이해가 부족한 냉소주의자라는, 서로 다른 종류의 유권자에 의해 안철수 현상이 추동되었다는 것이다. 애초부터 안철수 현상은 함께하기 어려운 집단이 만들어낸 현상으로서 시작부터 성공하기 어려운 조건을 내포했다고 지적했다.

이 연구에 따르면, 박근혜 지지자와 대비해 안철수 지지자는 문재인 지지자와 유사하다. 젊을수록, 새누리당을 불신하고 민주당을 신퇴할수록, 호남 유권자일수록 박근혜보다는 문과 안 두 후보를 모두 지지했다. 박근혜 지지자와 대비해 안철수 지지자에게만 나타나는 특징은 무당파일수록, 저소득층일수록, 수도권일수록, 또는 영남일수록 안철수를 더 지지했다. 안철수와 문재인 지지자만을 비교했을 때, 안철수는 문재인보다 호남에서 더 많은 지지를 받았고, 상류층 계층의식을 지닌 집단, 무당파, 정치적 냉소주의를 지닌 사람들로부터 더 많은 지지를 받았다. 결국 안철수의 1차 도전이 실패로 끝난 것은 안철수 본인도 안철수 현상을 제대로 이해하지 못했기 때문이라고 비판했다(조기숙 2015, 74~77).

비슷한 맥락에서 안철수 현상과 안철수 정치를 분리한 연구가 있다. 안철수는 2012년 대선 후 2013년 4월에 치른 국회의원 재보궐선거에서 당선되어 정치권으로 복귀하였다. 이후 2014년 초 새정치연합이라는 독자정당을 창당하였지만 곧 제1 야당인 민주당과 합당하여 새정치민주연합을 창당했다. 2014년 6월 전국동시지방선거에서 광역단체장 기준 총 17개 중 9석을 당선시켜 현상유지를 했으나 새정치민주연합이 7월 국회의원 재보궐선거에서 참패하자 안철수는 공동대표직을 사퇴하게 된다.

이에 대해 안철수 현상과 달리 안철수 정치는 사실상 소멸단계에 접어들었다고 평가한 연구가 있다(고원 2014). 안철수 현상은 다양한 지지층이 결합하여 만들었기 때문에 안철수 정치는 전형적인 중도 수렴의 정치라는 것이다. 앤서니 다운스(Downs 1957)는 정당이 경쟁에서 승리하기 위해 중도 성향의 지지자들의 선택을 받아야 하기 때문에 이념 스펙트럼의 중간으로 수렴해야 하다는 주장을 했다. 그러나 안철수 정치는 갈등균열을 대변하는 가치 대립의 정치를 파당적 경쟁으로,

부정적으로 인식했고 기존 정치세력들 간 대결구도의 중간지대에 자신을 위치시켰다는 것이다. 결국 기성 정치세력으로부터 자신을 차별화하여 독자적 정치구도를 정립하고 지지자들과의 강한 일체감을 형성하는 데 실패했기 때문에 "지속적인 퇴조와 하락의 길을 걸어왔다"고 평가했다(고원 2014, 84).

이상에서 살펴본 바와 같이, 안철수 현상과 안철수 지지자에 대해 사회적 관심이 뜨거웠고 학문적 연구도 축적되었다. 안철수 현상은 안철수의 의지와 무관하게 대중에 의해 자생적으로 만들어진 사회현상으로 사회양극화에 의해 누적된 사회적 갈등균열, 대중의 좌절과 분노, 사회변화에 대한 기대가 분출된 것이다. 여·야·무당파, 진보·중도·보수, 영·호남, 상·하계층 등 다양하고 이질적인 유권자들이 만들어 낸 현상이다. 그런데 정치인 안철수는 기대와 달리 이런 지지층을 하나로 결합하여 자신만의 차별화된 새로운 정치구도나 정체성을 확립하는 데에 실패했다는 비판을 받았다.

3. 경험적 분석

학자들의 비판과 달리, 안철수는 독자적인 정치세력화에 일단은 성공했다. 2016년 총선을 앞두고 2월 2일에 천정배, 주승용, 박주선, 김한길 등 새정치민주연합 출신 세력과 함께 국민의당을 창당했다. 기존 새정치민주연합과 새누리당과는 다른 '합리적 개혁 정당'과 '3당 체제'를 표방하고 강령정책에서 정당의 정체성을 '합리적 진보와 개혁적 보수'로 규정했다. 창당 두 달 만인 4월 14일 20대 총선에서 지역구의석 25석과 비례의석 13석 등 총 38석을 얻어 원내 제 3 정당이 되었다. 특히 호남의 지역구의석 총 28석 중 국민의당은 23석에서 당선자를 내는 쾌거를 이루었다. 호남에서 민주당은 겨우 3석을 확보했다. 비례의석 총 47석 중에서도 국민의당은 13석을 확보했는데, 새누리당 17석, 민주당 13석과 비교해 보면 대단한 성과라고 볼 수 있다.

19대 대선을 앞두고 국민의당은 정당사상 첫 완전국민경선제를 실시해 안철수 전 대표를 대통령 후보로 선출했다. 4월 4일에 대선후보로 확정된 안철수 후보는 미래를 여는 첫 대통령이 되겠다고 했다. '국민이 이깁니다'라는 슬로건을 내걸고 '더 좋은 정권 교체를 하겠다'고 나섰지만, 21.41%의 득표율로 3위에 그쳤다. 왜 이런 결과가 나왔을까? 여기서는 안철수를 향한 유권자의 표심이 선거기간 동안 어떻게 변했는지, 최종적으로 그에게 표를 던진 지지자들은 누구였는지에 대한 분석을 통해 그 답을 찾고자 한다. 그동안 안철수 지지자에 대한 분석은 '안철수가 대선에 출마했더라면'이라는 가정 하에 이루어진 설문조사를 바탕으로 하였다. 반면 이번 선거에서는 안철수가 대선후보로 실제로 선거전을 완주하였기 때문에 좀더 정확하게 지지층에 대한 실체를 파악할 수 있게 되었다.

1) 안철수 지지층의 감소

앞서 각종 여론조사 결과에서 안철수 지지자가 선거기간 동안 급감하였다고 했다. 동아시아연구원의 패널조사 자료를 분석한 결과도 이와 유사하다. 〈그림 7-1〉을 보면, 각 후보에 대한 호감도 평균의 변화를 볼 수 있다. 각 후보에 대해 '매우 싫다'(0)에서 '매우 좋다'(10)로 호감도를 측정한 결과를 보면, 1차 조사에서 안철수 후보에 대한 호감도 평균은 5.2로 가장 높은 호감도 평균값인 문재인 후보 5.5와 큰 차이가 없다. 하지만 선거 직후 실시한 2차 조사에서는 다섯 후보 중 4위를 차지했다. 게다가 심상정, 문재인, 유승민 후보들은 선거기간 동안 호감도가 상승했고, 홍준표 후보는 변화가 없었는데, 안 후보만 유일하게 하락한 것을 볼 수 있다.

〈그림 7-2〉에서도 유사한 현상을 볼 수 있는데, 1차 조사 당시 지지율보다 실제 투표선택률이 낮았던 후보는 안철수 후보뿐이었다. 1차 조사에서 안 후보를 지지한다고 답한 사람은 29%로 문재인 후보 44%에 이어 두 번째로 많았다. 하지만 실제로 안 후보에게 투표했다는 사람은 16%로 1차 조사 지지도와 13%p 차이가 났다.

〈그림 7-3〉을 보면, 좀더 자세하게 각 후보 지지자들의 최종 선택 결과를 알 수 있다. 문재인 후보와 홍준표 후보는 자신들의 지지자 중 91%로부터 투표선택을 받았다. 게다가 다른 후보의 지지자들까지 흡수했다. 문 후보는 심 후보 지지자의 44%뿐 아니라 안철수 지지자의 20%, 유승민 지지자의 15% 등 폭넓은 유권자층의 선택을 받았다. 홍 후보도 안 후보 지지자의 23%와 유 후보 지지자의 11%로부터 선택을 받았다.

상대적으로 당선 가능성이 낮은 후보였던 심상정과 유승민 후보들도 자신들의 지지층을 잃었지만 다른 후보 지지층을 흡수하면서 초반보다 좋은 결과를 냈다. 심상정 후보의 경우, 이탈 비율이 56%로 높았는데 1차 조사에서 심 후보를 지지한다는 사람 50명 중 28명이 이탈했다. 하지만 실제 심 후보에게 투표했다는 사람은 57명으로 늘어났다. 이탈한 사람보다 다른 후보 지지자들 중 심 후보에게 투표한 수가

〈그림 7-1〉 각 후보에 대한 호감도 평균 변화

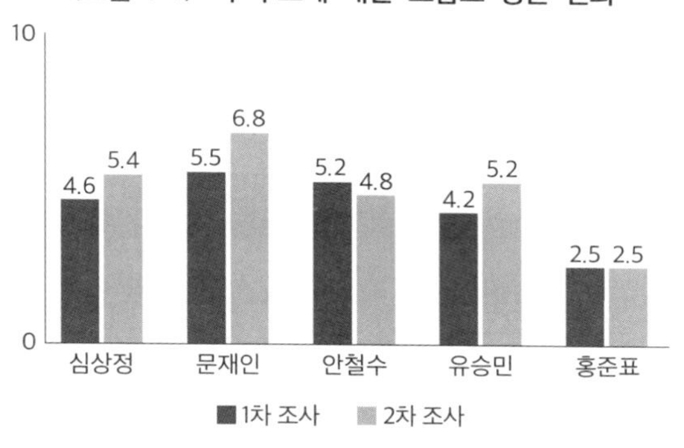

〈그림 7-2〉 각 후보 지지도와 투표선택

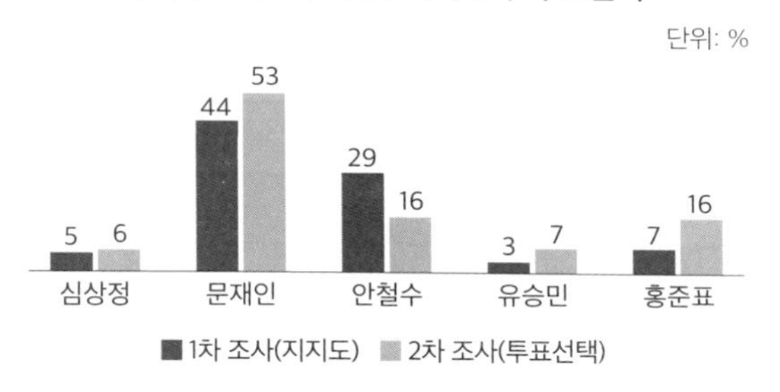

〈그림 7-3〉 각 후보 지지자의 최종 선택

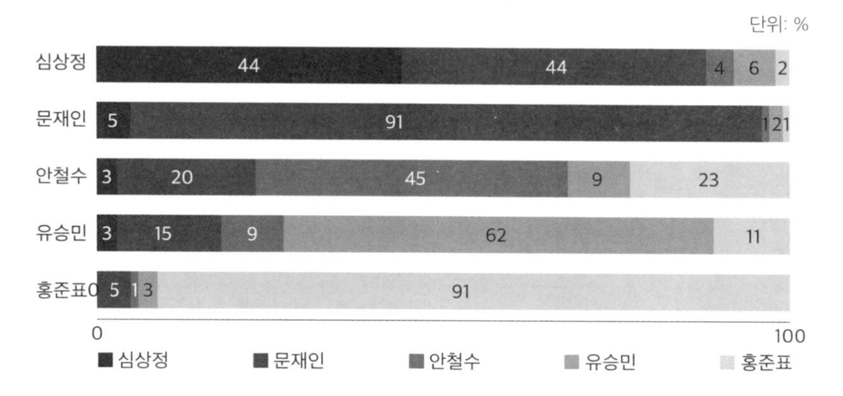

더 많았기 때문이다. 유승민 후보는 1차 조사에서 지지한다는 사람이 34명에 불과했지만 이 중 13명이 이탈하고 44명이 들어와 실제 투표자는 65명으로 늘어났다.

한편, 안철수 후보는 지지층의 반 이상을 잃었고 다른 후보 지지자로부터 선택을 받는 데에도 실패했다. 1차 조사에서 안철수 후보를 지지한다고 답한 사람은 323명이었는데 이 중 안 후보에게 표를 던진 사람은 45%(146명)에 머물렀다. 55%(177명)의 응답자가 다른 후보를 선택했다. 안 후보 지지층 중 23%는 진보 성향의 후보로, 32%는 보수 성향 후보에게로 이동한 것을 볼 수 있다. 반면, 다른 후보를 지지한다고 했는데 안 후보를 선택했다는 응답자는 12명에 불과했다.[1)]

그렇다면 안철수 지지자 중 최종 투표자와 이탈자 간에는 어떤 차이가 있을까? 〈표 7-1〉을 보면, 투표자와 이탈자 간 평균 차이를 비교했을 때 통계적으로 유의미한 차이를 보인 그룹이 정리되어 있다. 투표자 그룹보다 이탈자 그룹에서 남자 비율이 더 높고, 출신지가 영남인 사람, 박 전 대통령 탄핵에 반대하는 사람, 탄핵이 민주주의 발전에 기여하지 못할 것이라고 한 사람, 태극기 집회에 호감을 가진 사람 비율이 더 높았다.

주로 보수 성향의 유권자들이 이탈했다고 볼 수 있다. 이는 이탈자 중 진보보다 보수 성향의 후보로 이동한 비율이 더 많았던 것과 일맥상통하는 결과이다. 그런데 정당이나 이념 성향 또는 정치 불신 변수 등에서는 통계적으로 유의미한 차이가 나타나지 않았다. 때문에 기본

---

1) 심 후보 지지자의 4%인 2명, 문 후보 지지자의 1%인 6명, 유 후보 지지자의 9%인 3명, 홍 후보 지지자의 1%인 1명이다.

〈표 7-1〉 안 후보 투표자와 이탈자 평균 비교분석(ANOVA)

안철수 지지자		성별	출신지	탄핵 반대	탄핵 기여 못함	태극기집회 호감도
투표자	평균	1.5243	1.9926	0.1001	0.1852	0.1167
	n	146	146	141	144	144
	표준편차	0.50112	0.70604	0.30115	0.38981	0.32216
이탈자	평균	1.4122	2.1830	0.2538	0.3161	0.2341
	n	177	174	172	174	173
	표준편차	0.49362	0.66225	0.43648	0.46627	0.42468
합계	평균	1.4630	2.0960	0.1846	0.2568	0.1807
	n	323	320	312	319	317
	표준편차	0.49940	0.68812	0.38859	0.43758	0.38535
F		4.074*	6.189**	12.553***	7.195**	7.444**

주: 1) 성별(1 = 남자, 2 = 여자), 출신지(1 = 호남, 2 = 기타, 3 = 영남), 탄핵(0 = 찬성, 1 = 반대), 탄핵이 민주주의 발전에 기여하는지(0 = 기여함, 1 = 못함), 태극기집회 호감도(0 = 비호감, 1 = 호감).

2) * $p < 0.05$, ** $p < 0.01$, *** $p < 0.001$

적인 정치 성향이나 현 정치에 대한 신뢰도보다는, 이번 탄핵과 관련된 태도가 안 후보를 끝까지 지지할지 아니면 다른 후보로 이동할지를 결정함에 있어서 중요한 변수였음을 알 수 있다.

또한 〈그림 7-4〉를 보면, 투표선택 이유에 있어서 안 후보 투표자와 이탈자 간 차이가 있음을 알 수 있다. 자신이 투표한 후보자에게 투표한 이유를 묻는 질문에 대해서 투표자의 38%는 도덕성을 보고 투표했다고 한 반면, 이탈자는 5%만이 도덕성을 보았다고 했다. 이탈자 중 33%는 후보의 이념과 공약을 보고 투표했다고 답했는데 이는 투표자 16%보다 두 배 정도 높은 수치이다. 안철수 후보의 이념과 공약이 마음에 들지 않거나 다른 후보의 공약이 더 마음에 들어 이탈했다고 볼 수 있다.

마지막으로 TV토론회의 영향에 대해 살펴보았다. 어느 후보가 토

〈그림 7-4〉 안 후보 투표자와 이탈자의 투표선택 이유

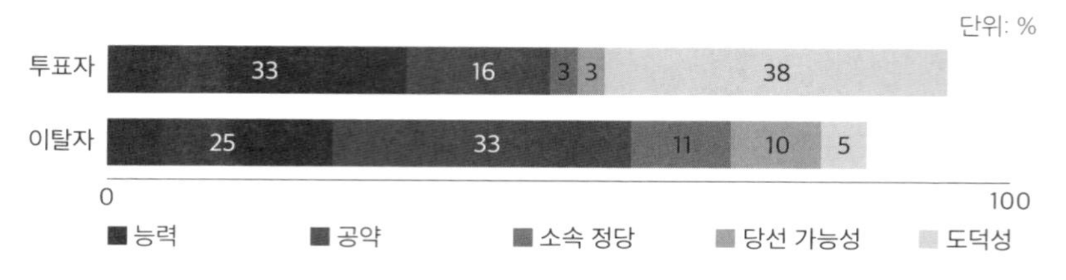

론을 가장 잘했다고 생각하는지에 대해서 전체 응답자 중 44%가 심상정 후보가 잘했다고 답했다. 그 다음으로 유승민(20%), 문재인(16%), 홍준표(6%), 안철수(1%) 순이다. 전체 응답자 중 안철수 후보가 잘했다는 비율은 1%에 불과했다. 〈그림 7-5-1〉을 보면 후보 지지자별로 각 후보에 대해 어떤 평가를 내렸는지 알 수 있다. 안 후보 지지자들 중 안 후보가 잘했다는 비율은 3%로 가장 낮았다. 다른 후보 지지자들 중 지지하는 후보가 잘했다는 비율을 보면, 심상정 후보는 65%, 문재인 후보는 23%, 유승민 후보는 52%, 홍준표 후보는 40%였다.

〈그림 7-5-2〉에서는 안 후보의 투표자와 이탈자 간 평가 차이를 볼 수 있다. 눈에 띄는 큰 차이는 없지만 투표자 중 안철수가 잘했다는 평가가 5%로 이탈자의 1%보다 많았다. 또한 이탈자 중 홍준표 후보가 잘했다는 평가가 11%로 투표자 3%보다 훨씬 많은 것을 알 수 있다.

정말 TV토론회를 보고 지지자를 변경했을까? 〈그림 7-5-3〉을 보면, 안 후보 투표자와 이탈자 간 지지후보 변경 여부의 차이를 볼 수 있다. 투표자 중 후보를 변경했다는 비율은 3%에 불과했다. 반면 이탈자 중에는 지지후보를 바꿨다는 55%와 새로 지지하는 후보가 생겼다는 3%로 총 58%가 변경했다고 답했다. TV토론회를 시청한 후 안

〈그림 7-5-1〉 후보 지지자별 각 후보에 대한 TV토론회 평가

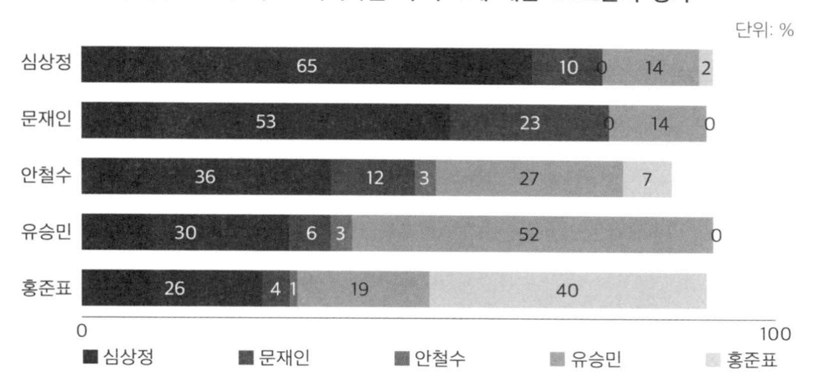

〈그림 7-5-2〉 안 후보 투표자와 이탈자의 TV토론회 평가

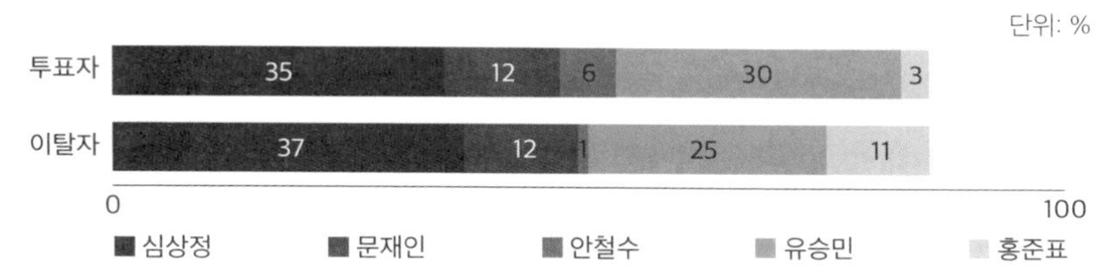

〈그림 7-5-3〉 안 후보 투표자와 이탈자의 TV토론회 후 지지 여부

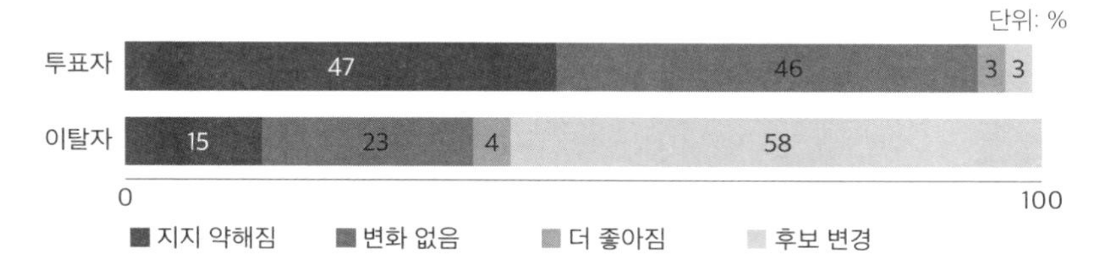

후보가 더 좋아졌다는 비율은 투표자의 3%, 이탈자의 4%로 매우 저조했다. 투표자는 당연히 지지를 변경하지 않았기 때문에 안 후보를 선택했겠지만, 그럼에도 불구하고 지지가 약해졌다는 비율이 47%로 매우 높았다. 지지자를 변경하게 된 주요 원인으로 TV토론회의 악영향을 유추해 볼 수 있다.

2) 안철수 투표자에 대한 분석

여기서는 선거 당일 안철수 후보에게 투표한 사람들과 다른 후보를 선택한 사람들이 어떻게 다른지 살펴보았다. 각 후보에게 투표한 사람들의 평균 차이를 비교했을 때 통계적으로 유의미한 그룹만 정리하였다.

〈표 7-2〉를 보면, 평균적으로 안 후보 투표자는 홍준표 후보 투표자와 가까운 것을 볼 수 있다. 세대 변수를 보면, 심상정 후보 투표자가 평균적으로 가장 젊고 다음으로 유승민, 문재인, 안철수, 홍준표 후보 투표자 순으로 나이가 많다. 교육 수준도 마찬가지로 심 후보 투표자가 평균적으로 가장 높고 그 다음 유승민, 문재인, 안철수, 홍준표 후보 투표자 순으로 낮아진다. 월 소득은 유승민 후보 투표자가 평균적으로 가장 많고 심상정, 문재인, 안철수, 홍준표 순으로 적어진다. 고용 형태는 심상정, 문재인, 유승민 후보 투표자가 평균적으로 유사한 반면, 홍준표, 안철수 후보 투표자의 평균값이 비슷한 수준이다.

〈표 7-2〉의 결과와는 달리 〈표 7-3〉을 보면 평균적으로 안 후보 투표자의 출신지와 거주지는 문 후보 투표자와 거의 같은 것을 알 수 있다. 예상대로 유승민과 홍준표 후보 투표자 중에는 영남 출신이거나 거주자가 많았다. 그런데 안 후보는 지난 총선 때 국민의당이 호남에

서 큰 지지를 받았던 것과는 달리 영·호남 유권자로부터 골고루 표를 받은 것을 알 수 있다. 다시 말해 이번 선거에서는 지난 총선에 비해 영남 유권자로부터 더 많이 표를 받았다. 정당 지지나 이념 성향에서는 별다른 현상이 없었다. 안 후보를 선택한 사람들은 평균적으로 국민의당을 지지하고 자신이 중도 성향이라고 답한 사람들인 것을 알 수 있다.

〈표 7-2〉 각 후보 투표자의 기본 특성 평균 비교 분석(ANOVA)

선택 후보		세대	교육 수준	월 소득	고용 형태
심상정	평균	2.3396	2.7664	3.3323	1.1865
	n	66	66	61	40
	표준편차	1.30756	0.51086	1.28381	0.39442
문재인	평균	2.9031	2.6904	3.1453	1.1476
	n	607	606	598	310
	표준편차	1.51252	0.58561	1.21126	0.35525
안철수	평균	3.7444	2.4603	2.9843	1.3139
	n	182	182	179	79
	표준편차	1.41808	0.71865	1.34960	0.46705
유승민	평균	2.8382	2.6977	3.4206	1.1435
	n	78	78	78	34
	표준편차	1.54555	0.55718	1.20358	0.35585
홍준표	평균	4.5360	2.2858	2.6349	1.3281
	n	185	185	182	56
	표준편차	1.31079	0.74029	1.30550	0.47380
합계	평균	3.2727	2.5907	3.0646	1.1950
	n	1119	1118	1098	518
	표준편차	1.59806	0.65035	1.27096	0.39661
F		57.955***	18.391***	8.408***	4.729***

주: 1) 세대(1 = 20대 ~ 6 = 70대 이상), 교육 수준(1 = 중졸 이하 ~ 3 = 대재 이상), 월 소득(1 = 200만 원 이하 ~ 5 = 700만 원 이상), 고용 형태(1 = 상근직, 2 = 임시/일용직).
2) *** $p < 0.001$

〈표 7-3〉 각 후보 투표자의 기본 성향 평균 비교 분석(ANOVA)

선택 후보		출신지	거주지	정당 지지	이념
심상정	평균	2.1852	2.2143	1.7229	1.5997
	n	66	66	50	65
	표준편차	0.64012	0.50331	0.74512	0.65315
문재인	평균	2.0373	2.0834	2.0715	1.6214
	n	606	607	506	592
	표준편차	0.69549	0.59689	0.61954	0.70217
안철수	평균	2.0163	2.0683	3.0080	2.0757
	n	182	182	131	176
	표준편차	0.69049	0.53672	0.62771	0.76194
유승민	평균	2.3364	2.3641	2.9705	2.1200
	n	75	78	51	78
	표준편차	0.59377	0.50162	1.12033	0.73663
홍준표	평균	2.4182	2.3634	4.3216	2.5767
	n	183	185	127	178
	표준편차	0.60230	0.52409	1.00659	0.57285
합계	평균	2.1255	2.1546	2.5761	1.8857
	n	1113	1119	866	1090
	표준편차	0.68663	0.57598	1.10052	0.78036
F		14.529***	12.712***	271.48***	74.293***

주: 1) 출신지와 거주지(1 = 호남, 2 = 기타, 3 = 영남), 정당 지지(1 = 정의당, 2 = 더불어민주당, 3 = 국민의당, 4 = 바른정당, 5 = 자유한국당), 이념(1 = 진보, 2 = 중도, 3 = 보수).

2) *** $p < 0.001$

〈그림 7-6〉 각 후보 투표자의 2012년 대선후보 투표 성향

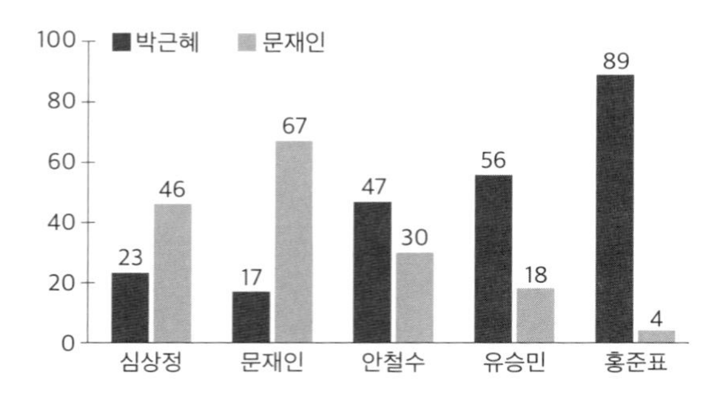

그렇다면 안철수 후보 투표자들은 평균적으로 중도 성향이 맞을까? 〈그림 7-6〉을 보면, 각 후보 투표자가 2012년 대선에서 어떤 후보를 선택했는지를 알 수 있다. 진보 성향인 심상정과 문재인 후보에게 투표한 사람들 중에는 2012년 대선에서 박근혜보다 문재인 후보를 선택한 비율이 높았다.[2] 마찬가지로 보수 성향인 유승민과 홍준표 후보를 선택한 사람들 중에는 박근혜 후보에게 표를 던졌다는 비율이 훨씬 높았다. 그런데 흥미로운 것은 중도 정치를 표방한 안철수 후보 투표자 중 문재인보다 박근혜 후보에게 투표했다는 비율이 17%p나 더 높았다는 것이다.

〈그림 7-7〉에서도 유사한 현상이 나타난다. 각 후보 투표자의 역대 대통령 선호도를 보면, 심상정과 문재인 후보 투표자들은 김대중과 노무현 대통령을 좋아한다는 비율이 월등히 높았다. 반면 홍준표 후보 투표자들은 월등히 박정희 대통령을 선호하는 것을 알 수 있다. 세 후보에게 표를 던진 사람들의 성향은 뚜렷했다.

한편, 안철수와 유승민 후보 투표자들의 선호도는 혼재되어 있다. 놀라운 것은 안 후보 투표자 중 박정희 대통령을 좋아한다는 비율이 유 후보 투표자보다 높고 노무현 대통령을 선호한다는 비율은 더 낮았다는 것이다. 안 후보 투표자의 박정희 대통령에 대한 선호도는 홍 후보 다음으로 높았다. 국민의당은 지역적으로 김대중의 지지기반인 호남에서 큰 지지를 받고 있지만, 실제 안 후보 투표자 중에는 김대중보다 박정희 대통령을 선호하는 비율이 높은 것을 볼 수 있다.

---

2) 각 후보 투표자의 지난 대선후보 선택 합이 다른 이유는 투표자 중 지난 대선에 투표권이 없었던 유권자가 포함되어 있기 때문임.

〈그림 7-7〉 각 후보 투표자의 역대 대통령 선호도

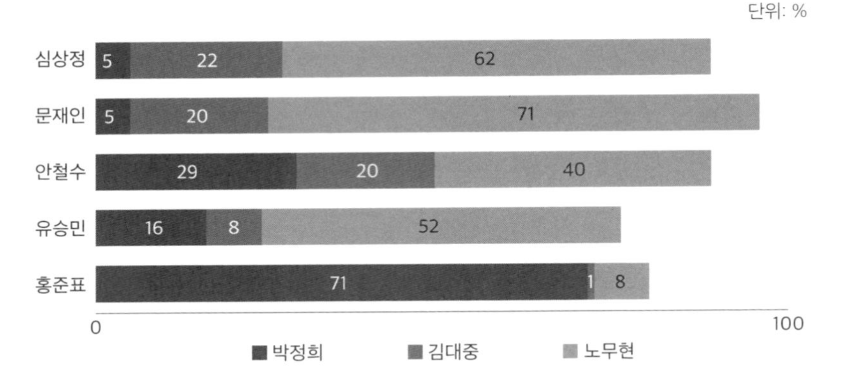

다음으로 다양한 선거 이슈에 대한 각 후보 투표자의 입장 차이를 분석한 결과가 〈표 7-4〉에 나타나 있다. 먼저 대북정책에 대해 문 후보 투표자들은 평균적으로 협력을 강화하는 방향이 중요하다고 한 반면, 유 후보와 홍 후보 투표자들은 강경정책 강화가 중요하다고 생각하는 것을 알 수 있다. 안 후보 투표자들의 평균도 협력보다는 강경정책 쪽으로 조금 치우쳐 있다.

사드 배치, 국민 통합, 경제성장 이슈에 대한 입장에서는 안 후보 투표자들의 평균이 보수 입장에 훨씬 가까운 것을 알 수 있다. 안 후보 투표자들의 입장은 진보 성향인 심상정과 문재인 후보 투표자들과는 확연히 차이가 난다. 보수 성향 유승민 후보 투표자들의 평균보다 더 보수적 입장을 나타냈다. 즉, 안 후보 투표자 중 남북 협력보다 대북 강경책을 선호하며, 사드 배치에 찬성하고, 적폐 청산보다 국민 통합을 더 원하며, 복지보다는 성장이 더 중요하다고 생각하는 사람들이 많은 것을 알 수 있다.

〈표 7-5〉에는 각 후보 투표자의 박근혜 전 대통령 탄핵 관련 행태에

대한 분석이 정리되어 있다. 홍준표 후보 투표자를 제외한 다른 후보 투표자는 모두 탄핵에 찬성한다는 입장이었다. 홍 후보 투표자를 제외한 다른 후보 투표자 중 안 후보 투표자에서 탄핵에 반대한다는 입장이 가장 많았지만 그 차이는 매우 미미했다. 대부분의 유권자들이 탄핵에 찬성한 것을 알 수 있다. 마찬가지로 박근혜 전 대통령 탄핵 사태가 한국 민주주의 발전에 도움이 될 것이라는 의견이 그렇지 않다는

〈표 7-4〉 각 후보 투표자의 정책 입장 평균 비교 분석(ANOVA)

선택 후보		대북 강경	사드 배치	국민 통합	경제성장
심상정	평균	0.4888	0.4730	0.4570	0.3038
	n	65	63	66	66
	표준편차	0.50379	0.50326	0.50196	0.46341
문재인	평균	0.2810	0.4265	0.4208	0.3581
	n	595	572	598	595
	표준편차	0.44986	0.49499	0.49410	0.47985
안철수	평균	0.5661	0.7541	0.7344	0.6078
	n	176	176	180	181
	표준편차	0.49703	0.43184	0.44288	0.48960
유승민	평균	0.7108	0.7231	0.6438	0.5114
	n	78	77	78	76
	표준편차	0.45633	0.45037	0.48198	0.50317
홍준표	평균	0.8043	0.9508	0.7973	0.7782
	n	180	183	181	183
	표준편차	0.39784	0.21681	0.40311	0.41659
합계	평균	0.4560	0.5939	0.5516	0.4762
	n	1093	1071	1103	1102
	표준편차	0.49829	0.49132	0.49755	0.49966
F		57.481***	57.884***	31.897***	33.837***

주: 1) 대북 강경(0 = 남북 간 교류와 협력을 강화하는 방향, 1 = 대북 강경정책을 유지 · 강화하는 방향), 사드 배치(0 = 반대, 1 = 찬성), 국민 통합(0 = 적폐 청산이 더 중요, 1 = 국민 통합이 더 중요), 경제성장(0 = 복지가 더 중요, 1 = 경제성장이 더 중요).

2) *** $p < 0.001$

의견보다 압도적으로 많았다. 홍 후보 투표자 중에서만 기여하지 못할 것이라는 의견이 더 높게 나타났다.

이와 유사하게 박근혜 전 대통령 탄핵에 반대했던 이른바 '태극기집회'에 대해 어떻게 생각하는지에 대해서도 홍 후보 투표자의 과반수가 호감이라고 답했다. 그런데 홍 후보를 제외한 다른 후보 투표자와 비교해 볼 때, 안 후보 투표자 중 태극기집회에 호감이 있다고 답한 응답

〈표 7-5〉 각 후보 투표자의 탄핵 관련 행태 평균 비교 분석(ANOVA)

선택 후보		탄핵 반대	탄핵 기여 못함	태극기집회 호감	촛불집회 불참
심상정	평균	0.0384	0.1117	0.0147	0.5171
	n	66	66	66	66
	표준편차	0.19354	0.31738	0.12129	0.50353
문재인	평균	0.0185	0.0876	0.0361	0.5681
	n	602	597	596	607
	표준편차	0.13504	0.28296	0.18680	0.49575
안철수	평균	0.0926	0.1900	0.1187	0.7616
	n	176	179	180	182
	표준편차	0.29075	0.39342	0.32435	0.42726
유승민	평균	0.0548	0.1508	0.0313	0.8442
	n	77	78	78	78
	표준편차	0.22901	0.36015	0.17528	0.36497
홍준표	평균	0.6307	0.5837	0.5314	0.9667
	n	169	184	181	185
	표준편차	0.48404	0.49429	0.50040	0.17978
합계	평균	0.1291	0.1927	0.1294	0.6819
	n	1090	1104	1101	1119
	표준편차	0.33552	0.39456	0.33576	0.46595
F		193.626***	70.906***	112.352***	33.208***

주: 1) 탄핵 반대(0 = 찬성, 1 = 반대), 탄핵 기여 못함(0 = 탄핵이 민주주의 발전에 기여함, 1 = 못함), 태극기집회 호감(0 = 비호감, 1 = 호감), 촛불집회 불참(0 = 참여함, 1 = 참여 안함).
2) *** p < 0.001

자 비율이 꽤 높은 것을 알 수 있다. 박근혜 전 대통령의 탄핵을 주장했던 이른바 '촛불집회'에 참석한 적이 있는지에 대해서도 안 후보 투표자의 평균은 전체 평균인 0.68보다 높은 0.76이었다. 즉, 전체적으로 보면 촛불집회에 참여한 적이 없는 응답자가 참여한 응답자보다 더 많았는데, 안 후보 투표자 중에는 불참했다는 응답자가 전체 평균보다 더 많았다는 것이다.

4. 결론

이상에서 살펴본 19대 대선 결과를 볼 때, 안철수 후보는 가히 폭발적이었던 안철수 현상을 새 정치로 현실화하는 데 성공했다고 보기는 아직 어렵다. 새로운 대한민국에 대한 기대와 염원으로 가득했던 이번 대선은 안철수 후보가 새 정치를 실현할 수 있는 절호의 기회였다. 하지만 안철수 후보는 대선후보로 출마하여 선거전을 완주한 사실상의 첫 선거에서 초라한 성적표를 받았다. 물론 당선이 되지 않았다고 해서 섣불리 그의 정치가 실패했다고 보기도 어렵다. 그의 정치 학습은 계속되고 있으며 그의 성장과 더불어 한국 정치도 성장하기를 기대한다. 이것이 안철수의 새 정치가 성공하길 바라는 이유이다.

이런 희망을 안고 이 글에서는 안철수 후보의 지지자와 투표자의 실체를 파악하였다. 앞서 살펴본 바와 같이 안철수 후보와 문재인 후보 간의 초반 지지도 차이는 선거운동 기간 동안 충분히 만회가 가능한 정도였다. 물론 안 후보 측에 불리한 사건이 있었는데, 안 후보가 4월 4일 후보로 확정된 직후인 4월 5일, 부인 김미경 교수의 특혜 채용 논란이 불거진 것이다. 4월 13일에는 김미경 교수의 안철수 의원 비서진 갑질 논란이 일어나 4월 14일에 김 교수가 사과했다. 그러나 이런 논란은 예외적으로 안 후보에게만 불리하게 일어난 일은 아니다. 예를 들면, 안 후보 측도 4월 16일에는 문재인 아들 문준용의 5급 공무원 특혜 채용 의혹을 제기했기 때문이다.

긍정적인 선거운동을 통해 지지율을 높이려는 시도도 있었다. 4월 17일에 안철수 후보는 기존과는 다른 이색적인 선거 포스터를 발표해 눈길을 끌었고 선거 기간 내내 4차 산업혁명을 언급하며 미래와 진보 이미지를 부각하려고 했다. 탄핵 반대 세력, 계파 패권주의 세력과는 협치하지 않겠다는 입장도 분명히 했다. 책임총리와 책임장관제를 통한 내각 주도형 국가개혁과 검찰개혁 그리고 우병우 사단 청산 약속 등 국민 대통합과 협치에 관한 구상도 발표했다. 특히 후보자의 능력과 자질, 비전 등을 살펴볼 수 있는 기회가 TV토론회였는데, 안 후보는 토론을 통해 지지율을 올릴 것이라고 공언했다. 하지만 안 후보는 TV토론회가 끝날 때마다 혹평을 들어야 했다. 토론에서 "내가 MB 아바타냐, 강철수냐 갑철수냐" 등 리더로서 신뢰가 가는 어조가 아니라 '초딩'처럼 말하고 행동한다는 평가가 지배적이었다.

이 글에서 패널조사 자료를 분석한 결과는 이런 부정적 평가와 상통하는 점이 있다. 안철수 지지자들의 반 이상이 선거운동 기간 동안 이탈하여 최종 선택에서 다른 후보에게 투표했다. 반면 다른 후보 지지자 중 안 후보에게 표를 던진 사람들의 수는 극히 적었다. 안 후보 지지자 중 투표자와 비교하여, 이탈자 중에는 후보자의 이념이나 공약을 보고 선택했다는 비율이 높았다. 그리고 TV토론회에서 안 후보가 잘했다고 평가한 사람은 거의 없었으며 이탈자 중에는 토론 시청 후 지지후보를 변경했다는 비율이 매우 높게 나타났다. 안 후보가 선거운동과 TV토론회를 통해 자신의 이념과 정책 비전을 유권자에게 설득력 있게 전달하지 못했음을 알 수 있다.

한편 기존의 연구를 통해 파악된 안철수 지지자의 특성은 이질적이고 다양한 사람들의 집합체이다. 이번 선거에서 안철수 후보는 합리적 진보와 개혁적 보수를 표방하는 새 정치를 내세웠기 때문에 중간지대에 있는 유권자들의 선택을 받았을 가능성이 있다. 특히 앞서 살펴본 바와 같이 안 후보 지지층 중에서 이탈한 사람들은 탄핵과 관련하여 반대 입장을 가진 보수적인 사람들의 비율이 높았다. 이처럼 진보층보다는 보수층 유권자들이 선거운동 기간에 상대적으로 더 많이 이탈했기에 최종적으로 안 후보를 선택한 사람들은 중간에 위치할 가능성이 높았다.

그런데 분석 결과 안철수 후보에게 표를 던진 사람들은 심상정, 문재인 등 진보 성향 후보와 유승민, 홍준표 등 보수 성향 후보의 중간쯤에 위치한 것은 맞지만, 이들의 사회경제적 특성이나 성향을 볼 때 보수 쪽으로 치우친 사람들이 더 많았다. 사드 배치, 국민 통합, 경제성장과 같은 중요한 정책 이슈에 있어서는 유승민 후보 투표자들보다 더 보수적인 입장을 가진 사람들이 많았다. 탄핵이 민주주의 발전에 기여하지 못할 것이라는 비율과 태극기집회에 호감을 보인 사람들의 비율도 홍준표 후보 투표자 다음으로 높았다.

정리하면 안철수 후보는 자신이 표방해 온 진보 내지 중도 정치와 달리, 보수 입장을 가진 사람들로부터 더 많은 지지를 받았다. 보수 지지층에서 많은 이탈자가 발생하여 보수 정당 후보에게 옮겨 간 후에도 여전히 보수층으로부터 더 많은 표를 받아 이런 현상에는 변화가 없었다. 사실 중도나 보수의 지지를 더 받는 것이 문제될 것이 없다. 하지만 자신이 추구하는 정치적 방향과 자신을 지지하는 사람들의 성향이 다를 때는 문제가 된다. 선거에서 가장 중요한 것은 자신이 추구하는 가치와 이상이 무엇이며 이를 어떻게 실천할 것인지를 분명하게 말하는 것이다.

이번 선거는 한국 사회에 누적된 다양한 사회경제적 갈등과 이를 외면한 채 특권과 반칙을 일삼는 기존 정치권에 대한 비판과 분노에서 시작되었다. 그동안 정치인 안철수는 기존 정치 전체에 대한 비판을 통해 자신의 정치를 차별화하려는 이미지를 주었지만, 이번 선거에서 대중이 원하는 새 정치에 대한 명확한 답을 제시하지 못했다. 상식이 통하는 정의로운 세상을 원하는 유권자들의 염원은 새 정치를 외쳐 온 안철수가 아니라 오히려 기성 정치인인 문재인 후보에게로 수렴된 것 같다.

지지층이 다양하고 중간지대에 위치한다는 점은 외연을 확장시킬 때 누구보다 폭넓은 지지세력을 형성하고 국민 통합을 이룰 수 있다는 장점이 있다. 하지만 이번 선거에서 나타난 바와 같이 이질적인 지지층을 결집시킬 선명한 방향성과 구체적인 로드맵이 제시되지 않을 경우, 유권자의 지지는 순식간에 약해질 수 있다. 이것이 이번 선거결과를 토론기술이나 선거전략의 실패로 보면 안 되는 이유이다. 정치는 전략만으로 할 수 있는 것이 아니다. 안 후보가 말하는 새 정치와 지지자가 원하는 새 정치가 같을 때 비로소 그의 가치를 실현할 기회가 올 것이다.

참고문헌

고 원. 2014. "안철수 '중도정치'의 효과성에 관한 연구: 방향이론의 관점을 중심으로", 〈한국정치연구〉 23(3), 83~108.

권익수. 2012. "책임, 공감, 진심 그리고 새로운 미래: 안철수의 대선출마선언에 나타난 정치 프레임 분석", 〈언어와 언어학〉 57, 1~26.

김정훈. 2012. "안철수 현상, 그리고 희망 혹은 희망고문", 〈경제와 사회〉 93, 104~136.

김준석. "안철수 현상의 분석", 이내영 · 서현진 편. 《변화하는 유권자 5: 패널조사를 통해 본 2012 총선과 대선》, 159~180. 서울: 동아시아연구원.

박명호. 2012. "안철수 현상, 2012년 총선 그리고 한국정치", 〈선거연구〉 2(1), 7~29.

송근원. 2012. "안철수 현상이 서울시장 보궐선거에 미친 영향: 미디어 노출 횟수를 통한 후보들의 인지도를 중심으로", 〈조사연구〉 13(2), 73~97.

장덕진. 2012. "안철수, 그 허락된 욕망", 〈한겨레신문〉 5월 14일, 31.

조기숙. 2015. "안철수 현상의 동인: 정당불신 혹은 정치냉소주의?", 〈한국정치연구〉 24(3), 55~85.

최종숙. 2013. "복합적 유권자층의 등장? 안철수 지지집단의 이념 성향 분석", 〈한국과 국제정치〉 29(3), 87~120.

Citrin, J. 1974. "Comment: The political relevance of trust in government", *American Political Science Review*, *68*(3), 973~988.

Downs, A. 1957. *An Economic Theory of Democracy*. 박상훈 · 이기훈 · 김은덕 역. 2013. 《경제이론으로 본 민주주의》. 서울: 후마니타스.

Peterson, G., & Wrighton, J. M. 1998. "Expressions of distrust: Third-party voting and cynicism in government", *Political Behavior*, *20*(1), 17~34.

Rosenstone, S. J., Behr, R. L., & Lazarus, E. H. 1996. *Third Parties in America: Citizen Response to Major Party Failure*. Princeton: Princeton University Press.

| 8장 |

정책 선호가 후보자 선택에 미치는 영향력의 변화

제 19대 대통령선거를 중심으로*

이한수

1. 정책 선호와 투표행태

이 연구는 대한민국 유권자들의 정책 혹은 쟁점에 관한 선호가 후보자 지지 및 선택에 미치는 영향력을 측정한다. 특히, 선거운동 기간 동안 정책 선호가 후보자 선택에 미치는 영향력의 변화를 검토한다. 대의 민주주의에서 선거는 대표자를 선출하는 제도이다. 이론적으로 보면, 대의 민주주의는 선거를 통해 시민들의 정책 선호를 집약하고 집약된 선호는 정책에 반영된다(김성연 외 2013). 대의 민주주의에서 시민들에게 정책 선호에 따라 후보자를 선택할 것을 강조하는 까닭은, 이러한 투표행태(정책 투표)[1]가 민주주의의 올바른 작동뿐만 아니라 종국적으로는 유권자 자신의 이익에도 영향을 미칠 수 있기 때

* 이 연구는 동국대학교 〈사회과학연구〉 23권 3호에 출판되었다.

1) 이 연구에서는 '정책 투표'와 '쟁점 투표'를 특별한 구분 없이 교차적으로 사용한다.

문이다.

그렇다면, 유권자들은 자신들의 정책 선호에 따라 투표하는가? 다운스(Downs 1957)의 주장에 따르면, 유권자들은 자신들의 정책 선호와 가장 유사한 정책 입장을 가지고 있는 후보에게 투표할 때 가장 높은 효용(*utility*)을 기대할 수 있다. 다시 말해, 유권자들은 자신들에게 가장 높은 효용을 가져다 줄 것이라고 기대하는 후보에게 투표할 것이다. 이 주장은 유권자가 합리적 행위자라는 가정을 기반으로 한다. 일군의 경험적 연구들(예를 들어 Abramowitz 1995; Ansolabehere et al. 2008)은 유권자들의 정책 선호가 후보자 선택의 변이를 설명하는 핵심 변수들 중 하나임을 보여 준다.

반면, 몇몇 학자들은 정책 투표가 선호의 근접성(*proximity*)이 아니라 방향성(*direction*)에 따라 결정된다고 주장한다(예를 들어 Merrill 1993; Rabinowitz & Macdonald 1989). 즉, 비록 자신의 정책 선호와 특정 후보자의 정책 입장이 근접할지라도 이념적 방향이 다르면, 정책 입장이 근접한 후보가 아닌 자신과 동일한 방향의 이념을 가지고 있다고 생각하는 후보에게 투표하는 경향이 있다는 것이다. 하지만 설문조사를 분석하여, 유권자들이 근접성에 기반을 두어 투표를 하는지 혹은 방향성을 판단하여 투표하는지를 경험적으로 입증하기는 어렵다(Lewis & King 1999; Tomz & Van Houweling 2008).

이 연구의 주요 목적은 투표가 근접성이나 방향성에 기반을 두고 있는가를 검증하는 것이 아니라 유권자들의 정책 선호가 투표행태에 미치는 영향력을 측정하고 선거운동 기간 중 이 영향력이 어떻게 변화하는가를 검토하는 것이다. 대한민국 유권자의 정책 투표행태를 분석한 기존 연구에 따르면, 유권자들의 정책 선호와 후보자의 정책 입장의 차이가 줄어들수록 이 후보자에게 투표할 가능성이 증가하는 것을 알 수 있다(김성연 외 2013; 김성연 2015). 다시 말해, 대한민국 유권자들의 정책 선호는 후보자 지지 및 선택을 설명하는 유의미한 변수라는 것이다.

대한민국 유권자들이 정책 선호에 따라 후보자를 지지하고 선택하는 경향이 있다면, 정책 선호가 특정 후보 지지에 미치는 영향력이 선거운동 기간 동안 변화하는가? 변화한다면 어떻게 변화하는가? 이 글은 위의 연구 질문들을 경험적으로 탐구한다. 선거운동은 후보자들이 유권자들에게 다양한 정보를 제공하고 이 정보를 통해 지지를 구하는 과정이다(Popkin 1994). 예를 들어, 대선 기간 중에 후보자들은 방송토론이나 정견발표 등을 통해 자신의 정책 입장을 좀더 명확하게 혹은 모호하게 표현할 수 있다. 유권자들은 이를 통해 후보자들의 정책 입장에 대한 정보를 습득한다. 이러한 정보 습득은 종국적으로 투표행태에 영향을 미칠 수 있다(Alvarez 1998).

이 연구는 정책 선호가 후보자 선택에 미치는 영향력이 선거운동 기간 동안 변할 수 있다고 주장한다. 이념적으로 보았을 때, 상대적으로 유사한 후보자들 사이의 정책 선호에 따른 차별성은 선거운동이 진행됨에 따라 감소하는 경향이 있는 반면, 이념적으로 차이가 있는 후보자들에 대한 차별성은 증가하는 경향을 보일 것이다. 더 나아가, 정책에 따른 영향력의 차이가 나타날 수 있다. 전통적인 쟁점의 경우 정책에 따른 후보자 선택의 영향력이 증가하는 반면, 상대적으로 새로운 쟁점의 경우 정책에 따른 후보자 선택의 영향력은 감소하는 경향을 보일 것이다. 이 연구는 동아시아연구원이 2017년 대통령선거의 선거운동 기간 전후에 수행한 설문조사 결과를 분석하여 이 주장들을 검증한다. 이어지는 절에서는 선거운동 기간 동안 정책 투표의 양상이 어떻게 변하는가를 이론적으로 검토한다.

2. 선거운동과 정책 투표

이 글은 선거운동이 유권자들에게 정보를 제공하고 이러한 정보가 투표행태에 영향을 미칠 것이라고 가정한다. 물론, '선거운동이 투표행태에 영향을 미치는가?'는 논쟁의 여지가 있다. 선거 전략가를 포함하는 정치인들이나 언론인들은 때로 선거운동이 투표 결과를 좌지우지한다고 생각한다(Germond & Witcover 1985). 몇몇 학자들 역시 선거운동이 후보자 선택이나 선거 결과에 영향을 미친다고 주장한다(Abramson et al. 1990). 이러한 주장의 요지는 선거운동 기간 동안 후보자들이 유권자들에게 전략적으로 정보를 제공하고 (혹은 제공하지 않고) 이 정보가 투표행태에 영향을 미친다는 것이다. 물론 선거 기간 동안 후보자들의 실수나 전략적 오판 역시 유권자들의 선택에 영향을 미칠 수 있다.

이와 반대로 일군의 학자들은 선거운동이 투표행태에 미치는 영향력이 미미하다고 주장한다(예를 들어 Campbell et al. 1960; Lazarsfeld et al. 1948). 이들은 선거운동 전후로 유권자들의 후보 지지의 변화가 크지 않다는 사실에 주목한다(Lazarsfeld et al. 1948). 예를 들어, 선거운동 전에 특정 후보를 지지했던 유권자들은 투표 당일 그 후보에게 투표하는 경향을 보인다. 선거운동이 후보자 선택의 변화에 영향을 미치지 못하는 이유들 중 하나는 유권자들의 기존 성향(*predispo-*

sition) 때문이다(Klapper 1960).

정치심리학자들에 따르면, 유권자들은 인지부조화를 피하기 위해 자신들의 기존 성향에 반하는 정보를 회피하곤 한다(Flanigan & Zingale 2010). 예를 들어, 당파성이 강한 시민들은 자신들의 정치적 성향에 반하는 정보에 스스로를 노출시키거나 그러한 정보를 기억하지 않으려는 경향을 보인다. 또한 이들은 습득한 정보를 자신의 정치적 성향에 부합하도록 왜곡하여 해석하곤 한다. 이러한 선택적 습득, 인식, 기억은 정보의 행태에 대한 영향력을 제한하거나 최소화한다(Klapper 1960). 하지만 이러한 사실이 정보의 영향력이 부재하다는 것을 의미하진 않는다. 예를 들어, 선거 기간 중 습득한 정보가 지지하는 후보가 없는 유권자들의 선택에 영향을 미칠 수 있다. 또한 유권자들은 자신의 정치적 성향에 부합하는 후보를 찾아내기 위해 선거운동 기간 중 습득한 정보를 활용할 수 있다(Dilliplane 2014).

이 연구는 선거 기간 중 유권자들이 얻을 수 있는 다양한 정보가 정책 투표에 영향을 미칠 수 있다고 주장한다. 앞서 설명하였듯이, 정책 혹은 쟁점 투표란 유권자들이 자신들의 정책 선호에 따라 후보자를 지지하는 것을 의미한다. 정책 투표를 위한 최소한의 조건은 유권자가 정책 선호를 가지고 있으며, 후보자들의 정책 입장을 인지하는 것이다. 하지만 때로 유권자들은 후보자들의 정책 입장을 제대로 이해하지 못하거나 후보자들 간의 입장 차이를 명확하게 인식하지 못하는 경우도 존재한다(Alvarez 1998).

유권자들이 후보자의 정책 입장을 인식하지 못한다면 정책 투표행태는 두드러지게 나타나지 않을 것이다. 하지만 기존 연구에 따르면, 대통령선거에서 대한민국 유권자들은 자신들의 정책 선호에 따라 후보자를 지지하는 경향이 존재함을 알 수 있다(김성연 외 2013; 김성연 2015). 이러한 연구 결과는 대한민국 유권자들이 대통령선거에서 후보자들의 정책 입장을 어느 정도 이해한다는 것을 의미한다. 물론 상황과 시기에 따라 유권자들은 후보자들 사이의 정책 입장 차이를 명확하게 인지할 수도 있고 그렇지 못할 수도 있다.

앞서 언급하였듯이 선거운동은 후보자들이 유권자들에게 정보를 제공하는 과정이다. 즉, 선거운동 기간 동안 유권자들은 후보자들 사이의 정책 입장 차이를 좀더 명확하게 인식할 가능성이 있다. 물론 후보자들은 전략적으로 자신의 정책 입장을 모호하게 취할 수도 있다. 특정 정책에 대해 후보들이 자신의 입장을 명확하게 한다면, 이 정책 선호에 따른 유권자들의 선택은 좀더 두드러지게 나타날 것이다. 반면 선거 기간 중 후보자가 특정 쟁점에 대해 전략적으로 모호한 입장을 취한다면, 유권자들이 이 정책에 대한 선호를 기반으로 후보자를 선택할 가능성은 낮아질 것이다.

이미 언급하였듯이, 쟁점에 따라 후보자는 자신의 입장 표명을 명확하게 혹은 모호하게 할 수 있다. 예를 들어, 이념이나 당파성에 따라 지지층이 상대적으로 명확하게 갈리는 전통적인 쟁점의 경우 후보자들은 좀더 명확하게 자신들의 정책 입장을 표명할 가능성이 높다.[2] 전통적인 쟁점과 관련하여 후보자들은 과거의 경험을 통해 이 쟁점이 어떻게 유권자들의 표를 가를지, 자신의 정책 입장이 득표에 있어 유

---

2) 미국의 학자들(예를 들어 Abramowitz 1995; Carmines & Stimson 1980)은 정책을 강성정책(*hard issue*)과 연성정책(*easy issue*)로 구분하여 그 영향력을 검증하기도 한다. 하지만 이러한 구분이 한국에서도 그대로 적용될 수 있는가는 논쟁의 여지가 있을 수 있다.

리 혹은 불리하게 작용할지를 상대적으로 명확하게 예측할 수 있다. 즉, 선거운동이 진행될수록 이러한 정책 선호에 따른 후보자 지지의 영향력은 증가할 가능성이 높다. 특히, 이러한 현상은 선두를 뒤쫓고 있는 후보가 자신의 이념적, 당파적 선명성을 강조하며 득표율을 끌어올리려 할 때 취할 수 있는 전략이 될 것이다(Iyengar & McGrady 2007).

쟁점이 전통적이라는 사실은 이 쟁점이 오랫동안 정당과 정치 세력을 구분지어 왔음을 의미한다. 그렇기 때문에, 전통적인 쟁점의 경우 유권자들은 자신들의 투표 경험을 바탕으로 어느 (정당 출신의) 후보가 자신의 정책 선호에 부합하는가를 보다 손쉽게 판단할 수 있다. 결국 전통적인 쟁점에 있어, 선거운동이 진행될수록 이념적으로 유사한 후보들 사이의 정책 투표의 차별성은 감소하는 경향을 보일 것이다. 반면, 이념적으로 차별화된 후보들 사이의 정책 투표 영향력은 증대하는 양상을 보일 것이다.

이와 반대로 상대적으로 복잡한, 혹은 전통적이지 않은 쟁점의 경우 후보자들이 명확하게 자신의 입장을 정리하기보다 모호하게 입장을 표명할 수 있다. 이러한 후보자들의 행태는 자신들의 입장 표명이 어떠한 이해득실을 가져올 것인가에 대한 경험적 판단이 상대적으로 어렵기 때문에 발생한다. 유권자들 역시 정보를 얻는 과정에서 후보자들 사이의 정책 입장에 관한 차별성을 인지하기 어렵게 될 것이다. 또한 이러한 정책이나 쟁점의 경우 유권자 자신의 선호도 명확하게 정립되지 못했을 가능성이 높다. 결국, 상대적으로 어렵거나 새로운 쟁점에 대한 선호가 후보자 선택에 미치는 영향력은 선거운동 기간 동안 증가할 가능성이 상대적으로 낮다고 볼 수 있다.

앞서 논의한 주장들을 기반으로, 이 연구는 정책 투표와 관련하여 다음과 같은 세 가지 주요 가설들을 검증한다.

가설 1: 전통적인 쟁점의 경우 선거 기간 동안 유권자의 정책 선호가 후보자 지지 및 선택에 미치는 영향력이 증가하는 경향이 있다.

가설 2: 상대적으로 새로운 쟁점의 경우 선거 기간 동안 유권자의 정책 선호가 후보자 지지 및 선택에 미치는 영향력의 변화는 미미하거나 감소하는 경향이 있다.

가설 3: 전통적인 쟁점의 경우 선거 기간 동안 이념적/당파적으로 유사한 후보들 사이의 정책 선호에 따른 후보자 선택의 영향력은 감소하는 경향이 있는 반면, 이념적/당파적으로 서로 다른 진영에 위치하는 후보자들 사이의 정책 선호에 따른 영향력은 증가하는 경향이 있다.

3. 연구 계획

2017년 5월 9일 실시된 제 19대 대통령선거는 박 전 대통령의 파면으로 인해 보궐선거로 치러졌다. 어수선한 분위기 속에 이번 대통령선거에는 총 15명의 후보자가 등록하였고, 이들 중 2명(남재준, 김정선)은 중도에 사퇴하였다. 주요 정당 후보자는 더불어민주당의 문재인, 자유한국당의 홍준표, 국민의당의 안철수, 바른정당의 유승민, 정의당의 심상정 후보이다. 선거 결과 문재인 후보가 41.05%의 득표율로 제 19대 대통령으로 당선되었다.[3]

이번 선거에서 나타난 다자간 경쟁구도는 유권자들의 정책 선호가 후보자 지지 및 선택에 미치는 영향력을 다각적으로 검토하기에 적절한 환경을 제공한다. 동아시아연구원은 제 19대 대선을 전후하여 유권자들의 후보자 지지와 선택, 그리고 정책 선호와 관련하여 설문조사를 실시하였다. 사전 조사는 2017년 4월 18일부터 20일 사이에, 사후 조사는 5월 11일부터 14일 사이에 진행되었다.[4] 공식적인 선거운동 개시일은 4월 17일이었다. 이 연구는 이 설문조사 결과를 분석하여 정책 선호가 후보 지지와 선택에 미치는 영향을 분석한다.

1) 주요 변수

앞서 설명하였듯이 이 연구의 종속변수는 후보자 지지와 선택이다. 사전 조사는 후보자 지지에 대해, 사후 조사는 후보자 선택에 대해 물었다.[5] 〈표 8-1〉은 사전 조사와 사후 조사를 통해 나타난 유권자들의 후보자 지지와 선택에 관한 내용이다. 사전 조사에서 문재인 후보를 지지한다고 응답한 유권자의 비율은 약 45%인 반면, 사후 조사에서 문재인 후보에게 투표하였다고 응답한 비율은 약 54%이다. 이러한 차이는 설문 참여자들이 당선된 후보에게 투표하였다고 응답하는 경향이 있다는 기존의 연구와 유사하다(Atkeson 1999; Wright 1993).[6]

---

3) 홍준표 24.03%, 안철수 21.41%, 유승민 6.76%, 심상정 6.17%.

4) 설문조사는 전국의 만 19세 이상의 성인남녀를 대상으로 지역별, 성별, 연령별 기준 비례할당추출을 바탕으로 진행하였다. 설문조사 방식은 유무선 혼합으로 사전 설문조사 표본 크기는 1,500명이다(유선 245명, 무선 1,255명). 사후 설문조사 표본크기는 1,157명으로 패널 유지율은 77.1%이다.

5) 사전 조사: "내일이 대통령선거일이라면, 다음 사람들 중에서 누구에게 투표하시겠습니까?", 사후 조사: "다음 후보들 중에서 누구에게 투표하셨습니까?"

〈표 8-1〉 사전/사후 조사 후보자 지지 및 선택 비율

후보자	사전 조사	사후 조사
문재인	45.01	53.86
홍준표	8.07	15.26
안철수	30.64	16.23
유승민	3.04	6.93
심상정	4.10	5.88
기타	8.78	1.84

주: 모름과 무응답은 표본에서 제외.

이 연구는 기본적으로 사전 설문조사를 바탕으로 유권자들의 정책선호가 후보 지지에 미치는 영향을 검토한다. 더 나아가, 사전 조사와 사후 조사의 결과를 비교하여 선거운동 기간 동안 정책 선호에 따른 후보 지지의 영향력이 어떻게 변화하는가를 검토한다.

이 연구의 독립변수는 유권자들의 정책 선호이다. 여느 선거와 마찬가지로 이번 대통령선거에서도 다양한 정책과 쟁점이 논의되었다. 특히, 방송 토론이나 정견발표 등을 통해 나타난 제 19대 대통령선거의 주요 쟁점들은 대외정책, 대북정책, 복지정책, 경제정책, 적폐청산 등이었다. 우선, 대외정책과 관련하여, 사드 배치 문제가 후보자들 간의 논쟁의 대상이었다. 사드 배치 문제는 단순히 대북정책이라기보다 대미/대중 관계를 아우르는 대외정책에 가깝다고 볼 수 있다. 또한 이 문제는 전통적이라기보다 상대적으로 새로운 쟁점으로 볼 수

6) 이러한 설문결과의 편향이 체계적으로 나타났다면 분석에도 오류가 발생할 수 있다. 하지만, 이러한 편향이 다른 주요 변수와 맞물려 체계적으로 발생한 것이 아니라면 이 연구가 분석하는 정책 선호와 후보자 지지 및 선택에 미치는 영향을 살펴보는 데 무리가 없을 것이다.

있다(이한수 · 박진수 2016). 대외정책이라는 측면에서 전통적이라고 볼 수 있겠지만, 사드 배치 그 자체는 상대적으로 새로운 쟁점이라고 보아야 할 것이다. 설문조사 결과에 따르면, 사드 배치와 관련하여 찬성이 약 60.2%, 반대가 약 39.8%로 나타났다.[7]

반면, 대북정책은 선거마다 등장하는 전통적인 쟁점 중 하나이다. 대북정책은 이념이나 당파성에 따라 지지가 상대적으로 명확하게 갈리는 쟁점으로 이번 선거에서도 주요한 논쟁 거리였다.[8] 대북정책에 관한 설문으로 이번 조사에서는 북한과의 교류와 협력을 강화할 것인가와 대북 강경정책을 유지 혹은 강화할 것인가에 대해 물었다. 교류와 협력을 강화하자는 견해가 약 52.6%로 강경정책에 대한 선호(47.4%)보다 약 5% 정도 더 높았다.[9]

대북정책과 더불어 대한민국 사회의 전통적인 쟁점 중 하나는 '복지와 성장'의 문제일 것이다. 복지와 성장과 관련한 선호는 복지정책뿐만 아니라 경제정책에 관한 유권자들의 선호도 보여 준다. 설문조사는 "현재 우리 사회에서 복지와 성장 중 어느 쪽이 더 중요하다고 생각하는가"를 물었다. 설문결과에 따르면, 복지가 더 중요하다고 응답한 시민들의 비율이 약 49.5%인 반면, 성장이 더 중요하다고 응답한 유권자들의 비율은 50.5%로 약간 더 높았다. 전통적으로 이 쟁점 역시

7) "고고도 미사일 방어체계, 즉 사드의 한국 배치에 대해 어떻게 생각하십니까?"에 대한 응답.

8) KBS. 2017. 4. 20. "KBS TV토론회 … '北 주적' · '사드' · '국보법' 공방".

9) 사드 배치에 대한 찬성이 높은 반면 온건한 대북정책을 선호하는 비율이 더 높은 것은 앞서 언급하였듯이, 유권자들이 사드 배치를 단순히 남북관계로만 인식하고 있지 않기 때문에 나타난 결과일 수 있다.

이념이나 당파성에 따라 선호가 대체로 명확하게 나뉘는 편이다.

이번 선거가 '최순실 국정농단 사태'와 박근혜 전 대통령의 탄핵으로 인해 치러진 탓에 선거기간 동안 대통령선거 이후 과거의 적폐를 청산하는 것이 중요한가 아니면 국민 통합에 더 힘을 기울여야 하는가에 대한 논쟁이 있었다. 이 쟁점 역시 시기에 따른 새로운 쟁점이라고 할 수 있다. 설문조사 결과에 따르면, 적폐 청산이 중요하다고 응답한 시민의 비율이 약 43.2%인 반면, 국민 통합이 더 중요하다고 응답한 유권자의 비율은 약 56.8%였다.[10]

설문결과를 살펴보면, 정책이나 쟁점에 관한 유권자들의 선호가 일방적이지 않음을 알 수 있다. 다시 말해, 비록 이번 선거가 박근혜 전 대통령의 탄핵과 이로 인해 선거의 흐름이 일방적인 부분이 있었을지언정 정책을 둘러싼 시민들의 선호는 과거와 마찬가지로 일방적이지 않았다는 것이다. 일방적이지 않은 쟁점에 관한 선호는 선호에 따른 투표행태의 차이를 관찰할 수 있을 가능성이 높다는 것을 의미할 수 있다.

2) 통제변수

쟁점에 관한 선호가 후보자 지지와 선택에 미치는 영향력을 종합적으로 측정하기 위해 이 연구는 다양한 변수들을 통제한다. 우선, 유권자들의 이념을 고려한다. 유권자의 이념은 후보 지지에 영향을 미치

10) "현재 우리 사회에서 적폐 청산과 국민 통합 중 어느 쪽이 더 중요하다고 생각하십니까?"에 대한 응답.

는 변수들 중 하나이다(이내영 2009). 때로 정책 선호를 통해 이념을 측정하기도 하지만, 이 연구는 유권자들의 이념과 쟁점에 관한 선호가 독립적으로 종속변수에 영향을 미칠 가능성을 고려하여, 이념 변수를 분석모형에 포함한다. 이념은 유권자의 자가진단을 바탕으로 측정한다.[11]

이념과 더불어 유권자의 당파성은 후보자 지지와 선택을 설명하는 핵심 변수들 중 하나이다(최준영 · 조진만 2005). 기존 연구는 당파성을 주로 정당 지지를 통해 측정했다(장승진 · 길정아 2014). 이번 조사 역시 설문 참여자들에게 어느 정당을 지지하는가를 물었다. 응답자의 약 37.8%는 더불어민주당을 지지한다고 응답하였으며, 약 17.2%는 국민의당 지지자였다. 사전 설문조사에서 지지하는 정당이 없다고 응답한 시민들의 비율도 20.2%에 달했다. 유권자들은 자신이 지지하는 정당의 후보를 지지하거나 선택하는 행태를 보일 것이다.

경제 상황에 대한 평가는 때로 대한민국 유권자들의 후보 지지를 설명하는 요소로 작용한다(강우진 2013; 이내영 · 안종기 2013). 경제 투표 이론의 핵심은 민주적 책임성에 있다(Lewis-Beck & Paldam 2000). 다시 말해, 지난 경제상황에 대한 긍정적인 평가는 집권 여당 후보 지지에 긍정적인 영향을 미칠 수 있다. 이 연구는 이러한 가능성을 고려하기 위해 유권자들의 국가와 개인의 경제 사정에 대한 회고적 평가를 통제한다.[12]

---

11) "선생님께서는 자신의 이념 성향이 어떠하다고 생각하십니까? 매우 진보적이면 0점, 중도적이면 5점, 매우 보수적이면 10점으로 하여 0에서 10사이의 숫자로 말씀해 주십시오"에 대한 응답으로, 이념의 분포는 정상분포와 유사한 모습을 보이는데 중간점은 5이며, 평균점은 약 4.89이다.

이 변수들과 더불어, 이어지는 분석은 유권자들의 사회적 위치와 인구학적 변수들을 종속변수에 영향을 미칠 수 있는 요소로 간주하여 계량 모형에 포함한다. 사회적 지위로는 재산과 교육 수준을 고려한다. 기존 연구를 살펴보면, 재산이 시민들의 정치행태를 설명하는 유의미한 변수인 것으로 보인다(이갑윤 외 2013).[13] 또한 대한민국 사회에서 교육 수준은 직업과 소득에 영향을 미치는 주요 변수들 중 하나라고 볼 수 있다(Lee et al. 2016). 인구학적 변수로는 유권자들의 성별, 나이, 그리고 출신지(영남, 호남)를 고려한다. 출신지는 지역주의가 정치 행태에 미치는 영향력을 통제하기 위함이다(이갑윤 2002).

3) 통계 분석 방법

이미 소개하였듯이, 이 글의 분석 대상은 유권자들의 후보자 지지 및 선택이다. 제 19대 대통령선거에서는 무려 15명의 후보자가 출마하였으며, 주요 정당의 후보만 해도 5명이었다. 이 연구는 5명의 주요 후보자와 기타 후보자들에 대한 유권자들의 선택을 분석한다. 종속변수는 총 6개의 선택지로 구성된 다항변수(*multinomial variable*)이다.[14] 이 연구는 회귀분석을 이용하여 유권자들의 정책 선호가 어떻게 후보

12) 개인적인 경제 상황에 대한 설문은 "지난 5년간 선생님 댁 가정살림은 어떻게 변했습니까?"이다. 선택지 및 코딩은 0 = '매우 좋아졌다', 4 = '매우 나빠졌다'이다. 국가 경제 상황에 대한 설문은 "지난 5년간 우리나라 경제 상황이 대체로 어떻게 변했다고 생각하십니까?"이다. 선택지 및 코딩은 0 = '매우 좋아졌다', 4 = '매우 나빠졌다'이다.

13) 소득을 변수로 포함하여 보았지만, 유의미한 영향력을 보이지 않았다.

14) '기타 후보자'들은 하나의 항목으로 처리한다.

자 지지 및 선택에 영향을 미치는가를 측정한다.

다항변수인 유권자들의 후보자 지지 및 선택을 분석하기 위해 이 연구는 다항로짓모형(*multinomial logit model*)을 사용한다(Long 1997). 다항로짓모형의 기본적인 접근법은 여러 선택 항목들 중 하나를 기준 항목으로 설정하고 이 기준 항목 대비 다른 항목을 선택할 혹은 관찰할 가능성을 측정하는 것이다. 예를 들어, 문재인 후보에 대한 지지를 기준 항목으로 설정할 경우, 이 모형이 측정하는 안철수 후보에 대한 지지는 문재인 후보 대비 안철수 후보 지지 확률을 의미한다.

이 논문은 문재인 후보가 선거 기간 내내 여론 조사에서 선두를 달렸을 뿐만 아니라 실제 선거 결과에서도 승리하였기 때문에 문재인 후보 지지 혹은 선택을 기준 항목으로 설정한다. 더 나아가, 이 연구는 정책 선호에 따른 후보자 지지가 후보자들 사이에서 통계적인 차이를 보이는가를 확인하기 위해 기준 항목을 여타 후보로 다양하게 설정하여 이 차이를 검증한다.

다항로짓모형의 경우 회귀분석 결과를 다양하게 해석할 수 있다. 우선, 이 논문은 예측확률(*predicted probability*)을 측정하여 쟁점에 관한 유권자의 선호가 각 후보의 지지에 미치는 영향을 비교·검토한다. 예측확률의 변화는, 측정된 모형을 바탕으로, 다른 모든 변수들을 평균으로 설정한 후 특정 쟁점 선호가 변할 때 종속변수의 확률 변화로 측정한다.

두 번째 해석 방법으로 이 연구는 상대적 위험비율(*relative risk ratio*)을 이용한다. 다항로짓모형의 회귀계수는 로그 오즈(*log odds*)를 의미한다. 즉, 회귀계수를 거듭제곱하면(ecoeff.) 상대적 위험비율을 얻게 된다. 이 수치는 각 변수들이 종속변수에 미치는 영향을 좀더 손쉽게 해석하고 이해하는 데 도움을 준다. 상대적 위험비율은 1을 기준으로 수치가 증가하면 양의 관계를, 감소하면 음의 관계를 의미한다. 예를 들어, 독립변수의 종속변수에 대한 영향력을 측정한 후 상대적 위험비율이 1.05라면 독립변수가 한 크기 증가했을 때, 종속변수가 5% 증가함을 의미하고, 0.95는 5% 감소함을 의미한다.

4. 연구 결과

이 글의 가장 기본적인 목표는 정책 선호가 투표행태에 미치는 영향력을 검토하는 것이다. 이번 선거의 주요 쟁점들로 이 연구는 '사드 배치', '적폐 청산과 국민 통합', '대북정책', 그리고 '복지와 성장' 문제를 살펴본다. 〈표 8-2〉는 이 쟁점들에 관한 선호가 후보자 지지(사전 조사)에 미치는 영향력을 측정한 결과를 담고 있다. 다음의 분석에서 기준 항목은 문재인 후보 지지이다. 즉, 각 행은 문재인 후보 대비 해당 후보 지지를 의미한다. 예를 들어, 첫 번째 행('홍준표')의 결과에 따르면, 민주당을 지지('민주당 지지') 한다고 응답한 유권자들은 문재인 후보 대비 홍준표 후보를 지지할 확률이 통계적으로 유의미하게 감소하는 것을 알 수 있다.

쟁점 투표와 관련하여 첫 번째 행('홍준표')의 결과를 보면, 사전 조사에서 사드 배치를 찬성하는 유권자들일수록 문재인 후보 대비 홍준표 후보를 지지할 가능성이 약 11배가량 유의미하게 증가함을 알 수 있다. 이와 유사하게 사드 배치를 찬성하는 시민들은 문재인 후보 대비 안철수 후보를 지지할 확률이 약 두 배가량 더 높은 것으로 나타났

〈표 8-2〉 정책 선호와 후보 지지(사전 조사)

변수	홍준표	안철수	유승민	심상정	기타
사드 배치	2.43* (0.79) [11.45]	0.77* (0.25) [2.16]	-0.31 (0.49)	-0.00 (0.42)	0.75* (0.34) [2.12]
적폐 청산/국민 통합	-0.36 (0.36)	-1.07* (0.22) [0.34]	-1.05* (0.42) [0.34]	-0.43 (0.36)	-0.61* (0.30) [0.53]
대북 교류/강경	-1.13* (0.43) [0.32]	-0.89* (0.24) [0.41]	-2.12* (0.52) [0.11]	-0.24 (0.42)	-1.02* (0.32) [0.35]
복지/성장	0.02 (0.39)	-0.58* (0.23) [0.55]	0.64 (0.44)	0.38 (0.41)	-0.21 (0.31)
탄핵 찬반	-2.24* (0.51) [0.10]	-1.38* (0.45) [0.25]	0.41 (0.74)	12.39 (383.34)	-1.33* (0.51) [0.26]
이념	0.28* (0.08) [1.32]	0.09 (0.05)	0.17 (0.11)	0.00 (0.09)	0.04 (0.07)
민주당 지지	-4.01* (0.79) [0.01]	-2.09* (0.31) [0.12]	-3.92* (0.68) [0.01]	-3.03* (0.43) [0.04]	-2.75* (0.43) [0.06]
국민의당 지지	-0.89 (0.72)	2.58* (0.38) [13.31]	-1.12 (0.84)	-1.00 (0.81)	-0.46 (0.64)
무당파	-0.66 (0.42)	0.56* (0.30) [1.75]	-0.72 (0.48)	-1.08* (0.48) [0.33]	0.52 (0.35)
국가경제 평가	0.00 (0.23)	0.16 (0.14)	-0.08 (0.28)	0.30 (0.23)	-0.08 (0.20)
개인경제 평가	-0.33 (0.22)	-0.35* (0.16) [0.69]	-0.47* (0.26) [0.62]	-0.21 (0.27)	-0.31 (0.20)

〈표 8-2〉 정책 선호와 후보 지지(사전 조사) (계속)

변수	홍준표	안철수	유승민	심상정	기타
재산	0.12* (0.05) [1.13]	0.06* (0.03) [1.06]	0.19* (0.06) [1.21]	0.09 (0.06)	0.01 (0.05)
교육	-0.42* (0.18) [0.65]	-0.17 (0.11)	0.03 (0.22)	-0.04 (0.20)	-0.44* (0.15) [0.64]
남성	-0.11 (0.34)	-0.03 (0.22)	-0.54 (0.40)	-0.49 (0.35)	-0.55* (0.29) [0.57]
나이	0.01 (0.01)	0.00 (0.00)	-0.00 (0.01)	-0.01 (0.01)	-0.00 (0.01)
영남	0.42 (0.36)	-0.18 (0.25)	0.86* (0.41) [2.37]	-0.12 (0.40)	-0.06 (0.32)
호남	-0.88 (0.76)	-0.24 (0.30)	-1.07 (1.08)	-0.07 (0.48)	-0.10 (0.43)
상수	-0.24 (1.82)	2.33* (1.09)	-0.23 (1.85)	-12.37 (383.34)	3.69* (1.38)
N	1,126				
Pseudo R^2	0.41				

주: 1) 종속변수는 후보자 지지(사전 조사). 기준(reference)은 문재인 지지.

2) 표 안의 숫자는 회귀계수, 괄호 안의 숫자는 표준오차, 꺽쇠 안의 숫자는 상대적 위험비율.

3) 통계적 유의성 * < 0.10.

4) IIA(Independence of Irrelevant Alternatives) 테스트(Suest-based Hausman test) 결과: 후보 지지는 상호 독립적.

다. 하지만, 사드 배치에 관한 선호가 문재인 후보 대비 유승민 후보나 심상정 후보를 지지할 가능성에는 유의미한 영향을 미치지 않는다. 즉, 사전 조사 결과에 따르면 사드 배치 문제는 주로 문재인 후보 대비 홍준표, 안철수 후보 지지에 영향을 미쳤던 것으로 보인다.

두 번째 쟁점인 '적폐 청산과 국민 통합'은 문재인 후보 대비 안철수, 유승민 후보 지지에 유의미하게 영향을 미쳤다. 이 표의 회귀분석 결과에 따르면, 적폐 청산에 찬성하는 유권자들일수록 문재인 후보 대비 안철수, 유승민 후보를 지지할 가능성이 약 66% 정도 줄어드는 것으로 나타났다. 반면 적폐 청산에 관한 선호는 문재인 후보 대비 홍준표, 심상정 후보를 지지하는 데 유의미한 영향력을 미치지 않았다.

세 번째, 대북정책 관련 선호는 문재인 후보 대비 심상정 후보 지지에는 통계적으로 유의미한 영향력을 미치지 않았지만, 나머지 후보에 대한 지지를 결정하는 것에는 통계적으로 유의미하게 작용한 것으로 나타났다. 대북 유화정책을 선호하는 시민들은 문재인 후보 대비 홍준표 후보를 지지할 가능성이 약 68% 정도 감소하는 경향을 보이고, 안철수 후보는 약 59%, 유승민 후보의 경우는 약 89% 감소하는 모습을 보인다. 이러한 결과는 대북 강경정책을 선호하는 시민들이 상대적으로 보수적인 성향의 후보를 지지하는 경향이 있다는 기존의 연구 결과와 유사하다(예를 들어 김성연 2015).

마지막으로 '복지와 성장'이라는 쟁점에 관한 선호는 문재인 후보 대비 안철수 후보의 지지에는 통계적으로 유의미한 영향을 미쳤지만, 문재인 후보 대비 여타 주요 후보들의 지지를 유의미하게 설명하지 못하는 것으로 나타났다. 이 표의 회귀분석 결과에 따르면, 복지와 성장 중 복지를 선호하는 시민들은 문재인 후보 대비 안철수 후보를 지지할 확률이 약 45% 감소하는 것을 알 수 있다.

이 표의 결과를 살펴보면, 전반적으로 정책 선호가 후보 지지에 유의미한 영향을 미치고 있으며, 기존의 연구 결과와도 비견할 만하다. 주요 독립변수 외에 이 연구는 후보 지지에 영향을 미칠 수 있는 여러 요인들을 통제한다. 특히, 이 변수들 중 당파성이 종속변수를 유의미하고 일관되게 설명하는 것을 알 수 있다.[15] 당파성이 후보 지지에 미치는 영향 역시 기존 연구와 잘 부합하는 결과라고 볼 수 있다(예를 들어 장승진 2015). 기타 변수들은 후보 지지에 따라 영향력의 유무가 달리 나타난다. 이러한 결과는 다자간 대결에서 특정 후보 대비 여타 후보의 지지를 관찰하기 때문에 나타나는 현상이라고 볼 수 있다.

앞선 표의 결과는 사전 조사를 통해 측정한 후보자 지지를 종속변수로 한다. 이 연구는 동일한 모형을 선거 후 후보자 선택을 종속변수로 하여 정책 선호의 영향력을 측정한다. 〈표 8-3〉은 이 회귀분석 결과를 담고 있다. 이 분석 결과는 앞선 결과와 유사점과 차이점을 동시에 보여 준다. 우선 사전 조사 결과에서는 사드 배치에 관한 선호가 문재인 후보 대비 안철수 후보 지지를 유의미하게 설명하는 것으로 나타났지만, 사후 조사를 분석한 결과에서는 이 영향력이 관찰되지 않았다. 반면, 홍준표 후보에 대한 지지는 여전히 유효한 것을 알 수 있다.

---

15) 이 연구는 기준항이 문재인 후보 지지이기 때문에 기본적으로 민주당 지지를 당파성 변수로 분석모형에 포함한다. 지지하는 정당이 없다고 응답한 유권자들을 무당파로 이들이 어떠한 투표행태를 보였는지를 확인하기 위해 분석모형에 포함시켰다. 또한 두 번째로 높은 정당 지지율을 보인 국민의당 지지를 모형에 포함시켰다. 국민의당 지지 대신 여타 정당 지지를 분석모형에 포함하더라고 이 연구의 주요 결과는 변하지 않는다.

〈표 8-3〉 정책 선호와 후보 선택(사후 조사)

변수	홍준표	안철수	유승민	심상정	기타
사드 배치	1.14* (0.48) [3.14]	0.31 (0.26)	0.20 (0.34)	0.04 (0.34)	0.03 (0.70)
적폐 청산/국민 통합	-0.26 (0.33)	-0.76* (0.24) [0.46]	-0.61* (0.30) [0.54]	-0.28 (0.31)	-0.06 (0.59)
대북 교류/강경	-1.41* (0.35) [0.24]	-0.84* (0.24) [0.42]	-1.15* (0.32) [0.31]	-0.53 (0.34)	-1.58* (0.67) [0.20]
복지/성장	-0.88* (0.33) [0.41]	-0.49* (0.24) [0.60]	-0.11 (0.31)	-0.15 (0.33)	-0.16 (0.57)
탄핵 찬반	-2.90* (0.48) [0.05]	-1.03* (0.49) [0.35]	-0.03 (0.69)	-0.74 (0.84)	-3.10* (0.74) [0.04]
이념	0.26* (0.08) [1.30]	0.17* (0.06) [1.19]	0.24* (0.08) [1.27]	0.04 (0.08)	0.04 (0.14)
민주당 지지	-2.94* (0.55) [0.05]	-1.53* (0.36) [0.21]	-2.21* (0.41) [0.10]	-1.55* (0.35) [0.21]	-2.89* (0.89) [0.05]
국민의당 지지	-0.63 (0.43)	1.40* (0.34) [4.09]	-0.62 (0.46)	-1.74* (0.78) [0.17]	-14.81 (741.45)
무당파	-0.88* (0.39) [0.41]	0.15 (0.35)	-0.36 (0.37)	-1.11* (0.47) [0.32]	-0.79 (0.63)
국가경제 평가	0.11 (0.21)	0.13 (0.15)	0.22 (0.20)	0.34 (0.21)	0.72* (0.37) [2.05]
개인경제 평가	-0.79* (0.21) [0.45]	-0.38* (0.16) [0.67]	-0.79* (0.21) [0.45]	-0.21 (0.24)	0.01 (0.42)

〈표 8-3〉 정책 선호와 후보 선택(사후 조사) (계속)

변수	홍준표	안철수	유승민	심상정	기타
재산	0.04 (0.05)	0.01 (0.03)	0.16* (0.04) [1.17]	0.01 (0.05)	-0.04 (0.10)
교육	-0.29* (0.16) [0.74]	-0.02 (0.12)	0.01 (0.10)	-0.00 (0.18)	-0.33 (0.28)
남성	0.03 (0.31)	-0.25 (0.23)	-0.07 (0.29)	-0.37 (0.30)	-0.12 (0.56)
나이	0.02* (0.01) [1.03]	0.00 (0.01)	-0.02* (0.01) [0.97]	-0.03* (0.01) [0.96]	0.00 (0.02)
영남	0.49 (0.32)	0.00 (0.27)	0.44 (0.30)	-0.02 (0.34)	-0.23 (0.63)
호남	-1.40* (0.59) [0.24]	0.05 (0.30)	-1.04 (0.64)	0.00 (0.43)	-0.27 (0.90)
상수	2.36 (1.44)	1.00 (1.14)	1.33 (1.46)	1.57 (1.61)	0.52 (2.54)
N	942				
Pseudo R^2	0.34				

주: 1) 종속변수는 후보자 지지(사후 조사). 기준(reference)은 문재인 지지.

2) 표 안의 숫자는 회귀계수, 괄호 안의 숫자는 표준오차, 꺽쇠 안의 숫자는 상대적 위험비율.

3) 통계적 유의성 * < 0.10.

4) IIA(Independence of Irrelevant Alternatives) 테스트(Suest-based Hausman test) 결과: 후보 지지는 상호 독립적.

적폐 청산과 관련한 선호는 사전 조사 결과와 마찬가지로 사후 조사에서도 문재인 후보 대비 안철수, 유승민 후보 지지를 유의미하게 설명한다. 대북정책 선호에서도 후보자 지지와 마찬가지로 문재인 후보 대비 심상정 후보 선택을 제외하고 모든 선택의 변이를 통계적으로 유의미하게 설명하는 것으로 나타났다. 반면 복지와 성장의 경우, 사전 조사에서는 문재인 후보 대비 안철수 후보에 대한 지지만이 통계적으로 유의미하게 나타난 것과 달리 사후 조사에서는 문재인 후보 대비 홍준표 후보의 지지에도 유의미하게 영향을 미친 것으로 나타났다.

이러한 변화를 좀더 종합적으로 살펴보기 위해 이 연구는 예측확률과 상대적 위험비율을 그림을 통해 비교한다. 다음의 두 그림은 예측확률의 변화를 담고 있다. 예를 들어, 〈그림 8-1〉에서 보면 다른 모든 조건들이 평균일 때 사드 배치 반대에서 찬성으로 선호가 바뀔 경우, 유권자들이 문재인 후보를 지지할 확률은 약 19% 정도 감소하는 것을 알 수 있다. 반면, 같은 환경에서 안철수 후보 지지는 약 14% 정도 증가한다. 유승민 후보와 심상정 후보의 경우 예측확률의 변화가 거의 0에 근접하며,[16] 홍준표 후보의 경우 지지가 약 0.03% 정도로 상대적으로 미미한 변화를 보인다.

적폐 청산과 관련한 선호에서도 가장 큰 차이를 보이는 후보는 문재인과 안철수였다. 회귀분석 결과에 따르면, 여타 조건이 동일할 때 국민 통합을 선호하는 유권자에 비해 적폐 청산을 선호하는 시민들일수록 문재인 후보를 지지할 가능성이 약 23% 증가하는 것으로 나타났

16) 사전 조사에서 관찰된 사드 배치 관련 유승민, 심상정 후보의 확률 변화는 통계적으로 유의미하지 않지만, 홍준표 후보의 확률 변화는 통계적으로 유의미하다.

〈그림 8-1〉 정책 선호와 후보자 지지 예측확률(사전 조사)

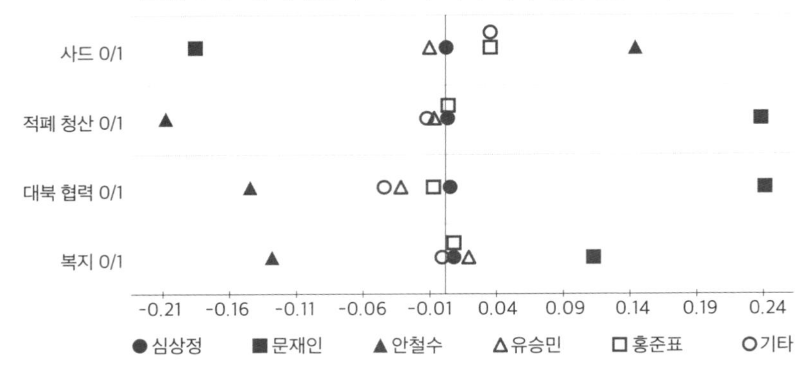

다. 반면, 같은 조건일 때, 안철수 후보를 지지할 가능성은 약 21% 감소한다. 나머지 후보자들에 대한 예측확률의 변화는 거의 0에 가까운 것을 확인할 수 있다.[17]

대북정책의 경우 예측확률의 변화가 상대적으로 좀더 넓은 분포를 보여 준다. 여전히 문재인 후보와 안철수 후보가 대비되는 가운데,[18] 대북 강경정책에 비해 협력정책을 선호하는 유권자들이 유승민 후보를 지지할 가능성이 약 3% 감소하는 것을 확인할 수 있다.[19] '복지와 성장'에서도 유사한 모습을 보인다. 문재인 후보와 안철수 후보의 차이가 두드러진 가운데[20] 성장에 비해 복지를 선호하는 시민들이 유승

---

17) 사전 조사에서 관찰된 적폐 청산 관련 홍준표 후보와 심상정 후보의 확률 변화는 통계적으로 유의미하지 않지만, 유승민 후보의 확률 변화는 통계적으로 유의미하다.

18) 사전 조사에서 관찰된 대북정책 관련 예측확률 변화는 문재인 후보 약 24% 증가, 안철수 후보 약 15% 감소이다.

19) 사전 조사에서 관찰된 대북정책 관련 심상정 후보의 확률 변화는 통계적으로 유의미하지 않은 반면, 나머지 후보들의 확률 변화는 통계적으로 유의미하다.

20) 사전 조사에서 관찰된 복지와 성장 관련 예측확률 변화는 문재인 후보 약 11% 증

민 후보를 지지할 가능성이 약 2% 증가하는 것을 확인할 수 있다.[21]

이러한 차이는 사전 조사를 통해 측정한 결과이다. 그렇다면, 정책 선호에 따른 예측확률이 사후 조사에서도 유사하게 나타나는가? 이 연구는 선거운동 기간 동안 전통적인 쟁점의 경우 후보에 따른 차이가 더 두드러지게 나타날 가능성이 높은 반면, 상대적으로 새로운 쟁점의 경우 후보자들 간의 차이가 줄어들거나 변화가 일어나지 않을 가능성이 높다고 주장한다. 〈그림 8-2〉는 사후 조사를 통해 측정한 정책 선호에 따른 후보자 선택 예측확률에 관한 정보를 담고 있다.

우선 상대적으로 새로운 쟁점이라고 할 수 있는 사드 배치의 경우 문재인 후보와 안철수 후보 선택 확률의 거리가 사전 조사에 비해 줄어든 것을 확인할 수 있다. 사전 조사에서 두 후보에 대한 예측확률의 차이가 약 33%인 것에 반해, 사후 조사에서는 이 차이가 약 11%이다.[22] 더구나 안철수 후보의 지지 변화는 통계적으로 유의미하지 않다.[23] 즉, 예측확률에 있어 사드 배치에 관한 선호의 변화가 두 후보 선택에 미치는 영향력이 사전 조사에 비해 사후 조사에서 감소하였음을 의미한다. 여타 후보들에 대한 예측확률은 사전 조사에 비해 사후 조사에서 크게 변화하지 않았다.

적폐 청산과 관련하여 사전 조사에서 가장 큰 차이를 보였던 후보들

가, 안철수 후보는 약 13% 감소이다.

21) 사전 조사에서 관찰된 복지와 성장 관련 홍준표, 유승민, 심상정 후보의 확률 변화는 통계적으로 유의미하지 않다.

22) 사후 조사에서 관찰된 사드 배치 관련 예측확률 변화는 문재인 후보 약 7% 감소, 안철수 후보 약 4% 증가이다.

23) 사후 조사에서 관찰된 사드 배치 관련 문재인 홍준표 후보의 확률 변화는 유의미한 반면, 나머지 후보들의 확률 변화는 유의미하지 않다.

〈그림 8-2〉 정책 선호와 후보자 선택 예측확률(사후 조사)

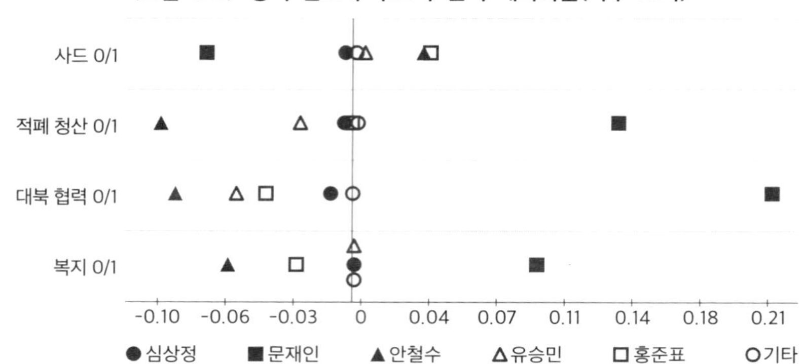

은 문재인과 안철수로 그 차이는 약 44% 정도였다. 사후 조사에서도 이 두 후보들 간의 예측확률 차이가 가장 크게 나타났는데, 그 차이는 약 23%로[24] 사전 조사에 비해 약 21% 정도 줄어든 수치이다. 즉, 선거운동이 진행됨에 따라 상대적으로 새로운 쟁점에 따른 후보자 선택의 영향력이 줄어들었다는 것이다.[25] 이러한 결과는 이 연구의 주장을 경험적으로 뒷받침한다.

그렇다면, 전통적인 쟁점이라고 볼 수 있는 대북정책이나 '복지와 성장'은 어떠한가? 우선 대북정책을 살펴보면, 사전 조사에서 문재인 후보와 안철수 후보의 예측확률 차이는 약 39%인 반면 사후 조사에서 이 두 후보들 사이의 차이는 약 30%로 줄어들었다.[26] 전통적인 쟁점

24) 사후 조사에서 관찰된 적폐 청산 관련 예측확률 변화는 문재인 후보 약 13% 증가, 안철수 후보 약 10% 감소이다.

25) 사후 조사에서 관찰된 적폐 청산 관련 문재인, 안철수, 유승민 후보의 확률 변화는 유의미한 반면, 나머지 후보들의 확률 변화는 유의미하지 않다.

26) 사후 조사에서 관찰된 대북정책 관련 예측확률 변화는 문재인 후보 약 21% 증가, 안철수 후보 약 9% 감소이다.

에서도 이 후보들 사이의 차이는 줄어들었지만, 감소의 폭은 상대적으로 작은 편이다. 대북정책에 관해 또 다른 흥미로운 점은 여타 보수후보인 홍준표, 유승민 후보의 예측확률이 증가했다는 것이다.[27] 유승민 후보의 경우 사전 조사에 비해 약 3% 정도,[28] 홍준표 후보의 경우 약 4% 정도의 확률 변화가 있다.[29] 즉, 선거운동 기간을 지나면서 유권자들이 후보자들을 선택할 때 대북정책 관련하여 좀더 명확하게 후보자들 사이의 차이를 인식하여 투표했다고 유추해 볼 수 있다.

또 다른 전통적 쟁점들 중 하나인 복지와 성장 문제에 있어서도 문재인 후보와 안철수 후보의 차이가 약 15%로 가장 두드러지게 나타난다.[30] 하지만 이는 사전 조사 24%에 비해 줄어든 수치이다. 그림을 통해서도 알 수 있듯이, 이 변화는 문재인 후보의 예측확률 변화 때문이 아니라 안철수 후보의 예측확률 변화 때문에 발생하였다. 반면, 앞선 대북정책과 마찬가지로 복지와 성장이라는 쟁점에서 홍준표 후보의 확률 변화가 눈에 띈다. 사전 조사에서 홍준표 후보 지지의 확률 변화는 통계적으로 유의미하지 않았지만, 사후 조사에서는 복지와 성장 중 복지를 선호할 경우 홍준표 후보에게 투표할 예측확률이 통계적으로 유의미하게 약 3% 감소하는 것을 알 수 있다.

예측확률의 변화를 통해 이 연구는 쟁점에 따른 정책 투표행태가 선

27) 사후 조사에서 관찰된 대북정책 관련 심상정 후보의 확률 변화는 통계적으로 유의미하지 않은 반면, 나머지 후보들의 확률 변화는 통계적으로 유의미하다.

28) 사전 조사 약 3% 감소, 사후 조사 약 6% 감소.

29) 사전 조사 약 1% 감소, 사후 조사 약 5% 감소.

30) 사후 조사에서 관찰된 복지와 성장 관련 예측확률 변화는 문재인 후보 약 9% 증가, 안철수 후보 약 6% 감소이다.

거 기간 이전과 이후로 어떠한 차이를 보이는가를 비교·검토하였다. 전체적으로 보았을 때, 정책 선호가 후보 지지 및 선택에 미치는 영향력은 선거운동 이후에 감소하는 양상을 보였다. 특히, 이러한 변화는 상대적으로 새로운 쟁점에서 더 두드러지게 관찰되었다. 반면, 전통적인 쟁점에서는 후보들이 가지고 있는 기존의 이념적 위치에 따라 정책 투표의 선명성이 부각되는 양상이 존재하는 것을 확인할 수 있다. 정책 투표에 있어 후보들 사이의 선명성을 좀더 명확하게 살펴보기 위해 이 연구는 문재인 후보를 기준으로 후보자들 사이의 상대적 위험비율의 차이를 분석한다. 다음의 그림들은 앞선 회귀분석 결과를 바탕으로 한다.

〈그림 8-3〉은 사전 조사를 통해 측정한 정책 선호에 따른 후보들 사이의 상대적 위험비율을 보여 준다. 이 그림에서 후보들 사이의 선은 연결된 두 후보 사이의 상대적 위험비율의 차이가 통계적으로 유의미하지 않음을 의미한다. 예를 들어, 사드 배치 관련 문재인 후보와 홍준표 후보와의 차이는 통계적으로 유의미한 것을 알 수 있다. 즉, 사드 배치에 관한 선호의 차이로 인해 유권자들이 문재인 후보를 지지하는 것과 홍준표 후보를 지지하는 것 사이에는 통계적으로 유의미한 차이가 존재한다는 것이다. 반면, 사드 배치에 관한 선호가 문재인 후보와 심상정 후보 둘 사이의 지지를 결정하는 것에는 영향을 미치지 못하는 것을 알 수 있다.

사드 배치와 관련하여 유의미한 차이를 보이는 주요 후보들의 조합은 문재인-홍준표, 문재인-안철수, 홍준표-안철수, 홍준표-유승민, 홍준표-심상정, 안철수-유승민, 안철수-심상정으로 모두 일곱 쌍이다. 이 사전 조사 분석 결과에 의하면, 유권자들이 사드 배치 문제

〈그림 8-3〉 정책 선호와 상대적 위험비율 (사전 조사)

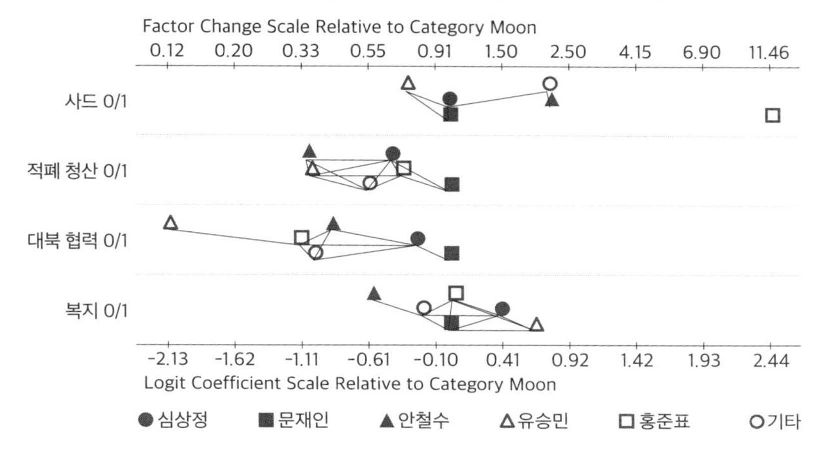

에 대한 자신들의 선호에 따라 후보자들 사이의 차이를 상대적으로 명확하게 인식하고 지지후보를 결정했다는 것 알 수 있다. 반면, 적폐 청산 쟁점과 관련해서 통계적으로 유의미한 차이를 보이는 조합은 문재인-안철수, 문재인-유승민, 홍준표-안철수로 셋이다. 즉, 유권자들이 후보자를 지지할 때, 적폐 청산과 관련해서, 이 세 쌍의 조합을 제외한다면 후보들 간의 차이가 두드러지게 나타나지 못했다는 것을 의미한다.

전통적이라고 볼 수 있는 대북정책과 관련하여, 통계적으로 유의미한 차이를 보이는 조합은 문재인-홍준표, 문재인-안철수, 문재인-유승민, 안철수-유승민, 유승민-심상정으로 다섯이다. 반면 복지와 성장이라는 쟁점과 관련해서 유의미한 차이를 보이는 조합은 문재인-안철수, 홍준표-안철수, 안철수-유승민, 안철수-심상정으로 모두 넷이다. 사전 조사 결과를 놓고 보았을 때, 사드 배치와 대북정책에 관해서는 유권자들의 정책 선호에 따른 후보 지지행태가 후보자들에 따라 좀더 두드러지게 나타난 반면, 적폐 청산과 복지와 성장 문제에 있어서는 그 차이가 상대적으로 두드러지게 나타나지 않았다. 그렇다면 이러한 차이가 사후 조사에서는 어떻게 나타나는가? 〈그림 8-4〉는 사후 설문조사 결과를 회귀 분석한 내용을 보여 준다.

이 그림을 살펴보면, 우선 상대적으로 새로운 쟁점이라고 할 수 있는 사드 배치와 관련하여 홍준표 후보를 제외한 나머지 후보들이 뭉쳐 있는 것을 알 수 있다. 이는 사전 조사 결과와는 사뭇 다른 모습이다. 사드 배치와 관련하여 유의미한 차이를 보이는 조합은 문재인-홍준표, 홍준표-유승민, 홍준표-심상정으로 모두 셋이다. 이는 사전 조사에 비해 네 개의 조합이 줄어든 수치이다. 이 결과는 선거가 진행됨에 따라 사드 배치가 후보자 선택에 미치는 영향력과 선명성이 줄어들었음을 의미한다. 적폐 청산 쟁점과 관련해서도 유사한 변화가 관찰되는데, 이 쟁점에서 유의미한 차이를 보이는 조합은 문재인-안철수, 문재인-유승민 둘뿐이다. 이 역시 사전 조사에 비해 하나의 조합이 줄어든 수치이다.

반면, 선거운동 기간이 지난 후 측정한 결과에 따르면, 전통적인 쟁점이라고 볼 수 있는 대북정책의 경우 유의미한 차이를 보이는 조합은 문재인-홍준표, 문재인-안철수, 문재인-유승민, 홍준표-심상정으로 모두 넷이다. 이는 사전 조사 다섯 쌍에 비해 하나의 조합이 줄어든 수치이다.[31] 사후 조사를 통해 측정한 성장과 분배의 쟁점에서 유의미한 차이를 보이는 조합은 문재인-홍준표, 문재인-안철수, 홍준표-

31) 사전 조사에서 유의미 차이를 보였던 안철수-유승민, 유승민-심상정 조합이 사후 조사에서 통계적 유의미성을 잃은 반면, 사전 조사에서 유의미한 차이를 보이지 않았던 홍준표-심상정 조합이 사후 조사에서 통계적 유의미성을 보였다.

〈그림 8-4〉 정책 선호와 상대적 위험비율 (사후 조사)

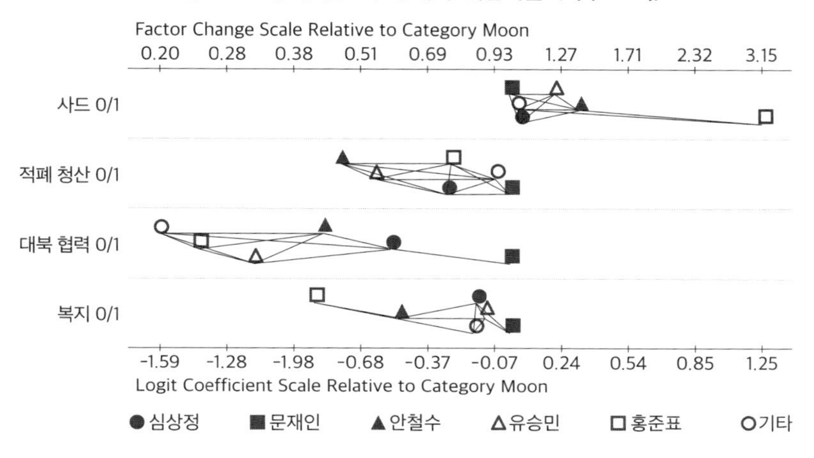

유승민, 홍준표-심상정으로 모두 넷이다. 사전 조사와 비교했을 때, 유의미한 차이를 보인 조합의 숫자는 동일하지만 그 구성에 있어서는 주목할 만한 변화가 관찰된다. 특히, 사전 조사에서 안철수 후보와 다른 후보들과의 차이가 눈에 띄었다면, 사후 조사 결과에서는 홍준표 후보와 여타 후보들과의 차이가 두드러지게 나타났다.

전반적으로 보았을 때, 새로운 쟁점에서 유의미한 차이를 보이는 조합의 수가 더 감소하는 양상을 보이는 반면, 전통적이라고 볼 수 있는 쟁점들에서는 유의미한 차이를 보이는 조합의 수가 덜 감소하거나 유지되는 모습을 관찰할 수 있다. 또한 정책에 따른 조합의 변화가 특정 후보에 의해 주도되는 모습이 나타났다. 이러한 변화 양상은 이 연구의 주장을 부분적으로 뒷받침한다. 이어지는 절에서는 이러한 차이가 나타나는 까닭과 함의에 대해 논의한다.

5. 결론

이 연구는 유권자들의 정책 혹은 쟁점에 관한 선호가 투표행태에 영향을 미친다고 주장한다. 특히, 정책 선호에 따른 후보자 지지나 선택이 선거운동 기간이 지남에 따라 변화한다고 주장한다. 예를 들어, 상대적으로 새로운 쟁점의 경우 선거운동 기간이 지남에 따라 정책 투표에 있어 후보자들 간의 차별성이 약화되는 경향이 있는 반면, 전통적인 쟁점의 경우 이러한 차별성이 강화되는 경향이 있다. 이 연구는 제 19대 대선을 전후하여 실시한 여론조사 결과를 바탕으로 이 주장들을 검증한다.

이 연구의 회귀분석 결과는 유권자들의 정책 선호가 후보자 지지와 선택에 영향을 미쳤음을 보여 준다. 물론 이번 선거가 다수의 후보자들 간의 경쟁이었기 때문에 어떠한 정책 선호가 어떻게 영향을 미쳤는가는 좀더 복잡한 양상을 보인다. 더 나아가, 이러한 복잡한 양상은 선거운동을 거치면서 일련의 변화를 보였다. 무엇보다 주목할 만한 사실은 사전 조사 결과에 비해 사후 조사 결과에서 전통적인 쟁점의 경우 정책에 따른 후보자 선택이 좀더 두드러지게 나타났다는 것이다.

이러한 차이는 선거가 진행됨에 따라 후보자들이 좀더 적극적으로 자신의 정책 입장에 대한 선명성을 부각시키려 했기 때문일 수 있다. 예를 들어, 선거 기간 동안 홍준표 후보는 복지와 성장과 관련된 쟁점들에서 자신의 입장을 명확하게 표현하고 여타 후보들과의 대립각을 선명하게 세웠다. 홍준표 후보가 대북정책이나 복지정책에 있어 선명성을 부각시킬 수 있었던 까닭은 이 쟁점이 어떻게 유권자의 지지를 가를 것이며, 어떻게 자신에게 영향을 미칠 것인가를 경험적으로 분명하게 판단할 수 있었기 때문일 것이다.

반면, 새로운 쟁점에서 사전 조사에 비해 사후 조사 결과에서 정책 선호에 따른 후보자 선택의 차별성이 감소하였다는 것은 새로운 쟁점이 가진 특징에 기인할 수 있다. 새로운 쟁점은 때로 복잡한 양상을 보일 수 있다. 즉, 전통적인 쟁점에 비해 후보자들은 상대적으로 새로운 쟁점과 관련하여 어떤 유권자들이 어떠한 선호를 가지고 있으며, 이 선호가 후보자 선택에 있어 얼마나 가변적인지, 혹은 그 영향력의 크기가 어느 정도인지 판단하기 쉽지 않을 것이다. 이러한 상황에서 후보자들은 전략적으로 명확한 입장 표명 대신 모호한 위치를 취할 가능성이 있다. 물론, 새로운 쟁점이 가진 복잡성도 이러한 후보자들의 입장 표명에 영향을 미칠 수 있다. 예를 들어, 이번 선거에서 부각된 사드 배치 문제는 상대적으로 새로운 쟁점이었으며, 복잡한 내용의 쟁점이었다. 실제로 설문조사 결과를 살펴보면, 이 문제는 연령이나 성별, 고향, 직업 등 기본적인 유권자들의 특징에 따라 찬반이 명확하게 갈리는 쟁점이 아니었다.

유권자들 역시 선거가 진행됨에 따라 좀더 손쉽게 후보를 선택할 수 있는 기준으로 새로운 쟁점보다 전통적인 쟁점을 선택할 가능성이 높다. 전통적인 쟁점의 경우 자신이 가지고 있는 과거의 투표 경험과 정당이 가지고 있는 특징을 자신의 선호와 좀더 쉽게 연결할 수 있기 때문이다. 반면, 새로운 쟁점의 경우 유권자들은 이 쟁점에 대해 후보자들이 어떠한 위치를 점하고 있는지를 명확히 판단하기 어려울 수 있으며, 자신의 선호를 정립하는 것에도 어려움을 겪을 수 있다. 특히 앞서 지적하였듯이, 후보자들이 선거운동 기간 동안 이 쟁점에 대한 자신들의 입장을 더 모호하게 표현한다면, 유권자들이 이 쟁점을 바탕으로 후보자를 선택할 가능성은 더 낮아질 것이다.

이 연구의 결과는 유권자들의 선호가 후보자 지지와 선택에 영향을 미칠 뿐만 아니라, 쟁점에 따른 차이와 선거 전후에 따른 변화와 차이가 존재한다는 것을 보여 준다는 점에서 그 의의를 찾을 수 있다. 하지만, 설문조사의 한계로 인해 후보자의 정책 입장 위치를 측정하지 못했다는 점은 이 연구가 갖는 한계가 될 수 있다. 또한 제 19대 대통령 선거만을 분석하였기 때문에 일반화에 있어 일정 수준의 약점을 가질 수밖에 없을 것이다. 이후의 연구에서 이러한 약점을 보강할 수 있다면, 이 연구의 주장과 관련한 좀더 명확한 경험적 증거를 확보할 수 있을 것이다.

참고문헌

길정아. 2013. “제 19대 국회의원선거와 정당일체감: 유권자의 투표선택을 중심으로”, 〈한국정치연구〉 22(1), 81～108.

김성연. 2015. “정책 선호, 정책 인식, 그리고 정책 투표의 영향: 18대 대통령선거를 중심으로”, 〈의정연구〉 21(3), 70～99.

김성연 · 김준석 · 길정아. 2013. “한국 유권자들은 정책에 따라 투표하는가? 정책 선호, 정책 인식, 그리고 정책투표”, 〈한국정치학회보〉 47(1), 167～183.

이갑윤. 2002. “지역주의의 정치적 정향과 태도”, 〈한국과 국제정치〉 18(2), 155～178.

이갑윤 · 이지호 · 김세걸. 2013. “재산이 계급의식과 투표에 미치는 영향”, 〈한국정치연구〉 22(2), 1～25.

이내영. 2009. “한국 유권자의 이념 성향의 변화와 이념투표”, 〈평화연구〉

17(2), 42~72.

이한수·박진수. 2016. "이익을 기반으로 한 통일 인식과 남남갈등", 〈국가전략〉 22(4), 61~93.

장승진. 2015. "한국 유권자의 정당일체감과 투표행태: 정당 편향 유권자의 특성과 투표선택을 중심으로", 〈한국정치연구〉 24(2), 25~52.

최준영·조진만. 2005. "지역균열의 변화 가능성에 대한 경험적 고찰: 제17대 국회의원선거에서 나타난 이념과 세대균열의 효과를 중심으로", 〈한국정치학회보〉 39(3), 375~394.

Abramowitz, A. I. 1995. "It's abortion, stupid: Policy voting in the 1992 presidential election", *Journal of Politics*, *57*(1), 176~186.

Abramson, P., Aldrich, J., & Rohde, D. 1990. *Change and Continuity in the 1988 Elections*. Washington, DC: CQ Press.

Alvarez, R. M. 1998. *Information and Elections*. Ann Arbor: The University of Michigan Press.

Atkeson, L. R. 1999. "Sure, I voted for the winner!" *Political Behavior*, *21*(3), 197~215.

Campbell, A., Converse, P., Miller, W., & Stokes, D. 1960. *American Voter*. New York: Wiley.

Carmines, E. G., & Stimson, J. A. 1980. "The two faces of issue voting", *American Political Science Review*, *74*(1), 78~91.

Dilliplane, S. 2014. "Activation, conversion, or reinforcement? The impact of partisan news exposure on vote choice", *American Journal of Political Science*, *58*(1), 79~94.

Downs, A. 1957. *An Economic Theory of Democracy*. New York: Harper and Row.

Flanigan, W. H., & Zingale, N. H. 2010. *Political Behavior of the American Electorate*. Washington, DC: CQ Press.

Germond, J., & Witcover, J. 1985. *Wake Us When It's Over: Presidential Politics in 1984*. New York: Macmillan.

Iyengar, S., & McGrady, J. A. 2007. *Media Politics: A Citizen's Guide*. New York: Norton.

Klapper, J. T. 1960. *The Effects of Mass Communication*. Glencoe: Free Press.

Lazarsfeld, P. F., Berelson, B., & Gaudet, H. 1948. *The People's Choice*. New York: Columbia University Press.

Lee, H. S., Min, H., & Seo, J. K. 2016. "Legislative response to constituents' interests in new democracies: The 18th national assembly and income inequality in Korea", *Government and Opposition*, doi: 10.1017/gov. 2016. 27. 1~23.

Lewis, J. B., & King, G. 1999. "No evidence on directional vs. proximity voting", *Political Analysis*, *8*(1), 21~33.

Lewis-Beck, M. D., & Paldam, M. 2000. "Economic voting: An introduction", *Electoral Studies* 19(2/3), 113~121.

Long, S. J. 1997. *Regression Models for Categorical and Limited Dependent Variables*. London: Sage.

Merrill Ⅲ, S. 1993. "Voting behavior under the directional spatial model of electoral competition", *Public Choice*, *77*(4), 739~756.

Popkin, S. L. 1994. *The Reasoning Voter: Communication and Persuasion in Presidential Campaigns, 2nd Edition*. Chicago: The University of Chicago Press.

Rabinowitz, G., & Macdonald, S. E. 1989. "A directional theory of issue voting", *American Political Science Review*, *83*(1), 93~121.

Tomz, M., & Van Houweling, R. P. 2008. "Candidate positioning and voter choice", *American Political Science Review*, *102*(3), 303~318.

Wright, G. C. 1993. "Errors in measuring vote choice in the national election studies, 1952~1988", *American Journal of Political Science*, *371*(1), 291~316.

| 9장 |

제 19대 대통령선거와 TV토론회

지지후보 변경에 미친 효과*

강신구

1. 서론

이 글에서 우리는 2017년 5월 9일에 실시된 제 19대 대통령선거의 결과에 미친 TV토론회의 영향을 분석하고자 한다. 현대의 선거는 정당 조직의 동원에 크게 의존하던 과거의 선거운동 방식과는 달리 TV, 라디오와 같은 대중 매체(*mass media*)나 인터넷, SNS와 같은 협송 매체(*narrowcasting media*, 김형준 2004)와 같은 미디어에 유권자의 선택에 필요한 정보의 전달과 확산을 크게 의지하는 '미디어 선거'로 평가되고 있다(Gunther & Mughan 2000; Gans 2003; Meyer 2010). 이와 같은 현대 선거의 환경 속에서 후보자에 대한 정보가 어떤 매체에 의해 유권자에게 전달되는가는 유권자의 선택에 중요한 영향을 미치는 것으

* 이 글은 *OUGHTOPIA* 32권 1호에 게재된 원고를 단행본의 성격에 맞추어 약간의 수정과 표현을 가다듬은 것이다.

로 일반적으로 평가된다(김형준 2004; 이준한 2014 등). 이 중 TV를 이용한 공직선거 후보자 토론회는 비록 TV라는 매체가 가진 한계와 비교적 짧은 시간이라는 제약 등에 의해서 정치의 실체가 없는 이미지 정치만을 양산한다는 비판을 받기도 하지만(송종길 · 박상호 2009a; 정인숙 1998; Yawn & Beatty 2000), 다른 한편으로 각자 개별적인 선거운동을 전개하던 경쟁 후보들이 같은 장소에서 대면하여 비교적 대등한 조건 속에서 공약이나 정책에 대해 이른바 '진검승부'를 펼치고, 이를 시청하는 유권자들이 후보자들과 그들의 정책을 직접 비교하고 평가할 수 있는, 선거의 과정에서 흔치 않은 기회를 제공하는 유권자-후보자 간 소통의 도구라는 평가를 받기도 한다(이재묵 2017; 한국정치학회 2017; Benoit et al. 2001; Maurer & Reinemann 2006).

방송사 프로그램의 하나로 출발한 미국의 경우와 달리 한국의 선거에서 후보자 TV토론회는 국가기관인 중앙선거방송토론위원회가 주관하는 공식적인 선거과정의 하나이다.[1] 즉, 우리의 경우에 공직을 희망하는 후보자들에게 TV를 통한 공개토론은 선택이 아니라 필수의 문제이다. 우리나라의 공직선거 후보자 TV토론회는 1995년 서울시장 선거에서 처음 도입된 이후 1997년 대통령선거와 2004년 국회의원선거, 2006년 지방자치단체장선거로 확대 · 적용되었다. 공직선거 후보자 TV토론회가 도입된 지 어느덧 20년이 경과한 셈이다. 이번 2017

---

1) 현행 공직선거법은 중앙선거관리위원회에 11명 이내의 위원으로 구성되는 중앙선거방송토론위원회를 설치 · 운영할 것을 규정하며(제 8조의 7 '선거방송토론위원회'), 중앙선거방송토론위원회는 대통령선거의 경우 선거운동 기간 중에 후보자 중에서 1인 또는 수인을 초청하여 3회 이상 대담 · 토론회를 개최해야 한다(제 82조의 2 '선거방송토론위원회 주관 대담 · 토론회')고 규정한다(국가법령정보센터 홈페이지 〈공직선거법〉, 2017. 9. 13. 검색).

년의 TV토론회는 대통령선거로는 다섯 번째에 해당하는 것으로, TV토론회는 이제 한국의 선거과정에서 빼놓을 수 없는 주요한 요소로서 인정받고 있다.

선거운동의 과정에서 후보자들은 다양한 수단을 통하여 정책과 다른 후보와의 차별성을 유권자들에게 전달하고자 노력하지만, 경쟁하는 후보들이 같은 자리, 동일한 조건 속에서 후보들의 자질과 정책을 직접 비교·평가할 수 있는 기회를 유권자들에게 제공하는 정치 수단은 후보자 토론회가 거의 유일하다고 할 수 있다. 그러하기에 대통령선거를 포함한 중요한 선거에서 후보자 TV토론회는 매번 유권자들의 높은 관심을 받아왔다. 후보자 TV토론회가 대선 과정에서 처음 도입되었던 1997년 제 15대 대선에서 53.2%라는 높은 시청률을 보인 이후, 후보자 TV토론회에 대한 관심은 약간의 부침(浮沈)을 보이기도 했지만 그래도 매번 높은 수준의 관심 속에서 후보자 TV토론회는 실시되었으며, 2012년 제 18대 대선 이후에는 그 관심의 정도가 이전의 수준을 회복하여 더욱 확대되는 모습을 보인 것으로 보고되었다(한국정치학회 2017, 3~11). 특히 이번 2017년의 제 19대 대선은 헌정사상 유례없는 현직 대통령의 임기 중 탄핵에 따라 예정보다 7개월가량 앞당겨 치러진 조기 대선이었기에, 유권자들이 후보자들을 속속들이 알 수 있는 기간이 짧아 후보자들의 자질과 정책에 대한 정보 전달의 매개체로서 TV토론회에 대한 관심은 역대 그 어느 때보다 높을 것으로 예상되었고, 실제로도 그러하였다.

달라진 정보통신 환경의 변화는 후보자 TV토론회의 중요성을 더욱 제고시키는 것으로 평가된다. 그것은 후보자 TV토론회가 생방송 시간의 일회성 이벤트로 끝나는 것이 아니라, 인터넷과 SNS 등을 통해서 지속적으로 재생산되고 공유・확산되는 모습을 보이기 때문이다. 이번 제19대 대선의 과정에서도 중앙선거방송토론위원회가 주관한 첫 후보자 토론회였던 4월 23일 토론회는 시청률 조사 전문기관인 AGB 닐슨 기준 공식시청률이 38.5%를 기록하는 데 그쳤지만, 중앙선거방송토론위원회가 후보자 토론회의 효과를 분석하기 위하여 한 연구기관에 의뢰하여 실시한 설문조사에 의하면, TV채널 이외에 SNS나 인터넷 동영상을 통하여 토론회를 시청한 유권자 또한 조사대상자의 16% 수준에 이르는 것으로 나타난다. 특히 정치현상에 상대적으로 무관심하지만 뉴미디어를 통한 소통에 익숙한 것으로 알려진 19세 이상의 20대 유권자 중에서 이런 뉴미디어를 통해서 토론회를 시청한 비율은 44% 수준에 이르는 것으로 연구보고서는 밝혔다(한국정치학회 2017).

이처럼 중요한 공직선거를 앞두고 경쟁하는 후보자들이 한자리에 모여 서로의 정책과 비전을 겨루는 후보자 TV토론회는 한국에서 하나의 중요한 공식적 선거 과정의 하나로서 제도적으로 정착되어 왔고, 그에 대한 관심과 중요성에 대한 인식은 유권자와 후보자 모두에게 공유되고 증대되어 왔다. 이에 따라 TV토론회에 대한 연구 또한 정치학자, 언론정보학자, 커뮤니케이션 전공자 등에 의해서 활발하게 전개되어 왔다(이재묵 2017). 하지만 이렇게 축적된 연구 속에서, 정작 후보자 TV토론회가 유권자의 실제적인 투표행태와 선거의 결과에 미친 영향에 대한 연구는 여전히 제한적이며, 그 제한적인 연구에서조차 효과는 논쟁적이다.

즉, 후보자 TV토론회 자체의 공정성・유용성 등에 대한 인식과 그 효과에 대한 연구는 활발히 진행되어 왔지만, 연구의 대상이 되는 효과는 주로 정치에 대한 관심, 효능감(*efficacy*), 정치냉소주의(*cyni-cism*), 정치지식 수준(*political knowledge*), 그리고 주로 이들 변수들에 의해 매개되는 투표참여 의도 등이 주를 이루었으며(예를 들어 송종길 · 박상호 2009a; 이재묵 2017; 한국정치학회 2017), 후보자 토론회를 통해 형성된 유권자의 후보자에 대한 평가가 유권자의 실제적인 투표선택에 미친 영향에 대한 연구는 정작 드물게 이루어졌던 것이다(송종길 · 박상호 2009b).

또한 이렇게 드물게 이루어진 연구에서도 그 실제적인 효과, 즉 후보자 TV토론회 시청이 유권자의 후보에 대한 평가와 태도에 변화를 가져오고 이것이 결국 투표선택으로 이어졌는가에 대해서는, 그렇지 않다는 부정적인 결과가 오히려 더 지배적이다. 즉, 후보자 토론회 시청이 유권자의 태도 변화를 가져오지는 못했으며(McKinney & Warner 2013 등), 설혹 유권자의 태도에 변화를 가져왔다 하더라도 그것은 오히려 기존의 지지 성향을 강화하는 경향을 보이는 데 그쳐 선거의 결과를 바꾸지는 못한다는 것이다(양승찬 1999; 이준웅 1999; 한정택 외 2013; Benoit & Hansen 2004 등). 비록 흥미로운 주장이며 발견이지만 증대하고 있는 후보자 TV토론회에 대한 관심과 중요성에 비추어서는 역설적인 함의를 가지는 것이다.

이 글에서 우리는 이번 19대 대선 과정에서 실시된 후보자 TV토론회의 영향과 관련하여 바로 이 부분에 주목하고자 한다. 즉, 후보자 TV토론회 시청이 유권자의 후보에 대한 평가에 어떤 변화 혹은 영향을 미쳤는지, 그리고 이러한 유권자의 평가가 실제 투표에서의 후보자 선택에는 어떤 영향을 미쳤는지가 이 연구의 핵심적인 연구 질문이다. 이에 답하기 위하여 우리는 2017년 5월 제 19대 대통령선거를 전후하여 동아시아연구원(EAI)에 의하여 수집된 2017년 대선 패널조사 자료를 활용한 분석을 수행할 것이다.

TV토론회에 대한 유권자와 후보자의 증대되는 관심과 중요성에 대한 인식에도 불구하고, 정작 그 효과에 대한 연구가 제한적이고 논쟁적인 것은 연구디자인과 방법론의 어려움으로부터 기인한 것일 수 있다. TV토론회의 영향에 대한 기존 연구들의 대부분은 선거 이후의 한 시점에 수집된 횡단면 자료(*cross-sectional data*)에 의존하는 경우가 많았다. 이들 연구들은 변수의 적절한 구성과 조작화를 통해서 과학적 엄밀성을 추구하였지만, 이와 같은 자료의 한계상 변수들 간의 인과적 관계를 밝히는 것에는 어려움을 겪을 수밖에 없다. 즉, 예를 들어 이러한 횡단면 자료의 분석을 통하여 TV토론회의 시청 여부 혹은 빈도수와 투표참여 혹은 특정 후보의 선택 사이에 상관성을 밝혀낸다 하더라도 이 상관성이 전자가 후자의 원인으로 작용한 결과인지, 그 역방향의 결과인지, 그도 아니면 제 3의 변인에 둘 모두가 영향을 받은 것인지를 구별하는 것이 매우 힘들다는 것이다. 물론 패널자료(*panel data*)라 하더라도 통계학적인 분석 기법의 한계상 이러한 어려움으로부터 자유로울 수는 없겠지만, 횡단면 자료에 의존하는 것보다는 인과성의 규명에 있어서 더 나은 대안이라는 것을 부정하기는 어렵다.

본문의 분석으로 넘어가기에 앞서 마지막으로 제 19대 대통령선거의 특징 중에서 이 글의 분석 대상인 TV토론회의 영향과 관련하여 중요한 함의를 가진 특징에 대해서 언급하고자 한다. 먼저 앞에서도 잠시 언급하였듯이, 제 19대 대선은 대한민국 헌정사상 최초로 현직 대통령이 임기 중 탄핵됨에 따라 예정보다 앞당겨 치러진 조기 대선이었기에, 정치와 선거에 대한 관심은 역대 어느 선거보다 컸지만 후보에 대한 검증 기간은 짧을 수밖에 없었다. 이에 따라 후보자에 대한 정보를 획득하고 후보자의 정책과 자질을 비교·평가할 수 있는 정보원(情報源)으로서 후보자 TV토론회의 역할이 클 수밖에 없었다. 다음으로 역대 한국 대선에서 일반적으로 이루어져 왔던 후보 단일화가 이루어지지 않으면서 후보자 토론회 참여 기준[2]을 충족하는 후보자만 해도 5명에 달하는 다당 경쟁구도 속에서 제 19대 대선을 치렀다는 점이다. 이는 비교적 뚜렷한 양강 대결구도 속에서 치렀던 역대 대선과는 다른 점이다.[3]

선거의 결과에 미치는 TV토론회의 영향과 관련하여, 이와 같은 다당 경쟁구도가 양당 경쟁구도와 비교하여 어떤 차별성을 가질 것인가에 대해서는 많은 고민과 연구가 이루어져야 하겠지만, 일반적으로 다당 경쟁구도에서는 양당 경쟁구도에 비해서 후보에 대한 정보가 유권자들에게 골고루 잘 알려져 있지 않을 가능성이 크고, 이에 따라 선거의 결과를 미리 예측하기가 더 어렵고(불확실성), 따라서 후보자와 유권자 수준의 전략적 조율(*strategic coordination*, Cox 1997)의 필요성·

2) 공직선거법은, 대통령선거의 경우 ① 국회에 5인 이상의 소속의원을 가진 정당이 추천한 후보자, ② 직전 대통령선거, 비례대표 국회의원선거, 비례대표 시·도의원선거 또는 비례대표 자치구·시·군의원 선거에서 전국 유효투표 총수의 100분의 3이상을 득표한 정당이 추천한 후보자, ③ 중앙선거관리위원회 규칙이 정하는 바에 따라 언론기관이 선거기간 개시일 전 30일부터 선거기간 개시일 전일까지의 사이에 실시하여 공표한 여론조사 결과를 평균한 지지율이 100분의 5이상인 후보자 중 어느 하나의 요건에 해당하는 후보자를 대담·토론회에 초청할 것(제 82조의 2, '선거방송토론위원회 주관 대담·토론회')을 규정한다.

3) 예외적으로 지난 2007년의 제 17대 대선의 후보자 토론회에 정동영, 이명박, 권영길, 이인제, 문국현, 이회창 후보(기호 순)가 3차에 걸친 후보자 토론회에 참여한 바 있다.

유용성이 더 크다고 할 수 있을 것이다. 이러한 조건들은 TV토론회가 유권자의 선택에 영향을 미치기 좋은 조건으로 알려져 있다.[4]

결국 제19대 대선의 이러한 특징적인 성격이 후보자 TV토론회가 유권자들의 후보에 대한 선호를 변화시키고 이에 따라 선거의 결과를 바꾸는 효과가 실재한다면, 이번 대선은 이를 검증하기에 우호적인 조건을 제공하는 것이다. 한편으로 이는 연구의 한계에 해당하는 것이지만, 또 다른 한편으로 그 동안의 연구에서 TV토론회에 대한 관심과 기대와는 달리 그 효과가 입증되지 않아 왔다는 점에서 비록 우호적인 구조적 조건 속에서지만 그 영향이 드러난다면 TV토론회의 역할과 영향에 대한 새로운 시각과 관심을 불러일으킬 수 있을 것이며, 나아가 변화하는 선거정치의 환경 속에서 TV토론회의 역할을 재조명할 수 있는 기회를 제공할 것이다.

이어지는 글의 구성은 다음과 같다. 2절에서는 먼저 TV토론회의 영향과 효과에 대한 기존 문헌을 검토하고 그 과정에서 이 연구에서 검증하고자 하는 연구가설을 이론적으로 도출하고자 한다. 뒤이어 3절, 경험적 검증의 부분에서는 먼저 연구에 활용되는 2017년 대선 패널조

---

4) 비록 기존 연구의 대부분은 TV토론회 시청이 대다수 유권자의 후보에 대한 선호에 변화를 가져오지 못하는 것으로 보고했지만, 일부 연구는 TV토론회에 조금 더 민감하게 반응하는 유권자가 있음을 주장했다. 지지후보가 미리 결정되어 있지 않으며, 그러기에 후보들에 대해서 갈등하는 유권자가 그들이다. 이에 기반을 두어 채피(Chaffee 1978)는 TV토론회가 유권자의 후보 선호, 나아가 선거 결과를 바꿀 가능성이 높은 조건으로 ① 최소한 한 명의 후보자가 상대적으로 잘 알려져 있지 않고(*unknown*) ② 많은 유권자들이 누구에게 투표할지를 결정하지 않았고(*undecided*) ③ 경쟁이 접전(*close race*)이고 ④ 정당에 대한 충성도가 약할 때(*weak party allegiances*)를 제시하였다(McKinney & Warner 2013).

사 자료를 간략히 소개하고, 연구가설에 대한 양변인, 다변인 분석의 결과를 순차적으로 제시할 것이다. 그리고 마지막 4절에서는 분석 결과가 가진 함의를 논하면서 글을 맺고자 한다.

2. TV토론회의 영향에 대한 기존 연구의 검토 및 연구가설의 도출

역사적인 1960년 미국 대통령선거의 닉슨-케네디 토론 이후, 그리고 우리의 경우 1997년 제 15대 대통령선거에서 처음으로 법제화된 이후, 공직후보들 간의 TV토론회는 선거운동의 중요한 한 과정으로 자리 잡아 왔으며 그 효과에 대한 연구 역시 정치학, 언론학 등의 영역에서 활발하게 축적되어 왔다.[5] TV토론회의 효과에 대해 연구하는 학자들은 특히 TV토론회의 정보 전달 매체로서의 역할에 주목한다.

즉, 현대의 민주주의 이론들은 합리적인 유권자가 양질의 정보에 기반을 두고 경쟁하는 후보들의 자질과 정책을 꼼꼼히 비교·평가하여 누구에게 투표할지를 결정할 것을 기대하는데, 과연 누가 더 나은 후보인가를 판단하기 위해 필요한 정보를 모으는 것은 일반적인 소양과 관심을 갖춘 유권자에게도 결코 쉬운 일은 아닐 것이다. 이와 같은 정보 획득에 소요되는 비용은 심지어는 투표 자체에 참여하는 것을 억제하는 요인으로 작용하기도 한다(Riker & Ordeshook 1968). 이러한

5) 한국의 경우에 TV토론회의 형식과 공정성 등과 같은 제도개선과 관련한 규범적 연구들 또한 TV토론회 관련 연구의 중요한 한 부분을 구성한다. 이에 대해서는 이재묵(2017), 한국정치학회(2017) 등 참조.

상황에 처한 유권자들에게 중요 공직후보자들이 한자리에 모여 벌이는 TV토론회 시청은 판단에 필요한 정보를 매우 적은 비용으로 얻을 수 있는 수단이 될 수 있다. 이러한 정보 전달과 획득의 수단으로서의 TV토론회의 효과에 주목하는 연구자들은 TV토론회를 시청한 유권자들이 그렇지 않은 유권자들에 비하여 선거의 쟁점과 쟁점에 대한 후보들의 입장에 대한 이해도, 즉 정치 지식(*political knowledge*)의 수준이 높고(이재묵 2017; 이준웅 1999; 한정택 외 2013; Benoit & Hansen 2004), 스스로가 가진 정치 지식에 대한 신뢰와 효능감[6]의 수준이 높으며, 반대로 정치에 대한 냉소주의(*political cynicism*)의 수준은 낮으며, 결과적으로 높은 수준의 선거관심도에 기반을 둔 투표참여율의 차이를 보여 준다는 결과를 발표했다(송종길·박상호 2009a; 2009b; 이재묵 2017; 한정택 외 2013; Benoit & Hansen 2004; McKinney & Warner 2013 등).

비록 TV토론회 시청이 유권자의 정치 정보의 수준, 정치적 효능감, 선거관심도, 투표참여율 등에 미치는 효과가 유권자의 인구사회학적 특성과 정당 지지 성향 등을 통제하는 경우에는 제한적이라는 연구의 결과도 있지만(양승찬 1999; Drew & Weaver 1998; Maurer & Reinemann 2006), TV토론회 시청이 투표율의 상승과 이와 연계된 제반 매개변수들에 긍정적인 역할을 한다는 데에는 연구자들 사이에 대체로 광범위한 합의가 존재한다.[7] 그러나 투표율 등과 관련한 TV토

---

6) 카이드 등(Kaid et al. 2007)은 이를 '정치 정보 효능감'(*political information efficacy*)으로 개념화하였다. 송종길과 박상호(2009a)는 17대 대선에서 TV토론회 시청이 유권자의 정치 정보 효능감을 높이는 효과가 있음을 보였다.

7) 다만 앞에서도 언급하였듯이, 이들 변수들이 TV토론회 시청의 결과로서 작용하는

론회의 이러한 역할은 일종의 공공재(*public goods*)와도 같은 것이다. 즉, 특정한 후보에게 배타적 이익이 돌아가는 것이 아니라, 전반적인 민주시민 의식 및 역량의 상승과 관련된 것이다. 정작 TV토론회 시청이 유권자가 누구에게 투표할 것인지에 대한 의도를 변화시킬 수 있는가에 대해서 연구자들은 다음에 인용하는 홀브룩의 언급처럼 대체로 회의적이다(이재묵 2017; 한정택 외 2013; Benoit et al. 2001; 2003; Holbrook 1996; McKinney & Carlin 2004 등).

> 대부분의 TV토론회 시청자들의 인식은 그들의 토론 전 정치적 입장(*political predisposition*)에 채색되어 있다. … 그들이 어떤 후보를 TV토론회의 승자로 생각하는가를 가장 잘 맞출 수 있는 단 하나의 예측자는 그들의 토론 전 지지후보(*predebate vote choice*)이다.
>
> —Holbrook 1996, 114, McKinney & Warner 2013 재인용.

즉, TV토론회의 시청자들이 시청 결과를 투표선택에 반영할 때, 결국은 어떤 후보가 더 나은 토론을 벌였는가, 다시 말해 누가 TV토론회의 승자인가에 대한 평가를 바탕으로 누구에게 투표할지를 결정하게 되는데, 문제는 이러한 평가 자체에 이미 유권자의 정치적 입장과 선입견이 반영된다는 것이다. 이러한 반응은 인간이 기존에 가지

것인지 아니면 반대의 결과인지에 대해서는, 예를 들어 선거관심도가 높은 유권자일수록 TV토론회를 꼼꼼히 챙겨 시청하는 것인지에 대해서는 논란의 여지가 있다. 그러나 맥키니와 워너(McKinney & Warner 2013)는 전국 단위 공동연구의 일환으로 여러 학생들을 한자리에 모아 공동으로 TV토론회를 시청하게 하고, TV토론회 시청 직전과 직후에 설문조사를 하는 실험적 방법을 통하여 TV토론회 시청이 선거관심도와 정치 정보 효능감의 증진, 냉소주의의 감소 등에 긍정적인 작용을 함을 보인 바 있다.

고 있던 입장에 대해서 모순되는 정보는 본인 스스로도 모르게 평가절하함으로써 심리적 균형(*psychological balance*)을 맞추려는 경향이 있다는 사회심리학 이론으로 설명될 수 있을 것이다.[8] 나은영 등(2003)은 이와 유사하게 유권자들이 선거 기간에 TV토론회나 연설을 시청할 때, 자기가 좋아하는 후보자가 나오면 채널을 고정시키고, 싫어하는 후보가 나오면 채널을 돌려버리는 '선택적 노출'의 모습을 보이고, 어쩔 수 없이 시청하게 될 때에는 좋아하는 후보의 말은 경청하고 싫어하는 후보의 말은 주의를 기울이지 않는 '선택적 집중'의 양상을 보이며, 최종적으로는 좋아하는 후보의 말은 지지하고, 싫어하는 후보의 말은 부정하거나 평가절하하는 '기존 신념의 강화'라는 양상이 나타난다고 설명한다.

그러나 이런 기존 연구 결과를 근거로 이번 19대 대선에서 TV토론회의 영향이 유권자들의 투표선택에 미치는 영향이 제한적일 것이라고 예상하는 것은 어쩌면 너무 성급한 판단일 수 있다. 그것은 이번 19대 대선이 미국의 대통령선거와도, 그리고 민주화 이후 한국의 역대 대통령선거와도 매우 다른 상황 속에서 치른 선거이기 때문이다. TV토론회 시청이 투표선택에 미치는 영향이 제한적이라는 연구의 결과들은 토론 전 미리 형성된 후보자들에 대한 이미지, 선입견 등을 전

---

8) 이는 인간이 가지고 있는 인지적 요소들(태도, 의견) 간 혹은 이러한 인지적 요소와 행위, 결과 등이 불일치하거나 모순되는 상황이 발생할 때, 심리적 긴장현상을 경험하게 되며 이를 해소하기 위해 불일치하는 태도나 행동 중 어느 한 쪽을 변화시키게 된다는 인지부조화(*cognitive dissonance*) 이론과 일맥상통한다(Beaseley & Joslyn 2001). 강신구(2013)는 인지부조화론을 이용하여, 제 18대 대선 당시에 유권자들이 생각하는 스스로의 이념 성향과 후보자들의 이념 성향이 단기간 동안에 변화하는 양상이 있음을 보여 주었다.

제로 한다. 미국 대선의 경우 두 거대 정당의 후보가 면대면(*face to face*)으로 대면하는 TV토론회는 대체로 11월의 대선을 채 두 달도 남겨 두지 않은 9월 말 무렵에 이루어진다.[9] 그러나 각 정당의 공식 대통령 후보로 지명받기 위한 예비선거(*primary election*)를 포함한 후보들의 선거운동은 대통령선거 훨씬 이전부터 — 심지어는 몇 해 전부터 — 시작된다고 볼 수 있다. 이처럼 오랜 기간을 통해서 형성된 후보에 대한 유권자의 입장이 100분 남짓 실시되는 TV토론회에 의해서 쉽게 변화되기를 기대하는 것은 애초부터 무리일 수 있다. 그러나 이는 거꾸로 TV토론회의 효과는, 그것이 있다면, 선거운동의 후반부보다는 전반부에 좀더 크게 나타날 수 있다는 것을 아울러 의미한다. 실제로 홀버트와 그의 동료들의 연구는 이러한 예상을 뒷받침하는 결과를 보여 주었다(Holbert et al. 2002). 유사한 맥락에서 맥키니와 워너는 TV토론회의 효과가 11월의 본선거를 앞두고 행해지는 것(*general election debates*)보다 각 당의 후보를 결정하는 예비선거를 앞두고 행해지는 것(*primary debates*)에서 더 크게 나타남을 보여 주었다(McKinney & Warner 2013).

TV토론회의 효과가 본선거보다 예비선거에서 크게 나타난다는 맥키니와 워너의 연구 결과는 또 다른 함의를 제공한다. 그것은 본선거의 TV토론회는 양자 구도로 이루어지지만 예비선거의 TV토론회는 다자 구도로 이루어진다는 것이다. 다른 모든 조건이 동일하다면 TV토론회 시청 후 발생한 유권자의 후보에 대한 평가의 작은 부분이 투표선택의 변화로 실제 이어지게 될 가능성이 다자 구도의 경우가 더

9) 2016년 11월 8일의 미국 대선을 앞두고 1차 TV토론회는 9월 26일 실시되었다.

클 수 있음을 시사하는 결과로 해석할 수도 있는 것이다. 앞에서도 언급한 바 있듯이 이번 한국의 19대 대선은 예정보다 앞당겨 치러짐으로써 후보에 대해 유권자가 입장을 형성할 기간이 충분하지 않았다는 점과 다당 경쟁구도로 이루어졌다는 점에서 TV토론회 시청이 유권자의 투표선택에 유의미한 영향을 미치기에 유리한 조건을 갖추었다고 할 수 있다. 이에 우리는 이번 2017년 5월 9일 실시된 19대 대선을 전후하여 수집된 2017년 대선 패널조사 자료를 활용하여 다음의 연구가설을 경험적으로 검증하고자 한다.

가설 1 : TV토론회 시청 후, 후보의 TV토론회에 대해서 긍정적으로 평가할수록 후보에 대해 투표할 확률이 높아질 것이다.

가설 1a: TV토론회 시청 후, 후보의 TV토론회에 대해서 긍정적(부정적)으로 평가할수록 지지후보를 변경하지 않을(변경할) 가능성이 클 것이다.

가설 2 : TV토론회 시청 전 지지후보에 대한 호감도가 높을수록(낮을수록) 후보의 TV토론회 실적에 대한 평가가 긍정적(부정적)일 것이다.

연구가설 1과 2는 TV토론회가 실제 투표에서 후보에 대한 선택으로 이어지기 위해서는 TV토론회에서 보여 준 후보자의 자질과 정책에 대한 평가(*evaluation*)가 매개되어야 한다는 입장을 반영하는 것이다. 특히 연구가설 2와 관련하여 단순히 후보에 대한 호감도가 아니라 '지지하는 후보'에 대한 호감도로 표현되어 있음을 유의할 필요가 있다. 이는 TV토론회 시청이 유권자가 후보에 대해서 가지고 있는 기존의 입장을 단순히 강화하는 것만이 아니라, 유권자가 후보에 대해서 기존에 가지고 있는 이미지와 입장을 포괄적으로 대표하는 호감도(*feeling thermometer*)를 매개로 해서, 이러한 호감도가 강할수록 새로운 정보를 후보에 대한 평가와 선택에 반영할 가능성이 낮지만 반대로 이러한 호감도가 약할수록 새로운 정보에 보다 민감하게 반응할 것이라는 양방향적인 기대를 담고자 한 것이다.

또한 연구가설 1의 경우에 종속변수가 후보에 대해 투표할 확률로 작성되어 있는데, 이를 실제의 분석에 적용할 경우 후보자 토론회 참석 기준을 충족한 후보만 다섯 명에 이를 정도로 난전의 형태를 보인 이번 선거의 특성에 따라, 다섯 명 후보 각각에 대해 투표했는가의 여부를 묻는 다섯 개의 더미변수(*dummy variables*)를 각각의 종속변수로 하는 이항(*binomial*) 로짓이나 프로빗 분석을 수행하거나 여러 개의 카테고리(*categories*)를 가진 하나의 다항(*multinomial*) 로짓, 프로빗 분석을 수행해야 한다. 이는 결과의 도출은 물론이거니와, 도출된 결과를 해석하는 것을 불필요하게 어렵게 할 수 있다. 이러한 고려에 따라 연구가설 1은 패널데이터의 장점을 살려 TV토론회 시청 전 실시된 조사에서 밝힌 후보에 대한 지지 의사가 선거 이후—즉, TV토론회 시청 후— 실시된 조사에서 밝힌 실제 투표한 후보로 연결되었는가를 묻는 형태의 대안가설로 다시 작성되었으며, 이후 본문의 분석, 특히 다변인 분석에서는 이를 검증의 대상으로 삼을 것이다.

3. 투표선택 변화에 미친 TV토론회의 영향에 대한 경험적 분석

위의 연구가설을 검증하기 위하여, 동아시아연구원(EAI)의 주관으로 한국리서치에 의해 실시·수집된 2017년 대선 패널조사 자료를 활용할 것이다. 선거 전 실시된 1차 조사는 4월 18일부터 20일까지 사흘간에 걸쳐서 지역별·성별·연령별 비례할당추출의 비율에 따라 유·무선 전화번호 임의추출 방식(*Random Digital Dialing*)과 한국리서치의 액세스패널을 병합하여 표집·선정된 1,500명의 유권자에 대한 전화면접 조사로 진행되었으며, 선거 직후 실시된 2차 조사는 1차 조사의 응답자를 대상으로 5월 11일부터 14일까지 사흘간에 걸쳐서 역시 전화면접 조사의 방식으로 진행되었다. 1·2차 조사에 모두 답한 응답자는 최종적으로 1,157명으로 집계되었다.

본격적인 분석에 앞서, 표집된 표본의 대표성과 신뢰도를 확인하는 작업이 필요할 것이다. 다음의 〈표 9-1〉은 2차 조사에 포함된 "선생님께서는 5월 9일 대통령선거에서 투표를 하셨나요?", (투표했다면) "다음 후보들 중에서 누구에게 투표하셨습니까?"라는 두 개의 질문에 대한 응답의 분포와 중앙선거관리위원회 선거통계시스템에서 확인한 실제의 투표율, 각 후보별 득표율을 비교하여 보여 준다.

〈표 9-1〉의 내용은 (인정하고 싶지는 않지만) 2017년 EAI 대선 패널조사 자료가 그다지 좋은 표본은 아님을 시사하고 있다. 우선 실제의 투표율이 77.2% 수준임에 반하여 표본의 투표율은 98.53%의 높은 비율로 응답자들이 투표에 참여했다고 응답했다. 실제의 투표율보다 표본조사의 투표율이 높은 것은 일반적인 현상이고, 특히 선거를 전

〈표 9-1〉 표본과 실제의 투표율 · 득표율 비교

투표참여 여부	표본		실제(%)
	(명)	(%)	
투표	1,140	98.53	77.2
사전투표	449	38.81	26.1
당일투표	691	59.72	51.1*
기권	17	1.47	22.8
계	1,157	100.00	100.0*
선택 후보	표본		실제(%)
	(명)	(%)	
문재인	614	53.86	41.08
홍준표	174	15.26	24.03
안철수	185	16.23	21.41
유승민	79	6.93	6.76
심상정	67	5.88	6.17
기타	14	1.23	
모름/무응답	7	0.61	
계	1,140	100.00	

주: * 거소 · 선상투표, 재외국민투표의 투표율을 제외한 당일투표의 투표율을 정확히 산출하기 어려워 19대 대선 전체 투표율에서 사전투표율을 제한 값을 기입함.

출처: 실제 투표율의 경우, 중앙선거관리위원회 선거통계시스템(http://info.nec.go.kr); 2017년 EAI 대선 패널조사.

후하여 실시되는 패널조사의 경우, 선거 전 조사에 의한 일종의 학습 효과로 인하여 일반적인 표본조사의 경우보다 높은 수준의 투표율을 보이는 것이 일반적인 것이긴 하지만, 이를 감안한다 하더라도 이 정도 수준의 투표율은 예외적으로 높은 수준임을 부인하기는 어렵다. 각 후보의 표본과 실제의 득표율 차이도 비슷한 결과를 보여 준다. 문재인 후보의 실제 득표율은 41.08% 수준을 기록했지만, 표본의 득표율은 53.86%로 매우 큰 격차로 높게 나타난다. 이러한 차이는 홍준표, 안철수 후보의 경우에서도 발견된다. 결국 이러한 〈표 9-1〉의 결과는 2017년 EAI 대선 패널조사에 포함된 응답자 표본이 대표적(*rep-resentative*)인 것이지 않다는 것을 의미하며, 비록 투표율과 득표율에 있어서 표본과 실제가 보여 주는 차이가 표본의 차이에 의한 것인지, 아니면 잘못된 응답(*false reporting*)에 의한 것인지 확인하는 것이 쉽지 않기에 신뢰도에 대해서 단정 지어 말하는 것은 힘들지만, 앞으로의 결과 해석에 있어서 각별한 주의를 필요로 한다는 것을 의미한다.

앞서 밝힌 바와 같이 이 연구는 연구가설이자 작업가설로서 패널데이터의 장점을 살려서, 선거 전 조사에서 밝혔던 후보의 지지가 실제 후보에 대한 투표선택으로 연결되는 과정에서 TV토론회 시청과 이를 통해 형성되는 유권자의 후보에 대한 평가에 주목한다. 이를 살펴보기 위해서 선거 전에 실시된 1차 조사에 포함한 "내일이 대통령선거일이라면, 다음 사람들 중에서 누구에게 투표하시겠습니까?"라는 물음에 대한 응답과 실제 투표에서의 후보선택의 관계를 살펴볼 필요가 있다. 다음의 〈표 9-2〉와 〈표 9-3〉은 그 결과를 보여 준다. 〈표 9-2〉는 1차 조사에서 각 후보에 대한 지지의사를 밝힌 응답자 집단별로 실제 투표한 후보들의 빈도수와 비율을 보여 준다. 〈표 9-2〉에서 음영으로 표시된 집단은 1차 선호가 실제 투표에서 그대로 유지된 경우를 의미한다. 그리고 〈표 9-3〉은 그 외에 해당하는 집단들, 즉 지지후보가 변경된 경우(1차 선호로부터의 이탈)를 1차 선호별로 모아서 보여 준다.

〈표 9-2〉와 〈표 9-3〉을 통해서 우리는 특히 1차 조사에서 안철수, 심상정 후보에 대한 선호를 표명하였던 응답자들이 실제 투표에서는 다른 후보를 선택하는 경우가 많았음을 알 수 있다. 안철수 후보에 대한 지지를 표명했던 집단은 55.89%, 심상정 후보에 대한 지지를 표

〈표 9-2〉 1차 선거 전 조사의 선호 후보와 실제 투표한 후보의 차이

		실제 투표한 후보[2]							
		문재인	홍준표	안철수	유승민	심상정	기타/모름/무응답	기권	계
1차 선거 전 조사 선호 후보[1]	문재인	469 (89.85)	4 (0.77)	7 (1.34)	13 (2.49)	22 (4.21)	3 (0.57)	4 (0.77)	522 (100.0)
	홍준표	4 (5.48)	65 (89.04)	1 (1.37)	1 (1.37)	0 (0.00)	1 (1.37)	1 (1.37)	73 (100.0)
	안철수	65 (19.64)	69 (20.85)	146 (44.11)	28 (8.46)	11 (3.32)	6 (1.81)	6 (1.81)	331 (100.0)
	유승민	5 (14.71)	4 (11.76)	3 (8.82)	21 (61.76)	1 (2.94)	0 (0.00)	0 (0.00)	34 (100.0)
	심상정	21 (39.62)	1 (1.89)	2 (3.77)	3 (5.66)	24 (45.28)	1 (1.89)	1 (1.89)	53 (100.0)
	기타	6 (25.00)	3 (12.50)	6 (25.00)	0 (0.00)	2 (8.33)	6 (25.00)	1 (4.17)	24 (100.0)
	지지후보 없음	20 (30.77)	16 (24.62)	14 (21.54)	5 (7.69)	4 (6.15)	2 (3.08)	4 (6.15)	65 (100.0)
	모름/무응답	24 (43.64)	12 (21.82)	6 (10.91)	8 (14.55)	3 (5.45)	2 (3.64)	0 (0.00)	55 (100.0)
	계	614 (53.07)	174 (15.04)	185 (15.99)	79 (6.83)	67 (5.79)	21 (1.82)	17 (1.47)	1,157 (100.0)

주: 1) "내일이 대통령선거일이라면, 다음 사람들 중에서 누구에게 투표하시겠습니까?"(1차 조사, 4월 18일~20일)라는 물음에 대한 응답값.

2) "(투표자 대상) 다음 후보들 중에서 누구에게 투표하셨습니까?"(2차 조사, 5월 11일~14일)라는 물음에 대한 응답값.

3) 괄호 안은 가로 행의 항목에 대한 백분율.

출처: 2017년 EAI 대선 패널조사.

〈표 9-3〉 1차 선호[1]로부터의 이탈자 수와 이탈률

	문재인	홍준표	안철수	유승민	심상정
1차 선호자(명)	522	73	331	34	53
1차 선호로부터의 이탈자(명)	53	8	185	13	29
이탈률(%)	10.15	10.96	55.89	38.24	54.72

주: 1) 1차 선거 전 조사에서 밝힌 선호 후보.

출처: 2017년 EAI 대선 패널조사.

명했던 집단은 비슷하게 54.72% 수준의 높은 이탈률을 보여 준다. 반면에 문재인, 홍준표 두 후보 지지자들의 이탈률은 앞의 두 집단보다 훨씬 낮은 양상을 보여 준다. 〈표 9-2〉의 결과를 함께 살펴보면, 안철수 후보에 대한 지지를 보였던 응답자들은 실제 투표선택의 단계에서 문재인(19.64%), 홍준표(20.85%) 두 후보에게 비슷한 수준으로 고르게 이탈한 반면, 심상정 후보에 대한 지지를 표현하였던 응답자들은 39.62%라는 압도적으로 높은 수준으로 문재인 후보를 실제 투표의 단계에서 선택하는 모습을 보인 것을 알 수 있다. 이는 심상정, 문재인, 안철수, 홍준표 후보 순으로 일반적으로 평가되는 우리나라의 진보-보수의 이념적 지형(*ideological space*)을 반영할 결과로 보인다. 즉, '어떤 이유'에 의해서 안철수 후보에 대한 지지를 철회한 유권자들은 이념적 거리에 따라 일부는 문재인 후보에게 일부는 홍준표 후보에게 표를 옮긴 것으로 보이며, 마찬가지로 심상정 후보에 대한 지지를 철회한 후보는 주된 대안으로 문재인 후보를 선택한 것으로 보인다. 우리의 핵심적인 문제의식은 그 '어떤 이유'가 공직후보들의 TV 토론회 시청과 어떤 관계를 얼마만큼 맺고 있는가이다.

2017년 EAI 대선 패널조사는 지지후보 변경과 관련하여, 선거 전에 실시된 1차 조사에서와 다른 선택을 실제 투표장에서 행사했다고 밝힌 응답자를 대상으로 지지후보 변경의 사유를 물어보았다.[10] 다음의 〈표 9-4〉는 그 결과를 보여 준다. 표와 관련하여 특히 주목할 부분은 유효한 응답을 한 306명의 응답자 중 가장 많은 사람들이(73명,

10) 구체적으로 질문은 "지난번에는 ○○○ 후보를 지지한다고 하셨는데, 이번에 □□□ 후보에게 투표하신 이유는 무엇인가요?"이다.

〈표 9-4〉 지지후보 변경의 사유

지지후보 변경 사유	1차 선거 전 조사 선호 후보						
	문재인	홍준표	안철수	유승민	심상정	기타	계
후보의 소속정당에 실망해서	0 (0.00)	1 (12.50)	5 (2.70)	1 (7.69)	3 (10.34)	1 (5.56)	11 (3.59)
후보의 도덕성에 문제가 있어서	2 (3.77)	1 (12.50)	0 (0.00)	0 (0.00)	0 (0.00)	0 (0.00)	3 (0.98)
후보의 국정운영 능력이 불안해서	3 (5.66)	0 (0.00)	35 (18.92)	0 (0.00)	4 (13.79)	2 (11.11)	44 (14.38)
후보의 참모나 주변 사람들이 마음에 안 들어서	2 (3.77)	0 (0.00)	9 (4.86)	0 (0.00)	1 (3.45)	2 (11.11)	14 (4.58)
후보의 정책이나 이념이 마음에 안 들어서	3 (5.66)	0 (0.00)	9 (4.86)	0 (0.00)	1 (3.45)	3 (16.67)	16 (5.23)
후보의 당선 가능성이 낮아서	0 (0.00)	1 (12.50)	43 (23.24)	8 (61.54)	13 (44.83)	1 (5.56)	66 (21.57)
상대방에 대한 비방이 심하다고 생각해서	1 (1.89)	0 (0.00)	2 (1.08)	0 (0.00)	0 (0.00)	0 (0.00)	3 (0.98)
TV토론회를 보고 실망해서	10 (18.87)	1 (12.50)	56 (30.27)	2 (15.38)	1 (3.45)	3 (16.67)	73 (23.86)
다른 후보가 더 좋아져서	11 (20.75)	1 (12.50)	9 (4.86)	1 (7.69)	2 (6.90)	1 (5.56)	25 (8.17)
기타	15 (28.30)	2 (25.00)	11 (5.95)	1 (7.69)	3 (10.34)	5 (27.78)	37 (12.09)
모름/무응답	6 (11.32)	1 (12.50)	6 (3.24)	0 (0.00)	1 (3.45)	0 (0.00)	14 (4.58)
계	53 (100.0)	8 (100.0)	185 (100.0)	13 (100.0)	29 (100.0)	18 (100.0)	306 (100.0)

주: 괄호 안은 세로 열의 항목에 대한 백분율.

출처: 2017년 EAI 대선 패널조사.

23.86%) 'TV토론회를 보고 실망해서'를 지지후보를 변경한 이유로서 지목하였다는 점이다(음영 표시). 더욱이 이탈률이 다른 후보에 비해서 높은 것으로 나타난 안철수 후보 지지자들의 경우에 가장 많은 응답자들이 안철수 후보의 TV토론회에 실망한 것을 지지후보 변경의 사유로 꼽았다. 이와 비교하여 비슷한 수준의 이탈률을 보인 심상정 후보 지지자들의 경우에는 가장 많은 응답자들이 지지후보 변경의 이유를 후보의 당선 가능성이 낮았기 때문인 것으로 지목한 것을 〈표 9-4〉를 통해서 확인할 수 있다.

이러한 〈표 9-4〉의 결과는 TV토론회 시청을 통해서 형성된 유권자의 후보에 대한 평가가 1차 조사에서의 선호 후보에 대한 지지를 변경하는 과정에서 중요한 하나의 매개변수로 작용했을 개연성을 충분히 의심하게 할 만한 것이다. 이어서는 TV토론회 시청 이후 후보에 대한 평가가 실제 투표선택과 어떻게 연결되는지, 그리고 1차 조사에서 특정 후보에게 선호를 표명했던 응답자별로 TV토론회 이후 후보에 대한 평가가 어떻게 달라졌는지 교차분석표를 통해서 순차적으로 살펴보고자 한다. 그러나 이에 앞서 후보자들의 TV토론회가 얼마나 많은 응답자들에 의해서, 그리고 얼마나 자주 시청되었는지를 확인할 필요가 있다.

이번 19대 대선 선거운동 기간에는 후보자 토론회 초청 요건을 갖춘 주요 대선후보(문재인, 홍준표, 안철수, 유승민, 심상정)를 대상으로 한 6회의 TV토론회와 초청 대상에서 제외된 군소후보 9명을 대상으로 중앙선거방송토론위원회가 주관하여 실시한 1회의 TV토론회를 포함하여 총 7차례의 공직후보자 TV토론회가 실시되었다. 주요후보 대상 토론회 중 3회는 다음의 〈표 9-5〉를 통해서 확인할 수 있는 것처럼,

〈표 9-5〉 19대 대선 5개 주요 정당 대선후보 토론회 일정

차수	일시	주관	주제	특색
1	4월 13일(목) 오후 10시	SBS · 한국기자협회		오전 10시 녹화 후 방송
2	4월 19일(수) 오후 10시	KBS		스탠딩 방식
3	4월 23일(일) 오후 8시	중앙선관위(지상파 3사 중계)	정치	스탠딩 방식
4	4월 25일(화) 오후 9시	JTBC · 〈중앙일보〉 · 한국정치학회		원탁토론 방식
5	4월 28일(금) 오후 8시	중앙선관위(지상파 3사 중계)	경제	좌식
6	5월 2일(화) 오후 8시	중앙선관위(지상파 3사 중계)	사회	스탠딩 방식

공직선거법에 의거하여 중앙선거방송토론위원회가 주관하여 각각 정치(4월 23일), 경제(4월 28일), 사회(5월 2일)의 세 주제로 나누어 실시한 것이며, 나머지는 각각 SBS·한국기자협회, KBS, JTBC·〈중앙일보〉·한국정치학회 주관으로 실시되었다. 2017년 EAI 대선 패널조사는 이렇게 총 7회(주요 초청 대상 후보만으로는 6회)의 TV토론회의 시청 여부 및 횟수와 관련하여 "선거 전 실시된 주요 대통령후보 토론회를 보셨습니까?"(시청했다는 응답자에 한하여) "대통령후보 토론회를 몇 번이나 보셨습니까?"라는 두 개의 질문을 선거 직후 실시된 2차 조사에 포함하였다. 〈표 9-6〉은 그 결과를 합산하여 하나의 표로 정리하여 보여 준다.

기존 연구들 중 일부는 단순한 TV토론회 시청 여부를 넘어서 TV토론회의 시청빈도를 독립변수로 활용하여 TV토론회의 효과를 검증하려 하였다(예를 들어 이재묵 2017; 한정택 외 2013; Lee 2016). 그러나

〈표 9-6〉 대통령 후보 TV토론회 시청 여부 및 횟수*

답변	명	백분율
시청하지도 않았고 거의 알지 못했다	34	2.94
시청하지 않았지만 언론이나 주변사람을 통해 들었다	96	8.30
1회 시청	81	7.00
2회 시청	212	18.32
3회 시청	296	25.58
4회 시청	130	11.24
5회 이상 시청	306	26.45
모름/무응답	2	0.17
계	1,157	100.00

주: * "선거 전 실시된 주요 대통령후보 토론회를 보셨습니까?" "(앞의 질문에 시청했다는 응답자에 한하여) 대통령후보 토론회를 몇 번이나 보셨습니까?" 이 두 질문에 대한 응답값.

출처: 2017년 EAI 대선 패널조사.

우리의 주된 연구가설의 경우에 TV토론회의 시청 여부를 넘어서 얼마나 많이 보았는지가 종속변수로서의 투표선택 혹은 지지후보 변경(후술), 그리고 후보자의 TV토론회 실적에 대한 평가에 선형적 혹은 점증적(*monotonic*)인 영향을 미쳤으리라고 합리적으로 예상하는 것은 힘들다.[11] 또한 서두에서 잠시 언급하였듯이, 정보통신 환경의 변화에 의하여 생방송을 놓쳤을지라도 그 내용의 전부 혹은 일부를 다양한 경로를 통하여 접하는 것 또한 가능하며, 이러한 정보의 습득 여부는 현재의 설문으로는 파악하기 어렵다. 이에 우리는 시청 여부를 묻는

11) 예를 들어 종속변수가 선거관심도나 정치 지식의 수준이라면 TV토론회 시청의 빈도가 늘어날수록 정치 지식이나 선거관심도 역시 어느 정도 증가하리라고 예상할 수 있지만, 이 경우처럼 종속변수가 후보의 TV토론회에 대한 평가인 경우 토론회 시청 빈도수가 한 번에서 두 번, 그리고 네 번에서 다섯 번 이상으로 늘어난다고 해서 특정 후보에 대한 평가가 그만큼 더 우호적이거나 부정적으로 변할 것이라고 예상하기는 어렵다.

질문에 대해서 '시청하지도 않았고, 거의 알지 못했다'는 응답자(2.94%)를 제외한 전체를 직·간접적으로 TV토론회 시청에 노출된 응답자로 상정하고, 이들을 대상으로 TV토론회의 효과를 검증하고자 한다. 〈표 9-7〉은 앞에서 밝힌 바와 같이, 직·간접적인 TV토론회 시청 이후 형성된 유권자의 후보에 대한 평가가 실제 투표선택과 어떻게 연결되는지를 교차분석표를 통해서 보여 준다. 'TV토론회 시청 전 후보에 대한 선호 → TV토론회 시청 후 후보에 대한 평가 변화 → 실제 투표선택'으로 이어지는 흐름을 역방향으로 추적하는 것임에 유의할 필요가 있다.

조금 더 구체적으로 〈표 9-7〉은 선거 직후에 실시된 2차 조사에 포함된 설문 중 "어느 후보가 (토론을) 가장 잘했다고 생각하십니까?"라는 물음에 대해 각각의 후보자를 지목한 응답자 집단별로 실제 투표시에 선택된 후보들의 분포를 보여 준다. 우선 눈여겨 볼 수 있는 것은 맨 마지막 열에 나와 있는 후보들의 TV토론회 실적에 대한 종합적인 평가의 순위이다. 이에 의하면 가장 많은 응답자들이 심상정 후보가 가장 토론을 잘했다고 평가했음을 알 수 있다. 그리고 유승민, 문재인, 홍준표, 마지막으로 안철수 후보가 뒤를 잇는다. 안철수 후보의 경우, 앞의 〈표 9-2〉에서 살펴본 것처럼 선거 전 실시된 1차 조사에서 두 번째로 많은 응답자(1,157명 중 331명)에 의해서 "내일 당장 대통령선거가 실시된다면 누구에게 투표하시겠습니까?"라는 질문에 대해서 선택된 후보였다는 것을 감안한다면, '추락'이라고 불릴 정도로 박한 평가를 받았음을 알 수 있다. 결측값을 제외한 1,123명의 응답자 중 오직 11명만이 안철수 후보를 토론을 가장 잘한 후보로 선택하였다. 뒤의 표에서 다시 확인하겠지만, 이와 같은 후보의 TV토론회의 실적(*performance*)에 대한 순위는 1차 조사에서 밝힌 바 있는 후보에 대한 지지의 순위와 일치하지 않고 있음을 특히 유의할 필요가 있다.

그러나 TV토론회에 대한 평가와 실제 투표한 후보의 관계를 살펴보면, TV토론회에 초청된 5명의 주요후보들 중에서도 당선 가능성이 그나마 높았던 유력 후보(문재인, 홍준표, 안철수)와 그렇지 않은 후보들(유승민, 심상정) 간에 극명한 차이가 발견된다. 즉, 문재인, 홍준표, 안철수 후보의 경우, 이들 후보들이 토론을 가장 잘했다고 평가한 응답자들은 이들 후보를 실제 투표에서 선택했을 확률이 가장 높은 것

〈표 9-7〉 TV토론회 평가와 투표선택

		실제 투표한 후보							
		문재인	홍준표	안철수	유승민	심상정	기타/모름/무응답	기권	계
TV토론회 평가[1]	문재인	137 (78.74)	5 (2.87)	23 (13.22)	3 (1.72)	2 (1.15)	2 (1.15)	2 (1.15)	174 (100.0)
	홍준표	4 (6.35)	47 (74.60)	6 (9.52)	1 (1.59)	0 (0.00)	4 (6.35)	1 (1.59)	63 (100.0)
	안철수	1 (9.09)	2 (18.18)	7 (63.64)	1 (9.09)	0 (0.00)	0 (0.00)	0 (0.00)	11 (100.0)
	유승민	84 (37.50)	35 (15.63)	54 (24.11)	45 (20.09)	5 (2.23)	0 (0.00)	1 (0.45)	224 (100.0)
	심상정	315 (61.76)	48 (9.41)	64 (12.55)	16 (3.14)	56 (10.98)	4 (0.78)	7 (1.37)	510 (100.0)
	특별히 잘한 후보 없음	58 (44.62)	30 (23.08)	23 (17.69)	8 (6.15)	3 (2.31)	6 (4.62)	2 (1.54)	130 (100.0)
	모름/무응답	6 (54.55)	1 (9.09)	1 (9.09)	1 (9.09)	0 (0.00)	1 (9.09)	1 (9.09)	11 (100.0)
	계	605 (53.87)	168 (14.96)	178 (15.85)	75 (6.68)	66 (5.88)	17 (1.51)	14 (1.25)	1,123 (100.0)

주: 1) "어느 후보가 가장 잘했다고 생각하십니까?"에 대한 응답. 괄호 안은 가로 행의 항목에 대한 백분율.
출처: 2017년 EAI 대선 패널조사.

을 알 수 있다(순서대로 78.74%, 74.60%, 63.64%). 이에 반하여, 유승민 후보가 토론을 가장 잘 했다고 생각한 응답자들 중에서 실제 유승민 후보에게 투표한 응답자는 단지 20.09%, 심상정 후보의 경우는 불과 10.98%에 그칠 뿐이다. 결국 이 후보들은 TV토론회의 우수한 성적에도 불구하고, 당선 가능성 고려라는 응답자들의 높은 전략적 판단의 장벽을 넘지 못한 것으로 생각할 수 있다. 심상정 후보가 토론을 가장 잘했다고 판단한 응답자들은 실제의 투표에서 61.76 %라는 압도적인 비율로 문재인 후보를 선택했으며, 같은 질문에 유승민 후보를 답했던 응답자들은 주로 문재인(37.50%)과 안철수(24.11%)를 선택하는 모습을 보였다. 결국 이러한 〈표 9-7〉의 결과는, 종합적으로 고려할 때 TV토론회 시청 후 형성된 유권자의 후보에 대한 평가가 실제의 투표선택으로 이어질 수 있음을 보여 준다. 그러나 그 관계는 단순하거나 자동적인 것이 아니라, 후보의 당선 가능성과 같은 다양한 정치적 환경 변수들이 아울러 작용할 수 있음을 함께 시사한다.

이처럼 실제 투표장에서 이루어지는 후보에 대한 선택에 후보의 TV토론회에 대한 평가가 반영된다고 한다면, 이제는 다음 단계로(인과관계의 흐름으로는 역순으로) TV토론회에 대한 평가가 기존에 유권자들이 후보에 대해 가지고 있는 선호에 어떤 영향을 받는가를 살펴보자. 다음의 〈표 9-8〉은 선거 전 실시된 1차 조사에서 특정 후보에 대한 지지의사를 밝힌 응답자 집단별로 어떤 후보가 토론을 가장 잘 했다고 평가했는지를 교차분석을 통해서 보여 준다.

기존에 TV토론회가 투표선택에 미치는 영향이 제한적이라고 평가했던 연구들은 그 근거로 TV토론회 시청이 유권자의 태도를 변화시키기보다는 선택적 노출과 집중에 의해서 기존 입장을 강화하는 경향이 있다는 것(나은영 외 2003; 한정택 외 2013; 이재묵 2017 등)을 제시했음을 상기할 필요가 있다. 즉, 이러한 모습이 이번 선거에서도 여전히 유효하다면, 우리는 선거 전 실시된 1차 조사에서 밝힌 후보에 대한 선호가 후보의 TV토론회 성적에 대한 평가와 강한 상관성을 가질 것으로 예상할 수 있다. 그러나 〈표 9-8〉에 보이는 결과는 이러한 예상

〈표 9-8〉 1차 선거 전 조사 선호 후보별 TV토론회 평가

		TV토론회 평가 ("어느 후보가 가장 잘했다고 생각하십니까?")							
		문재인	홍준표	안철수	유승민	심상정	특별히 잘한 후보 없음	모름/무응답	계
1차 선거 전 조사 선호 후보	문재인	111 (21.64)	1 (0.19)	1 (0.19)	74 (14.42)	278 (54.19)	44 (8.58)	4 (0.78)	513 (100.0)
	홍준표	3 (4.29)	28 (40.00)	1 (1.43)	13 (18.57)	19 (27.14)	4 (5.71)	2 (2.86)	70 (100.0)
	안철수	43 (13.40)	23 (7.17)	8 (2.49)	88 (27.41)	117 (36.45)	40 (12.46)	2 (0.62)	321 (100.0)
	유승민	2 (6.25)	0 (0.00)	1 (3.13)	17 (53.13)	9 (28.13)	3 (9.38)	0 (0.00)	32 (100.0)
	심상정	4 (7.55)	1 (1.89)	0 (0.00)	7 (13.21)	36 (67.92)	5 (9.43)	0 (0.00)	53 (100.0)
	기타	2 (9.52)	4 (19.05)	0 (0.00)	2 (9.52)	6 (28.57)	7 (33.33)	0 (0.00)	21 (100.0)
	지지후보 없음	6 (9.84)	2 (3.28)	0 (0.00)	11 (18.03)	25 (40.98)	17 (27.87)	0 (0.00)	61 (100.0)
	모름/무응답	3 (5.77)	4 (7.69)	0 (0.00)	12 (23.08)	20 (38.46)	10 (19.23)	3 (5.77)	52 (100.0)
	계	174 (15.49)	63 (5.61)	11 (0.98)	224 (19.95)	510 (45.41)	130 (11.58)	11 (0.98)	1,123 (100.0)

주: 괄호 안은 가로 행의 항목에 대한 백분율.
출처: 2017년 EAI 대선 패널조사.

과는 많은 차이가 있다. 우선 이미 앞의 〈표 9-7〉에 대한 해석에서도 확인한 바 있듯이, 안철수 후보에 대한 지지의사를 표명하였던 응답자 중에서 안철수 후보가 토론을 가장 잘했다고 평가하는 응답자는 2.49% (321명 중 8명)[12] 로 가장 작은 집단을 형성했다. 이러한 양상은 다른 두 유력 후보에게도 비슷하게 발견된다. 문재인 후보에 대한 지지의사를 표명하였던 응답자 중 문재인 후보가 토론을 가장 잘했다고 평가하는 집단은 21.64%, 홍준표 후보의 경우에는 40%에 불과하다.

다만 유력 후보, 그중에서도 문재인과 홍준표 두 후보에 대한 선호와 평가의 관계에서 주목할 만한 또 하나의 특징은 선거 전 조사에서 각 후보에 대한 선호를 표명한 응답자들이 TV토론회에 대한 평가에서 서로 상대방 후보에게 매우 박한 점수를 주고 있다는 점이다. 즉, 문재인 후보에 대한 선호를 표명하였던 응답자 중에서 홍준표 후보가 토론을 가장 잘했다고 선택한 응답자는 513명 중 오직 1명에 불과할 뿐이며, 홍준표 후보에 대한 선호를 표명하였던 응답자 중에서 토론을 가장 잘한 사람으로 문재인 후보를 지목한 사람은 70명 중에 3명에 불과하다.[13] 문재인 후보와 홍준표 후보에 대해서 선호를 표명했던 응답자 집단의 홍준표 후보와 문재인 후보의 TV토론회에 대한 상대적 평가의 양상은, 만약에 이번 19대 대선에서 두 후보만이 경쟁하는 양상을 보였다면 어떠했을까 하는 상상을 해 보게 한다. 그렇다면 아마

12) 앞의 〈표 9-7〉에 대한 해석의 과정에서 언급되었던 수와 차이가 나는 것은 결측값 때문이다.

13) 즉, 문재인 후보 지지자들(1차 조사 기준)에게 홍준표 후보는 가장 박한 평가를 받았으며, 홍준표 후보 지지자들에게 문재인 후보는 안철수 후보 다음으로 박한 평가를 받았다.

도 19대 대통령선거의 결과와 TV토론회 시청의 관계, 즉 후보선택에 미치는 TV토론회의 영향력은, 아마도 기존 연구의 결과와 같이 기존 신념의 강화라는 효과 속에서 매우 미미했을 수 있을 것이라고 예상할 수 있다. 하지만, 이번 19대 대선은 앞에서 지적했던 바와 같이 양강 대결구도로 펼쳐졌던 민주화 이후 역대 대선의 경우와 달리, 다당 경쟁구도 속에서 치러졌다.

한편 유승민과 심상정 후보의 경우는 다른 세 명의 유력후보와는 다른 모습을 보여 준다. 즉, 유승민 후보에 대한 지지의사를 표명하였던 응답자의 53.14%, 심상정 후보에 대한 지지의사를 표명하였던 응답자의 67.92%가 각각 유승민, 심상정 후보를 토론을 가장 잘한 후보로 지목한 것이다. 이러한 결과를 두고 기존 신념의 강화로 해석할 수 있을까? 이들 두 후보는 애초에 당선 가능성이 미약한 소수후보라고 할 수 있을 것이다. 그럼에도 불구하고 이 두 후보에 대한 지지를 표명하였다면, 그러한 유권자는 TV토론회에 '의해서' 이 두 후보에 대한 신념이 강화되었다기보다는 애초부터 이 두 후보의 자질과 후보가 제시하는 정책과 비전에 대한 공감대가 강했던 사람들로 해석될 수 있을 것이다.

해석에 대한 논쟁의 여지는 있지만, 〈표 9-8〉의 결과에서 대체로 선거 전 실시된 조사에서 밝힌 지지후보와 후보의 TV토론회에 대한 평가 사이의 관계는, 특히 당선 가능성이 상대적으로 높은 유력후보를 중심으로 상관성의 수준이 그다지 높지 않다는 것을 보여 준다. 이를 〈표 9-7〉의 결과, 즉 토론을 가장 잘했다고 평가한 후보에게 실제로 선거 당일 투표할 확률이 높다는 결과와 연관 지어 생각하면, TV토론회를 시청하면서 형성된 유권자의 후보에 대한 평가가 실제 투표에서의 후보선택에 TV토론회 전 유권자가 후보에 대해 가지고 있던 선호와는 독립적인 영향을 미칠 수 있음을 의미한다. 이를 좀더 자세히 알아보기 위해 2017년 EAI 대선 패널조사에 포함된 설문에 대한 응답을 하나 더 살펴보고자 한다.

2017년 EAI 대선 패널조사는 "어느 후보가 (토론을) 가장 잘했다고 생각하십니까?"라는 설문에 뒤이어, "TV토론회를 보거나 들으신 후 후보들에 대한 평가가 달라지셨습니까?"라는 질문에 대하여 응답자로 하여금 ① '지지하던 후보를 더 좋아하게 되었다', ② '지지후보를 바꾸지는 않았지만 좋아하는 마음이 약해졌다', ③ '특별히 달라진 것이 없다', ④ '지지하던 후보를 바꾸게 되었다', ⑤ '지지하던 후보가 없었는데 지지하는 후보가 새로 생겼다', ⑨ '모름/무응답' 중의 하나를 선택하게 하였다. 다음의 〈표 9-9〉는 이에 대한 응답의 분포를 선거 전 실시한 조사에서 특정 후보에게 투표할 의사를 밝힌 응답자 집단별로 교차하여 보여 준다.

우선 맨 아래의 행을 통해서 전체적인 응답의 분포를 살펴보면, 비록 평가의 온도차는 존재하지만 TV토론회에 의해서 후보에 대한 기존의 투표선택을 바꾸지 않았다는 응답이 78.9% (12.29, 47.46, 그리고 19.15%를 합한 값) 수준에 이르지만, 지지하던 후보를 바꾸거나 비록 후보에 대한 투표의사는 갖고 있었지만 그 후보를 특별히 지지하지는 않았던 응답자들이 지지하는 후보가 생겼다고 응답했다는 비율 또한 20.31% 정도에 달한 것을 알 수 있다. 이는 결코 작다고 무시할 수 있을 정도의 크기는 아닐 것이다.

이러한 변화의 가장 큰 부분이 1차 선거 전 조사에서 안철수 후보에게 표를 던지겠다는 의사를 표명했던 응답자 집단으로부터 비롯된 것

〈표 9-9〉 1차 선거 전 조사 선호 후보별 TV토론회 후 지지후보에 대한 평가 변화

		지지후보에 대한 평가 변화 (“TV토론회를 보거나 들으신 후 후보들에 대한 평가가 달라지셨습니까?”)						
		지지하던 후보를 더 좋아하게 되었다	특별히 달라진 것이 없다	지지후보를 바꾸지는 않았지만 좋아하는 마음이 약해졌다	지지하던 후보를 바꾸게 되었다	지지하던 후보가 없었는데 지지하는 후보가 생겼다	모름/무응답	계
1차 선거 전 조사 선호 후보	문재인	83 (16.18)	298 (58.09)	85 (16.57)	37 (7.21)	4 (0.78)	6 (1.17)	513 (100.0)
	홍준표	16 (22.86)	41 (58.57)	2 (2.86)	7 (10.00)	3 (4.29)	1 (1.43)	70 (100.0)
	안철수	12 (3.74)	103 (32.09)	97 (30.22)	102 (31.78)	6 (1.87)	1 (0.31)	321 (100.0)
	유승민	9 (28.13)	13 (40.63)	4 (12.50)	5 (15.63)	1 (3.13)	0 (0.00)	32 (100.0)
	심상정	8 (15.09)	22 (41.51)	6 (11.32)	9 (16.98)	7 (13.21)	1 (1.89)	53 (100.0)
	기타	2 (9.52)	9 (42.86)	3 (14.29)	5 (23.81)	2 (9.52)	0 (0.00)	21 (100.0)
	지지후보 없음	2 (3.28)	28 (45.90)	7 (11.48)	8 (13.11)	16 (26.23)	0 (0.00)	61 (100.0)
	모름/무응답	6 (11.54)	19 (36.54)	11 (21.15)	9 (17.31)	7 (13.46)	0 (0.00)	52 (100.0)
	계	138 (12.29)	533 (47.46)	215 (19.15)	182 (16.21)	46 (4.10)	9 (0.80)	1,123 (100.0)

주: 1) 괄호 안은 가로 행의 항목에 대한 백분율.

2) 설문에 포함된 보기의 원래 순서는 본문에 표현된 바와 같지만, 표에서는 기존 지지후보에 대한 호감의 정도가 점점 약화되는 것을 표현하기 위하여, ② '지지후보를 바꾸지는 않았지만 좋아하는 마음이 약해졌다'와 ③ '특별히 달라진 것이 없다'의 순서를 바꾸어서 표기하였다.

출처: 2017년 EAI 대선 패널조사.

임을 표를 통해 아울러 확인할 수 있다. 무려 321명의 응답자 중에서 31.78%(103명)에 달하는 응답자들이 지지후보를 변경했다(선거 후 조사)고 답한 것이다. 결국 앞의 〈표 9-8〉은 특정 후보에 대한 투표의사를 표명하였던 응답자 집단별로 토론을 누가 가장 잘했느냐에 대한 응답의 분포를 보여주는 데 머무르지만, 〈표 9-9〉는 TV토론회를 시청한 유권자들, 특히 안철수 후보에 대한 지지의사를 표명하였던 응답자들의 실망감이 단지 안철수 후보가 TV토론회를 가장 잘한 후보가 아니라는 평가를 넘어 지지의사를 철회할 수준으로 컸다는 것을 의미한다. 이는 같은 유력 후보였던 문재인, 홍준표 두 후보와는 차이가 나는 점이다. 즉, 문재인, 홍준표 두 후보에게 지지의사를 표명하였던 유권자는 비록 두 후보가 토론을 가장 잘한 후보라고 평가하지 않았을지라도 여전히 상당히 많은 수의 응답자들이 두 후보에 대한 지지를 실제의 투표에서도 유지했던 반면에 안철수 후보에 대한 지지를 표명하였던 응답자는 그렇지 않았던 것이다.

이제까지 제19대 대통령선거의 과정에 실시된 TV토론회가 유권자의 후보선택, 그리고 결과적으로 선거의 승패에 미친 영향과 효과를 교차분석표를 이용한 양변인 분석으로 통해서 살펴보았다. 분석의 결과가 시사하는 바는 후보의 TV토론회에 대한 긍정적인 평가가 실제의 투표선택으로 이어지게 될 가능성이 크지만, 후보의 TV토론회에 대한 긍정적인 평가가 반드시 후보에 대한 기존, 즉 TV토론회 시청 전의 선호·지지의사와 일치하는 것은 아니라는 것으로 정리될 수 있을 것이다. 이는 TV토론회 시청이 후보선택과 선거의 결과에 독립적인 영향을 끼쳤음을 의미하는 것이다. 또한 이 과정에서 TV토론회가 유권자의 평가와 투표선택에 미치는 영향은 당선 가능성이 높은 후보와 그렇지 않은 후보에게 차등적으로 작용할 수 있음을 아울러 확인할 수 있었다.

그러나 이러한 양변인 분석은 우리가 주목하고 있는 두 변수 간의 양자관계에 집중하는 것이기에, 다른 제 3의 변인들이 이 관계에 어느 만큼의 영향을 미치고 있는지 알기 힘들다. 그래서 우리는 다변인 분석을 통해, 다른 변인들의 영향을 통제한 상태에서 TV토론회 시청을 통해서 형성된 유권자의 후보에 대한 평가가 후보선택에 미친 영향(연구가설 1, 1a)을 독립적으로 살펴보고자 하였다. 그리고 또한 이러한 평가에 미치는 요인은 무엇이며, 후보에 대해 유권자가 기존에 갖고 있던 호감도는 어떤 역할을 하는지(연구가설 2)를 마찬가지의 다변인 분석을 통해 살펴보고자 하였다. 다음의 〈표 9-10〉은 이러한 의도를 가지고 실행된 세 개의 다변인 분석의 결과를 보여 준다.

표에 제시되어 있는 것처럼, 세 개의 다변인 분석은 세 개의 서로 다른 종속변수를 대상으로 하여 실행되었다. '모형 1'의 종속변수는 '지지후보 변경'으로 선거 전에 투표의사를 표명(1차 조사)했던 후보에게 실제로 투표했는지(2차 조사)의 여부를 보여 주는 더미변수이다. 일치하면 0, 그렇지 않으면 1의 값을 부여하였다. '모형 1'에서 가장 주목하는 독립변수는 '지지후보 TV토론회 승리'이다. 이 변수 역시 더미변수로서 선거 전에 투표의사를 표명했던 후보자가 토론을 가장 잘 했다고 답한 응답자에 대해서 1의 값을, 그렇지 않은 경우에 0의 값을 부여하였다. '모형 2'는 '모형 1'의 독립변수, 즉 '지지후보 TV토론회 승리'를 종속변수로 하여 이러한 TV토론회 성적에 대한 평가에 미치는 유권자의 후보에 대한 기존 선호의 영향을 살펴보고자 하였다. 이에 따라 '모형 2'에서 가장 주목하는 독립변수는 '지지후보에 대한 호

〈표 9-10〉 지지후보 변경, 지지후보 TV토론회 승리, 지지후보 평가 변화에 대한 다변인 분석

	모형 1		모형 2		모형 3	
종속변수	지지후보 변경		지지후보 TV토론회 승리		지지후보 평가 변화	
분석모형	probit		probit		OLS	
	계수	표준오차	계수	표준오차	계수	표준오차
여성	-0.180	0.097	0.144	0.097	-0.110	0.060
19~29세 이하	0.240	0.133	0.072	0.136	0.148	0.085
60세 이상	0.400**	0.148	-0.045	0.154	0.209*	0.096
교육 수준	-0.062	0.054	0.064	0.055	0.014	0.034
가계소득	0.001	0.047	-0.060	0.049	0.056	0.030
주관적 계층인식	-0.006	0.080	-0.057	0.079	0.083	0.050
지지후보와 지지정당 일치	-0.530***	0.097	0.420***	0.107	-0.317***	0.063
지지후보 지역 거주	-0.342	0.181	0.089	0.162	-0.200	0.103
주요 정당후보 지지	-0.985***	0.253				
지지후보 TV토론회 승리	-0.750***	0.206				
주요 정당 후보 지지* 지지후보 TV토론회 승리	-0.403	0.379				
지지후보에 대한 호감도	-0.107***	0.029	0.098***	0.030	-0.080***	0.018
지지후보와의 이념적 거리	0.024	0.028	0.061	0.038	0.006	0.018
상수	1.784***	0.479	-1.981***	0.415	2.835***	0.254
사례 수	930		940		913	

주: * $p < 0.05$, ** $p < 0.01$, *** $p < 0.001$

출처: 2017년 EAI 대선 패널조사.

감도'[14] 이다. 이 변수와 관련하여 특히 유의해야 할 점은 이것이 단순히 후보에 대한 호감도를 표시하는 것이 아니라, '지지하는 후보', 즉 1차 조사에서 다른 후보를 제치고 투표할 의사를 표명했던 후보에 대한 호감도를 표시한다는 점이다. 마지막의 '모형 3'은 〈표 9-9〉에서 살펴본 바 있는 설문을 활용하여 선호 강화(1), 유지(2), 선호 약화(3), 선호 변경(4)의 4점 척도값을 갖는 변수로서 '지지후보 평가 변화'[15]를 종속변수로 하여, 역시 지지후보에 대해 기존에 갖고 있는 호감도가 지지후보에 대한 평가 변화의 양상에 미치는 영향을 조금 더 세분하여 살펴보고자 하였다. 종속변수의 차이를 감안하여 모형 1, 2는 프로빗(*probit*), 모형 3은 일반최소자승(OLS) 모형의 분석방법을 이용하여 계수의 크기와 표준오차를 추정하였다.[16]

---

14) 2017년 EAI 대선 패널조사는 1·2차 조사 모두에 "다음 불러드리는 정치인에 대해 얼마나 좋아하거나 싫어하는지 0에서 10 사이의 숫자로 말씀해주십시오. 0은 그 정치인에 대해 매우 싫어한다는 것을 의미하며, 10은 매우 좋아한다는 것을 의미합니다. 좋지도 싫지도 않을 경우는 5점입니다"라고 제시한 후, 문재인, 홍준표, 안철수, 유승민, 심상정 후보에 대해서 호감도를 표시해 줄 것을 요구했다. '지지후보에 대한 호감도'는 응답자가 1차 조사에서 각 후보에 대해 밝힌 호감도를 모두 구한 후, 마찬가지로 1차 조사에서 응답자가 투표의사를 밝힌 후보의 값을 선택하는 방법으로 구성되었다.

15) 즉, "TV토론회를 보거나 들으신 후 후보들에 대한 평가가 달라지셨습니까?"라는 물음에 대하여 '지지후보를 더 좋아하게 되었다'라는 응답을 한 경우에 대해 1의 값, '특별히 달라진 것이 없다'에 대해 2, '지지후보를 바꾸지는 않았지만 좋아하는 마음이 약해졌다' 3, '지지하던 후보를 바꾸게 되었다' 4의 값을 부여하고, 다른 응답('지지하던 후보가 없었는데 지지하는 후보가 새로 생겼다', '모름/무응답')의 경우 결측처리하였다.

16) '모형 3'의 경우, 종속변수인 지지후보 평가 변화가 서열변수로 구성되었기에, 순서로짓이나 프로빗(*ordered logit/probit*) 모형이 보다 적절한 분석 방법이겠으나, 이를 활용한 결과가 변수의 유의도나 상대적 크기 등에 있어서 일반최소자승 모형을

세 모형의 통제변수로서 성별('여성'), 연령('19세 이상~29세 이하', '60세 이상'의 두 개의 더미변수), '교육 수준', '가계소득', '주관적 계층 인식', '지지후보와 지지정당 일치', 17) '지지후보 지역 거주', 18) '주요 정당 후보 지지', 19) '지지후보와의 이념적 거리' 등이 포함되었다. 〈표 9-10〉의 결과는 모형별로 주목하는 독립변수들이 이러한 통제변수의 영향과는 구별되는 독립적인 영향을 각각의 종속변수에 미치는 것을 보여 준다. 즉, 지지후보 변경을 종속변수로 하는 프로빗 모형의 추정 결과, 통계적으로 유의미한 관계를 나타내는 60세 이상, 지지후보와 지지정당이 일치하는 경우, 지지후보가 당선 가능성이 상대적으로 높았던 문재인, 홍준표, 안철수 후보였던 경우의 영향을 통제한 이후에도 자신이 투표의사를 표명했던 후보가 토론을 가장 잘했다고 하는 긍정적 평가는 실제로 이 후보를 투표장에서 선택할 확률(즉, 지지후보를 변경하지 않을 확률)을 높이는 것으로 나타났다. 이는 거꾸로, 자신이 투표의사를 표명했던 후보가 토론을 가장 잘한 후보

활용한 결과와 거의 차이가 나지 않기에, 보다 직관적인 해석이 용이한 후자의 결과를 보고하였다.

17) 2017년 대선 패널조사의 1차 조사는 "선생님께서는 다음 중 어느 정당을 지지하십니까?"라는 설문을 포함한다. 1차 조사에서 지지를 표명한 후보가 이 질문에 대한 답으로 제시한 정당의 후보인 경우에 1의 값, 그렇지 않은 경우에 0의 값을 부여하였다.

18) 민주화 이후 역대 한국 선거에서 지속적인 영향을 미치는 것으로 평가받는 지역주의의 영향을 통제하기 위하여 문재인, 안철수 후보에 대한 지지의사를 표명한 응답자가 광주/전라에 거주하는 경우와 홍준표 후보에 대한 지지의사를 표명한 응답자가 대구/경북에 거주하는 경우에 대하여 1의 값, 그렇지 않은 경우에 0의 값을 부여하였다.

19) 문재인, 홍준표, 안철수 후보에 대해서 투표의사(1차 조사)를 표명한 응답자에 대해서 1의 값, 그렇지 않은 경우에 대하여 0의 값을 부여하였다.

가 아니라는 평가를 했다면, 최종적인 선택의 순간에는 그 후보를 선택하지 않았을 가능성이 크다는 것을 아울러 의미하는 것이다(연구가설 1a). 다른 한편으로 '모형 1'에서 통제변수의 추정계수가 의미하는 것은 이와 같은 TV토론회의 독립적인 영향에도 불구하고, 후보의 정당이 자신이 지지하는 정당이거나 그 후보가 당선 가능성이 높은 경우, 후보에 대한 기존의 높은 수준의 호감도는 지지후보를 그대로 유지하게 하는 역할을 한다는 것을 보여 준다. 이는 양변인 분석의 과정에서 제기한 바와 같이, TV토론회 시청 후 형성된 유권자의 후보에 대한 평가가 실제의 투표선택으로 이어질 수 있지만 그러한 영향의 관계가 단순하거나 자동적인 것이 아니라, 후보의 당선 가능성과 같은 다양한 정치적 환경 변수들에 의해 제약될 수 있다는 것을 다시 확인시켜 주는 것으로 해석될 수 있다.

이어지는 '모형 2'와 '모형 3'의 결과는 이처럼 '모형 1' 분석 결과를 통해서 유권자의 투표선택과 그로 인한 선거의 결과에 독립적인 영향을 미치는 것으로 나타난 후보자의 TV토론회에 대한 유권자의 평가가, 유권자가 기존에 갖고 있던 후보자에 대한 호감도에 따라 달라질 수 있음을 보여 준다. 즉, 유권자가 후보에 대해서 원래 높은 수준의 호감도를 갖고 있는 경우, TV토론회 시청 후 후보에 대해 여전히 긍정적인 평가를 하게 되고 지지의사도 유지할 수 있다는 것이다. 이와 같은 일방향적인 해석에만 의지한다면 이 결과는 TV토론회 시청이 결국에는 기존 지지층의 신념을 강화함으로써 투표선택에 미치는 영향은 제한적이라는 기존 연구의 주장과 일치하는 것이겠지만, '모형 2'와 '모형 3'의 결과는 양방향적으로 해석되어야 하는 것임에 유의할 필요가 있다. 즉, 후보에 대해 가진 기존의 호감도가 높은 경우에는 그

것이 후보에 대한 평가를 긍정적으로 유지 · 강화할 수 있지만, 기존의 호감도가 높지 않은 경우에는 그와 같은 평가가 부정적으로 바뀌게 될 가능성이 크다는 것을 표의 결과는 아울러 보여 준다(연구가설 2). 결국 〈표 9-10〉의 결과는 종합적으로 이번 19대 대선에서 TV토론회는 유권자의 후보에 대한 평가를 매개로 해서 선거의 결과에 다른 정치적 요인들과 구별되는 독립적인 영향을 미쳤으며, 그와 같은 유권자의 후보에 대한 평가의 변화는 지지하는 후보에 대해 선거 전 형성되어 있는 기존의 호감도가 그리 높지 않은 유권자들에게서 활발히 일어났다는 것을 보여 준다.

4. 결론

이 글에서 우리는 2017년 5월 9일에 실시된 제 19대 대통령선거의 결과에 미친 TV토론회의 영향을 분석하였다. 선거를 앞두고 시행되는 공직후보들의 TV토론회에 대해 점증하는 관심에도 불구하고, 기존의 연구들은 유권자가 TV토론회를 통해서 기존의 후보에 대한 평가와 입장을 바꾸기보다는 유지 · 강화하는 경향을 보이기 때문에 TV토론회가 실제 투표와 선거의 결과에 미치는 영향은 매우 제한적이라고 주장해 왔다. 그러나 이 글에서는 19대 대선을 전후하여 수집된 2017년 EAI 대선 패널조사 자료를 활용하여, TV토론회를 시청한 후 형성된 유권자의 후보에 대한 평가에 따라 유권자들은 실제의 선거에서 선거 전 지지의사를 표명하였던 후보와는 다른 선택을 할 수 있음을 확인할 수 있었다. 다만 이때, TV토론회 시청 후 형성된 유권자의 후보에 대한 평가가 실제의 투표선택으로 이어지는 관계는 단순하거나 자동적인 것이 아니라, 후보의 당선 가능성과 같은 다양한 정치적 환경 변수들이 아울러 작용하는 것임을 시사하였다. 이 연구의 결과는 또한 후보에 대한 평가가 후보에 대해 유권자가 가진 기존의 호감도에 따라 다르게 이루어짐을 보여 주었다. 즉, 특정한 후보에 대해 투표의 의사를 표현했던 유권자라도 기존의 후보에 대한 호감도가 그다지 높지 않았던 유권자들은 TV토론회를 통해서 제공되는 새로운 정보에 보다 민감하게 반응해 후보에 대한 평가를 변화시키고, 이러한 평가 변화는 결국 지지후보의 변경으로 이어지는 모습을 보인 것이다. 이러한 결과들은 TV토론회가 이번 19대 대선의 투표선택과 선거 결과에 유의미한 영향을 미쳤음을 의미하는 것이다.

그러나 이러한 결과에 근거하여 TV토론회의 영향이 선거 결과에 미치는 영향이 제한적이라는 기존의 연구가 잘못되었다고 결론짓는 것은 너무 성급한 판단일 수 있다. 그것은 이번 19대 대선이 헌정사상 유례없는 현직 대통령의 임기 중 탄핵에 따라 예정보다 일찍 시행된 조기대선이기에 유권자들이 후보의 자질과 정책에 대해 판단할 수 있는 정보가 부족한 상황에서 치러진 선거였다는 점, 그리고 양강 대결구도로 치러졌던 민주화 이후 역대 대선과는 달리 다당 경쟁구도로 치러지게 됨에 따라 유권자 수준에서 이루어지는 후보자에 대한 평가의 작은 변화가 투표선택의 변화로 이어지는 것이 상대적으로 용이한 선거였다는 점에서 TV토론회가 선거 결과에 상대적으로 큰 영향을 미칠 수 있는 조건의 환경 속에서 치러진 선거였다는 것 때문이다. 이런 점에서 이 연구의 결과는 선거에 대한 TV토론회의 효과가 단순하게 있다, 없다를 넘어서 어떤 조건 속에서, 그리고 어떤 유권자에게 TV토론회가 유의미한 영향을 나타낼 수 있는가에 대한 연구의 필요성을 아울러 제기한다고 할 수 있다.

참고문헌

강신구. 2013. "한국인 이념 인식의 단기변동성: 18대 대선 패널 데이터 분석", 〈한국정치연구〉 22(3), 1~32.

김형준. 2004. "인터넷과 TV토론회의 선거 영향력에 대한 비교·고찰: 2002년 대통령선거를 중심으로", 〈21세기 정치학회보〉 14(1), 55~81.

나은영·한규석·고재홍. 2003. "제16대 대통령선거에서 TV토론회의 효과와 제3자 효과: 세 지역 대학생을 중심으로", 〈한국심리학회지: 사회 및 성격〉 17(3), 145~158.

송종길·박상호. 2009a. "17대 대통령선거에서 TV토론회 이용동기가 유권자의 정치행태에 미치는 영향 연구", 〈한국언론학보〉 53(3), 417~442.

______. 2009b. "17대 대통령 후보 TV토론이 유권자의 태도 변화 및 투표행위에 미치는 영향에 관한 연구", 〈한국언론학보〉 53(6), 87~103.

이재묵. 2017. "제19대 대선과 TV토론회: 제도평가와 효과 분석", 한국정치학회. 《제19대 대통령선거 외부평가》(2017년 중앙선거관리위원회 연구용역 결과보고서), 99~118.

이준웅. 1999. "텔레비전 토론의 정치적 영향력: 제15대 대통령선거를 중심으로", 〈한국방송학보〉 12, 253~297.

이준한. 2014. "2012년 대통령선거와 뉴미디어의 정치적 영향", 〈한국정치외교사논총〉 36(1), 209~240.

정인숙. 1998. "인물 품평회에 그친 TV합동토론회", 〈저널리즘 비평〉 23, 20~25.

한국정치학회. 2017. 《제19대 대통령선거 후보자토론회 효과 분석 연구》(2017년도 중앙선거방송토론위원회 연구용역 결과보고서).

Benoit, W. L., McKinney, M. S., & Holbert, R. L. 2001. "Beyond learning and persona: Extending the scope of presidential debate effects", *Communication Monographs*, *68*(3) 259~273.

Benoit, W. L., Hansen, G. J., & Verser, R. M. 2003. "A meta-analysis of the effects of viewing U.S. presidential debates", *Communication Monographs*, *70*(4), 335~350.

Benoit, W. L., & Hansen, G. J. 2004. "Presidential debate watching, issue knowledge, character evaluation, and vote choice", *Human Communication Research*, *30*(1), 121~144.

Chaffee, S. H. 1978. "Presidential debates: Are they helpful to voters?" *Communication Monographs*, *45*(4), 330~346.

Cox, G. 1997. *Making Votes Count: Strategic Coordination in the World's Electoral Systems*. Cambridge: Cambridge University Press.

Drew, D., & Weaver, D. 1998. "Voter learning in the 1996 presidential election: Did the debates and the media matter?" *Journalism and Mass Communication Quarterly*, *75*(2), 292~301.

Gans, H. J. 2003. *Democracy and the News*. New York: Oxford University Press.

Gunther, R., & Mughan, A. 2000. *Democracy and the Media: A Comparative Perspective*. New York: Cambridge University Press.

Holbert, R. L., Benoit, W., Hansen, G., & Wen. W. C. 2002. "The role of communication in the formation of an issue-based citizenry", *Communication Monographs*, *69*(4), 296~310.

Holbrook, T. M. 1996. *Do Campaigns Matter?* Thousand Oaks: Sage.

______. 1999. "Political learning from presidential debates", *Political Behavior*, *21*(1), 67~89.

______. 2002. "Presidential campaigns and the knowledge gap", *Political Communication*, *19*(4), 437~454.

Lee, H. S. 2016. "TV debates and vote choice in the 2012 Korean presidential election: Does viewing TV debates activate partisan voting", *Korea Observer*, *47*(2), 199~226.

Maurer, M., & Reinemann, C. 2006. "Learning versus knowing: Effects of misinformation in televised debates", *Communication Research*, *33*(6), 489~506.

McKinney, M. S., & Carlin, D. B. 2004. "Political campaign debates", in Kaid, L. L. ed., *Handbook of Political Communication Research*, 203~234. Mahwah: Lawrence Erlbaum Associates.

McKinney, M. S., & Warner, B. R. 2013. "Do presidential debates matter? Examining a decade of campaign debate effects", *Argumentation and Advocacy*, *49*(4), 238~258.

Meyer, T. 2010. *Media Democracy: How the Media Colonize Politics*. Malden: Blackwell Publishing Inc.

Riker, W. H., & Ordeshook, P. C. 1968. "A Theory of the Calculus of Voting", *American Political Science Review*, *62*(1), 25~42.

Yawn, M., & Beatty, B. 2000. "Debate-induced opinion change: What matters?" *American Politics Research*, *28*(2), 270~285.

| 부 록 |

2017년 제 19대 대통령선거 패널조사

- 조사 개요
- 설문지 구성

조사 개요

구 분	내 용
모집단	전국의 만 19세 이상 성인 남녀
표집틀	1차: 유무선 전화 RDD 및 한국리서치 액세스 패널 2차: 1차 조사 응답자(1,500명)
표집 방법	1차: 지역별, 성별, 연령별 기준 비례할당추출 2차: 1차 조사 응답자 대상 전수조사
표본 크기	1차: 1,500명 - 유무선 RDD 748명, 액세스 패널 752명 - 유선번호 245명, 무선번호 1,255명 2차: 1,157명 - 유무선 RDD 518명, 액세스 패널 639명 - 유선번호 127명, 무선번호 1,030명
표본 오차	1차: 무작위추출을 전제할 경우 95% 신뢰수준에서 최대허용 표집오차는 ±2.5% 2차: 무작위추출을 전제할 경우 95% 신뢰수준에서 최대허용 표집오차는 ±2.9%
조사 방법	면접원에 의한 전화면접 조사(CATI)
가중치 부여 방식	지역별, 성별, 연령별 가중치 부여 (2017년 3월 행정자치부 발표 주민등록 인구 기준)
응답률(1차)	19.5%(총 7,695명과 통화하여 그중 1,500명 응답 완료)
패널유지율(2차)	77.1%(1차 응답자 총 1,500명 중 1,157명 응답 완료)
조사 일시	1차: 2017년 4월 18일 ~ 20일 (3일간) - 4월 18일: 13시 ~ 21시 - 4월 19일: 13시 ~ 21시 - 4월 20일: 13시 ~ 21시 2차: 2017년 5월 11일 ~ 14일 (4일간) - 5월 11일: 12시 ~ 21시 - 5월 12일: 10시 ~ 21시 - 5월 13일: 10시 ~ 21시 - 5월 14일: 10시 ~ 21시
조사 기관	(주)한국리서치 (대표이사: 노익상)

설문지 구성

1차 조사

주제	질문 내용
응답자 선정 질문	거주 지역
	성별
	연령
	직업, 직위, 고용 조건
선거관심	대통령선거에 관심이 있는가?
	대통령선거에서 투표할 의향이 있는가?
지지와 결정 요인	내일이 선거일이라면, 누구에게 투표할 것인가?
	투표한 후보자를 선택한 이유는 무엇인가?
후보 요인	주요 후보자에 대한 선호도
	주요 후보자에 대한 이념 성향 평가
	당선 가능성이 가장 높은 후보
정당 요인	어느 정당을 지지하는가?
	각 정당의 이념 성향 평가
경제상황 인식	지난 5년간의 가정살림에 대한 평가
	지난 5년간 우리나라 경제상황에 대한 평가
	향후 5년간 가정살림에 대한 전망
	향후 5년간 우리나라 경제상황에 대한 전망
선거 이슈	차기 정부의 핵심 국정과제에 대한 인식
	후보의 문제 해결 능력에 대한 평가
	사드의 한국 배치에 대한 찬반
	적폐 청산과 국민 통합 중 어느 쪽이 더 중요한가?
	대북정책에 대한 평가: 교류와 협력인가, 강경책인가?
	복지와 성장에 대한 인식

주제	질문 내용
선거 이슈	박근혜 전 대통령의 탄핵에 대한 찬반
	"촛불집회" 참석 여부
	"태극기집회"에 대한 평가
	대통령 탄핵 사태가 한국 민주주의에 미치는 영향
역대 대통령 평가	가장 좋아하는 전직 대통령
지난 선거 투표행위	2012년 대통령선거에서 투표한 후보
	2016년 국회의원선거에서 비례대표로 선택한 정당
배경 질문	종교
	출생지(고향)
	SNS 사용 여부
	혼인 여부
	최종학력
	응답자 자신의 이념 성향에 대한 평가
	월 가구소득
	재산(순자산)
	주거형태(소유, 임대 등)
	다주택 소유 여부
	응답자가 속한 계층의 평가

2차 조사

주제	질문 내용
대선 투표	대통령선거에 관심이 있었는가?
	대통령선거에 투표를 했는가?
	투표에 참여하지 않은 이유
	투표한 후보자
	투표한 후보자에 대한 만족도
	투표한 후보를 선택한 이유
	1차 조사의 응답과 다른 후보에게 투표한 이유
	투표할 후보를 결정한 시점
선거 평가	선거에 대한 평가: 정책대결 중심, 지역주의 약화, 후보자 간 비방 심화에 대한 평가
	지지후보 결정에 가장 큰 영향을 미친 요인
정당/후보 요인	지지하는 정당
	최순실 국정농단 사태 직전의 지지정당
	정치인에 대한 선호도: 문재인, 홍준표, 안철수, 유승민, 심상정, 박근혜
	대선후보의 도덕성에 대한 평가
	대선후보의 국정운영 능력에 대한 평가
	후보자의 이념 성향에 대한 평가
이후 정계 개편 전망	민주당과 국민의당 통합에 대한 평가
	자유한국당과 바른정당 통합에 대한 평가

주제	질문 내용
미디어와 캠페인	선거 관련 정보를 얻는 경로: 방송, 신문, 인터넷 등
	선거 관련 정치뉴스를 접하는 빈도
	선거와 관련하여 SNS의 활용도
	지지후보 선택에 언론의 여론조사가 미치는 영향
	5차례 주요 대통령후보 토론회의 시청 여부
	5차례 주요 대통령후보 토론회의 시청 횟수
	대통령후보 토론회에서 잘한 후보는?
	TV토론회 시청이 지지후보 선택에 미친 영향
이슈와 경제 인식	향후 5년간 가정살림에 대한 전망
	향후 5년간 우리나라 경제상황에 대한 전망
당선자 국정운영 전망	문재인 당선인에 대한 국정 수행능력 전망
	차기 정부의 핵심 국정과제에 대한 인식
추가 문항	우리나라 정부에 대한 신뢰도
	우리나라 민주주의에 대한 만족도
배경 질문	응답자 자신의 이념 성향에 대한 평가

저자 약력 가나다순

강신구

아주대학교 정치외교학과 부교수. 서울대학교 정치학과 학부, 대학원을 졸업하고 미국 로체스터대학교(University of Rochester)에서 정치학 박사학위를 받았다. 의회-행정부 관계, 정부형태, 선거 등의 정치 과정에 주된 관심을 가지고 연구를 수행하고 있다. 주요 논문으로 "The influence of presidential heads of state on government formation in European democracies: Empirical evidence"(2009), "어떤 민주주의인가? 제도와 가치체계의 조응을 통해 바라본 한국 민주주의의 발전방향모색"(2012), "한국인 이념 인식의 단기변동성: 18대 대선 패널 데이터 분석"(2013) 등이 있다.

강우창

호주국립대학교 정치학과 조교수. 미국 뉴욕대학교(New York University)에서 정치학 박사학위를 취득하고 예일대학교(Yale University) 동아시아연구단에서 박사 후 연구원으로 근무했다. 주요 논문으로는 "Electoral cycles in pork barrel politics: Evidence from South Korea 1989~2008"(2015), "선거 당일 날씨와 정당투표"(2016), "Trauma and stigma: The long-term effects of wartime violence on political attitudes"(2017) 등이 있다.

강원택

서울대학교 정치외교학부 교수. 영국 런던정치경제대학교(The London School of Economics and Political Science)에서 정치학 박사학위를 취득하였다. 한국정치학회장과 한국정당학회장을 역임하였고, 현재 중앙선거관리위원회 선거자문위원, 국회 헌법개정특위 자문위원으로 있다. 주요 저서로는 《한국의 정치개혁과 민주주의》(2005), 《보수정치는 어떻게 살아 남았나》(2008), 《한국 선거정치의 변화와 지속》(2010), 《통일 이후의 한국 민주주의》(2011), 《어떻게 바꿀 것인가: 비정상 정치의 정상화를 위한 첫 질문》(2016) 등이 있다.

김보미

성균관대학교 동아시아 공존·협력 연구센터 선임연구원. 성균관대학교 국정전문대학원에서 행정학 석사 및 박사학위를 취득하였다. 시민참여와 갈등, 협력 등이 주요 관심 분야이며, 주요 저서로는 《사회적 책임, 사회적 기업》(2015), 《한국거버넌스 사례연구》(2015) 등이 있다.

배진석

고려대학교 국제교육원 연구교수. 미국 텍사스대학교(University of Texas at Austin)에서 정치학 박사학위를 받았다. 동아시아연구원 외교안보연구팀장과 거버넌스연구팀장, 고려대 평화와민주주의연구소 연구교수를 맡은 바 있다. 주요 논문으로는 "The effect of democratization on election-oriented economic policy: Evidence from South Korea"(2015) 등이 있다.

서현진

성신여자대학교 사회교육과 교수. 미국 퍼듀대학교(Purdue University)에서 정치학 박사학위를 취득하였다. 한국정당학회 부회장, 한국정치학회 섭외이사, 한국사회과교육학회 이사를 역임하였고, 한국여성정책연구원, 국회입법조사처, 중앙선거관리위원회 등의 자문위원으로 활동하였다. 최근 논문으로는 "미국의 대통령선거와 공교육 개혁을 둘러싼 갈등과 타협"(2015), "국회 갈등과 신뢰도에 관한 연구"(2016), "정당 싱크탱크의 다양성과 유형화"(2016, 공저), "정당 정책연구소의 재정자립 방안에 관한 연구"(2016, 공저), "청소년기 통일교육과 세대 간 통일인식 차이"(2017) 등이 있다.

이한수

아주대학교 정치외교학과 조교수. 미국 텍사스 A&M 대학교에서 박사학위를 취득하였다. 최근 논문으로는 "Legislative response to constituents' interests in new democracies: The 18th national assembly and income inequality in Korea"(2016), "TV debates and vote choice in the 2012 Korean presidential election: Does viewing TV debates activate partisan voting?"(2016) 등이 있다.

임성학

서울시립대학교 국제관계학과 교수. 미국 펜실베이니아주립대학교(Pennsylvania State University)에서 정치학 박사학위를 취득했다. 한국정당학회장을 역임하였고, 국회 정치쇄신 자문위원회 위원으로 활동하였다. 주요 논문으로는 "한국정치의 이념 지형: 군집분석 방식으로"(2013), "당정 거버넌스와 한국 민주주의의 발전"(2015), "통일한국의 선거제도"(2015) 등이 있다.

정한울

재단법인 여시재(與時齋)의 솔루션 디자이너. 고려대학교 정치학 박사, 유엔사·한미연합사·주한미군 여론분야 자문위원으로 활동 중이며, 고려대학교 평화와 민주주의연구소 교수, 서울시 여론조사공정심의위원회 위원, 동아시아연구원, 여론분석센터 부소장을 역임했다. 주요 논문으로 "세대균열의 구성 요소: 코호트 효과와 연령효과"(2013), "정당태도 갈등이 투표행위 변동에 미치는 영향"(2013), "외주민주주의 시대의 여론조사"(2016), "South Korean attitude towards China: Threat perception, economic interest, and national identity"(2016) 등이 있다.

한정훈

서울대학교 국제대학원 교수. 미국 로체스터대학교(University of Rochester)에서 박사학위를 취득하였다. 한국정치학회 이사, 한국유럽학회 총무이사, 한국정당학회 이사 등을 역임하였다. 주요 논문으로는 "한국 유권자의 이념 성향: 통일의 필요성 인식에 미치는 효과에 관한 사례분석"(2016), "Preferences on security issues and ideological competitions: A case of the Korean national assembly"(2017), "Party politics and the power to report: Informational efficiency in bicameralism"(2013) 등이 있다.

동아시아연구원을 후원해 주신 분들입니다

강명훈
강은모
강찬수
강현욱
고승연
공성원
공정문
구준서
권세린
김가현
김건민
김경순
김경지
김광덕
김국형
김기준
김남희
김동호
김민규
김병국
김봉하
김상래
김수진
김승빈
김시연
김 원
김유상
김유주
김은영
김재두

김 정
김정섭
김정은
김정하
김정호
김 준
김지태
김 진
김진영
김진혁
김창수
김태균
김한기
김현석
김현성
김현전
김형찬
김희정
김희진
남윤호
남충모
노봉일
노환길
명정모
민선식
민선영
박근아
박미영
박사라수현
박상민

박상용
박석원
박선정
박성만
박수진
박연호
박영택
박용준
박장호
박정섭
박진원
박찬근
박찬희
박창완
박형민
배기욱
배위섭
백송현
백혜영
서은숙
서희정
선승훈
성정은
손대현
송기춘
송우엽
송지연
신동원
신보희
신상화

신성수
신성호
신영준
신영환
신준희
안용찬
안정구
안중익
안현정
안현호
양호실
엄찬섭
여동찬
여현정
우미경
유승훈
유정석
유창수
육은경
윤병석
윤영두
윤용집
윤우성
윤재훈
윤정선
윤창민
이근우
이기호
이내영
이동훈

이미혜
이범주
이상원
이상훈
이서현
이성량
이소민
이숙종
이승훈
이시연
이신화
이여희
이원종
이인옥
이재섭
이정호
이정희
이제원
이종호
이주연
이중구
이지원
이지희
이해완
이현옥
이현희
이호준
이홍구
이홍재
이희정

임지순
임홍재
장동우
장동진
장세린
장세형
장준혁
장진호
전경수
전혜진
정기용
정랑호
정병갑
정석희
정영진
정용화
정윤석
정윤호
정재관
정주연
정진영
정해일
정현윤
정현주
정현철
조규남
조규완
조동현
조현선
주영아

지혜리
진재욱
차국린
차동민
채규민
채규호
최 건
최규남
최병규
최종호
최준원
최철원
하형일
한금현
한상철
한숙현
한승혜
한지현
허세홍
홍성우
홍성원
홍호영
황 수
황정원
W1°